U0086532

大方廣佛華嚴經

八十華嚴講述 5

# 世界成就品
# 毘盧遮那品
# 華藏世界品

夢參老和尚主講
方廣編輯部整理

# 目錄

## 華藏世界品 第五

## 毗盧遮那品 第六

# 夢參老和尚略傳

夢參老和尚生於西元一九一五年，中國黑龍江省開通縣人。

一九三一年在北京房山縣上方山兜率寺出家，法名為「覺醒」。但是他認為自己沒有覺也沒有醒，再加上是作夢的因緣出家，便給自己取名為「夢參」。

出家後先到福建鼓山佛學院，依止慈舟老法師學習《華嚴經》，該佛學院是虛雲老和尚創辦的；之後又到青島湛山寺學習倓虛老法師的天台四教。

一九三七年奉倓老命赴廈門迎請弘老到湛山寺，夢參作弘老侍者，以護弘老生活起居半年，深受弘一大師身教的啓發。

一九四〇年起赴西藏色拉寺及西康等地，住色拉寺依止夏巴仁波切學習西藏黃教修法次第，長達十年之久。

一九五〇年元月二日即被令政治學習，錯判入獄長達三十三年。在獄中，他經常觀想：「假使熱鐵輪，於我頂上旋，終不以此苦，退失菩提心。」這句偈頌，自我勉勵，堅定信心，度過了漫長歲月。

一九八二年平反，回北京任教於北京中國佛學院。

一九八四年接受福建南普陀寺妙湛老和尚、圓拙長老之請，離開北京到廈門南普陀寺，協助恢復閩南佛學院，並任教務長。

一九八八年旅居美國，並數度應弟子邀請至加拿大、紐西蘭、新加坡、香港、台灣等地區弘法。

二〇〇四年住五台山靜修，農曆二月二日應五台山普壽寺之請，開講《大方廣佛華嚴經》（八十華嚴），二〇〇七年圓滿。

二〇〇九年以華梵大學榮譽講座教授身份來台弘法，法緣鼎盛。

二〇一七年十一月二十七日（農曆丁酉年十月初十申時），圓寂於五台山真容寺，享年一〇三歲。十二月三日午時，在五台山碧山寺塔林化身窯荼毗。

# 八十華嚴講述 總敘

二〇〇四年早春，夢參老和尚以九十嵩壽之高齡，在五台山普壽寺如瑞法師請法下，發願講述《大方廣佛華嚴經》；前後又輔以〈大乘起信論〉、《大乘大集地藏十輪經》、《法華經》、《楞嚴經》等大乘經論，完整開演華嚴甚深奧義，實為中國近代百年難得一遇的殊勝法緣。

回顧　夢參老和尚一生學法、求法、受難，乃至發願弘法度生，儼然是一部中國近代佛教史的縮影；而老和尚此次開講《華嚴經》，剛毅內斂，猶如屋漏痕渾然天成，將他畢生所學之顯密經論、華嚴、天台義理，搭配清涼國師、李通玄長者的疏論，交插貫穿於其中，層層疊疊，彷若千年古藤，最終將華嚴七處九會不思議境界全盤托出。

夢參老和尚為圓滿整部《華嚴經》，以堅忍卓絕的意志力，克服身心的重重障礙；他不畏五台深山的大風大雪，縱使在耳疾的折磨下，也能夠對治一切病苦，包容一切的順逆境界，堅持講經說法不令中斷，寫下中國近代佛教史上九十歲僧人開講《華嚴經》的紀錄。

老和尚雖老耄已至，神智依舊朗澈分明，講法次第有序，弘法音聲偉岸，陞座講經氣勢十足，宛如文殊菩薩來臨法座加持，令親臨法會者信心增長；無緣親臨法會者，相信透過閱讀整套的八十華嚴講述，也能如臨現場親聞法義。

惟華嚴玄理過於高遠，聞法者程度不一，老和尚為方便接引初入門者，往往費盡心思，委委曲曲，勤勤懇懇，當機裁剪玄義，又輔之以俚語民間典故，情無不周，辭無不達，俾使初學者聽聞華嚴境界生起學法的信心；間或有不識老和尚悲心者，輕易檢點過失，如指窮於為薪，闇然不知薪燼火傳的法界奧義。

如今海內外各地學習華嚴經論者與日俱增，持誦《大方廣佛華嚴經》的道場方興未艾，方廣文化繼出版整套八十華嚴講述DVD光碟之後，秉承　夢參老和尚殷重之交付囑託，在專修華嚴法門出家法師的協助下，將陸續出版全套八十華嚴講述書籍。

最後願此印經功德，迴向真如實際、菩提佛果、法界眾生。

祈願　夢參老和尚法身常住，廣利群生；

所有發心參與製作、聽聞華嚴法義者，福慧增長，同圓種智！

願此功德殊勝行
無邊勝福皆迴向
普願沉溺諸有情
速往無量光佛剎

# 凡例

本書的科判大綱是以〈華嚴經疏論纂要〉爲參考架構，力求簡要易解，如欲學習詳密的科判，請進一步參考清涼國師〈華嚴疏鈔〉與李通玄〈華嚴經合論〉。

書中的經論文句，以民初鉛字版《大方廣佛華嚴經》（方廣校正版《八十華嚴》）暨〈華嚴經疏論纂要〉爲底本；惟華嚴經論的名相用典，屬唐代古雅風格，與現代習慣用詞大相逕庭，尚祈讀者閱讀之餘，詳加簡擇。

凡書中列舉的傳說典故，係方便善巧，以得魚忘筌爲旨趣；有關文獻考證，僅在必要處以編者按語方式，註明出處。

夢參老和尚主講之〈八十華嚴講述〉正體中文版DVD光盤，業已製作完成，流通日久；惟影像的講經說法與書籍的文字書寫，呈現方式有所差異，爲求義理結構的完整敘述，書中文字略經刪改潤飾，如有誤植錯謬之處，尚祈不吝指正，是爲禱！

方廣文化編輯部　謹誌

# 世界成就品

# ○來意 釋名

普賢菩薩起定之後要說法，說什麼法呢？世界成就。什麼是「世」？過去、未來、現在，過去已經過去，現在不住，未來還有未來，這叫過去、未來、現在三世。「界」又是什麼意思？「世謂隱覆，界亦分齊」，就是界限。

一切有爲法，諸有爲法是可破壞的，還有不可破壞的；「世界」的這個「世」，現在我們所說的三世是可破壞的，還有不可破壞的，那是什麼呢？無爲法。無爲法不可破壞，一切諸法從眞而起的，從體而起的，那個是隱。有爲是顯，無爲是隱。有爲法可以破壞，無爲法是不可以破壞，沒有分齊的。娑婆世界有相、有爲的，華藏世界是對娑婆世界而言的。現在我們顯現的是娑婆世界，只是華藏世界的一份，因爲有華藏世界才能顯現有形的娑婆世界。你在娑婆世界，因爲行普賢行願，所以感受華藏世界。娑婆世界也好，華藏世界也好，成就而已。

什麼叫「成就」呢？「能成之緣」，緣能助成，能成就這個世界之緣。哪些緣成就這個世界？有十種能成之緣，成就這個世界。有依報，也有佛的正報，正報是佛果，修行普賢行願，先聞法，聞了而假以修，聞了就要去做。但是這個世界有衆生的業報，沒說衆生業報，單標世界。因爲這個是講華藏世界，沒講正報，光講依報。但是，依報必具足有正報。

「世界」有兩種解法，第一種是按破壞的意義解釋世界，成住壞空的世界。第二種是隱覆的，以隱密的意義來解釋這個世界。若是依著破壞的意義而言，華藏世界是可壞性的。但是華藏世界又從無爲而起，從無爲就通於眞寂，是不可破壞的。

一切法都如是，在事上是可壞性，在理上是不可壞性。在解釋的時候，先講可壞性，再講不可壞性。什麼來成就這個世界呢？說他能成的緣，能成這個緣，通因通果，都是因緣生的，諸法因緣生；因爲一切法的生起，不論大法小法，必定有一定的因，一定的緣。按體性而講，依著我們所住的，在你所住的時候，也就是果成了。

教起十緣，用十門來解釋。「佛剎」，一說到佛剎是莊嚴的，一說眾生同居是可壞性的，莊嚴的世界是佛修的，修所成的。光說世界，是眾生業所成的。一個業成的，一個修成的，兩個迥然不同了，然而同是世界。業成的呢？可壞的。修成呢？含著眞空般若義，是不可壞的。一個是約理說，一個是約事說，兩方面都說了。但是，還要依時間、依處所、依主，世界得有主，世界是依報。還得依三昧、依現相、依說人、依聽人、依德、依請、依能加，大致分爲十類。

第一依時。這個時，是時的分齊。早晨、中午、下午，這叫時，更把它分詳細點，二十四小時，二十四小時再分，一個小時有六十分，分底下又分秒，依著時說。

但是，我們講「時」可不是這樣分的，是依著說經的時候，「一時」是這個時候說《華嚴經》，什麼時候呢？因緣契合，這叫「一時」，「時無定體」，「時」是沒有標準的。依著眾生心而立的，依法上立，法是眾生心。現在我們這個時候是下午五點，紐約是早上五點。以爲都是五點？人家是清晨，你是晚上。「時無定體」，「時」沒有一定標準的，從古到今，就是我們一念，一念多劫。多劫，那時間就長了。多劫就是億萬萬年，在一念間。

佛教講這個問題，叫「時無定體」，時間沒有標準的。經常說「一時」，或者說就是一念，現前一念心。一念盡七日，或者盡三七二十一日，或者盡著億萬大劫，億萬大劫是好多時間呢？佛經上所說的小劫，一小劫你都沒法算。人的壽命從八萬四千歲，一百年減一歲，減到人的壽命十歲，再從人的壽命十歲一百年增一歲，增到八萬四千歲，一增一減你算算是多少時間，這才一個小劫。一千個小劫爲一個中劫，一千個中劫爲一個大劫。三大阿僧祇劫這個數字是好大？但是，把它縮短了，現前一念，就叫念劫圓融，這是《華嚴經》的意思。佛從修道，發心得了菩提，年限是不能算的，也沒法算，叫一時成道，一時聞法，一時修行，僅僅是一念間。

如果你學時劫的分別，還要學習劫異，劫變化了，時間也變化。說念攝劫，一念攝無量劫。這個劫和念依著什麼時呢？《華嚴經》講的時，是指因緣會遇時。講因講緣，因緣會遇了，所成就的那個時候。

每個人可以回憶，從降生那一天，現在恐怕記到三歲的時候不容易了，我只記到五歲時候上小學，說十幾歲的人二十幾歲人還可以能回憶。我現在九十歲，能回憶到什麼時候呢？從六歲時候開始，一年一年一年一年，可以回憶得到的，一回憶得到，就是現前一念；當你回憶的時候，就是現在所想的。但是時空已經變化了，再回憶那時候，同住的人，經過的事，所謂境界世間相，早變化了。

再回到我的出生地，那個縣沒有了。現在新建的那個縣，離原來我出生那個縣，相距四十華里，不是原來地處。抗日戰爭的時候，那是交通要道，蘇聯跟日本，在我們那縣，來回的拉鋸戰，打的連一塊完整的瓦都沒有了。那時候的人也沒有了。那以後的，我不認識了。我十六歲離開家，經過七十四年了，再沒有回去。這只是人間短暫的時間，若說無量劫，那沒法說了。

世界的成就，世界的毀壞，佛經上講成住壞空，成二十劫，住二十劫，壞二十劫，空二十劫，成住壞空共八十劫。這八十劫，在我們看來，這個世界長的很。但是，以佛眼觀的話，很短。四天王天跟我們最近，這個天跟人類，接觸很多。人間的五百年，是他的一晝夜。四天王天的五百年，是忉利天的一晝夜。忉利天的一千年，是夜摩天的一晝夜；往上數，人間萬年，天人才一天，所以他看人間不同。

這還有個道理，你早晨看，水缸現在這個時候，生起小旱蟲，這叫濕生。生類都有四生，胎卵濕化，濕氣所生的。你把個盆子扣在那個地下，隔上幾天把盆子揭開，底下有些小蟲蟲，那叫濕生，濕氣所生的。胎卵濕化四生。那些蜉蝣蟲，朝生而暮死，早晨生、晚上死。牠也不是像我們人間一百年嗎？牠的中午、下午、晚上，末日了。

有一段時間，我看那個蓮華包包白，有一種綠蟲子，吃那蓮華白上的水。有時你看這個綠蟲子趴那兒不動了。大概經過二十四小時，有的經過兩天，光剩一個殼殼在那兒，裡頭全空了，牠變了，這叫化生。變什麼了？變了蝴蝶。爲什麼那包包白都變成蝴蝶？就是牠要變，牠要飛，牠坐那想。想想就化出來了，就飛了。爬的綠蟲子，牠就變化了。

還有螞蟻、老鼠，你觀察一切事物的動態，體會到時間的不同，牠也是一生。我們這一百年，我們過這一輩子，等到晚年，再回憶過去，就在眼前。時沒有一定的時分，時無定體，就是一念間。我們經常說打七，那是配合我們七識來說的。這樣來解釋時。我們經常說三際，三際是沒邊際的，過去現在未來。未來還有未來，未來還有未來，無盡。過去，什麼時候算是過去？過去還有過去，過去還有。現在，現在不住。我們現在時間不是中午，那更不是早晨。現在五點鐘，一會兒過了，就是六點鐘。再找這個五點鐘，沒有了。明天不是還有個五點鐘嗎？那不是了，那是九號，不是八號。因此，時間、地點，叫時空的分別。

在修道當中，你應該掌握現前的一念，一念就具足過去現在未來，這叫三際時。但是，我們這個時劫，跟地獄餓鬼畜生的時劫，不一樣的。用一念攝劫，劫也攝念，劫念重重，無窮無盡的。異類的劫，他的時間跟人類不一樣的。我們說的住地獄，無量劫無量劫，我們不理解地獄的時間怎麼算的？你可以用你的念頭，把時間縮短縮長。我們每天下午四點鐘至五點半講華嚴，但是這個時候不一樣了，昨天不是今天，今天也不是明天。今天所講的，不是昨天所講的，也不是明天所講的。再重複可以不可以？重複是可以，明天還講這一課，但是，時間不對了，聽衆不對了，思想不對了，這裡頭好多不可依的依。依時是依不住的，是靠不住的。

第二依處。依時依不住，處所呢？處，說法處。我們就說法堂，說法這個處所。十方諸大菩薩諸佛，在十方法界微塵剎海當中，每一微塵，每一個毛端，都是諸佛菩薩說法的處所。在《華嚴經》講七處九會，同時說，頓演。不是這會說完了搬到那個會說，那會說完了搬，七處九會同時頓演。

帝釋天有個天網，每一個網裡頭有一個珠子，叫如意寶珠。每個珠子就把一切網裡的珠子的光攝進來，這個珠子攝一切，那個珠子也攝一切，珠珠互相融攝，顯著重重無盡，說者無盡，聽者也無盡。講經的時候，或者學習這部經的時候，一處一處、一會一會，好像有層次，好像有次第，善財童子五十三參，從初到最後究竟，好像有層次，實際上沒有層次，七處九會一時頓演。

七處九會，第一會在菩提場，第二會在普光明殿，現在我們還在菩提場，第三會在忉利天，第四會在夜摩天，第五會在兜率陀天，第六在他化天，第七會重普光明殿，第八會三會普光明殿，第九會又回到人間逝多林。九會是在七個地點說的，六處各說一會，普光明殿說了三會。如果相信的話，我們的律宗部有個普光明殿，在那個地方說了三次《華嚴經》，你信嗎？我是信的。

一個微塵裡頭都是說《華嚴經》的地點，說依處，處無定處，沒有一定的處所。在《華嚴經》裡，說是標榜，這是七處，開了九會。實際上，塵說剎說，到處都在說，無處不在說。過去說，現在說，未來還在說。但是，你還入不到，你若入到了，現在還在說，無窮無盡的。

第三依主。說經的教主，十緣，得有處所緣，得有時間的緣。誰說？說經的教主，毗盧遮那說的。他示現的法界無盡身雲，身像雲彩那麼多。周徧十方，微塵剎海，常說《華嚴經》。如經裡頭所說的，「以此處見佛坐，一切塵中亦復演」，在這個看著佛在這兒坐著說法，你看一切微塵中佛都那兒坐著說法。爲什麼？因爲毗盧遮那，《華嚴經》翻「徧一切處」。遍一切處，一切處都有，每處都有毗盧遮那在那兒說法。

第四依三昧。他依著三昧說，梵語的「三昧」，華言叫「正定」。佛說經的時候必先入定，有的入定放光，爲什麼？靜了，定了，才能顯現法理，一切諸法的眞實道理才顯現。說的都是權，佛在三昧就是實，權實分明。從定起來之後，觀機說法，哪些衆生得聞，佛就說這個法。所以說依著三昧，在定中是實，實際理地的那個實。說法是權，就是權實相應。

第五依現相。會中所有的現相，香、華、燈、塗，昨天供千僧齋的時候，大殿佛像前邊供的那個，你們作何感想？你們看見怎麼想的？這是現相，這叫佛的瑞相。擺是大家擺的，花是市場買的，燈也是市場買的，那些供具也是市場買的，這是現相。今天就沒有了，因爲是生滅法。如果你還看見，永遠看見，不是那個，那個莊嚴的不夠。

你們有沒有到那兒去觀想的？我們道友有沒有到那兒，用普賢十大願王，普徧供養，有一位作觀想的沒有？我在那兒想，可能一位都沒有，忘記了。光看現相，忘了本質。任何現相，你都把它用華嚴來會。昨天佛說法沒有？釋迦牟尼佛坐那兒說法沒有？現相怎麼會說法？現相不說法？那些供具怎麼來的？誰畫的佛像？現相怎麼來的？磚怎麼鋪的？幢旛寶蓋怎麼來的？你把這些現相會歸實體。釋迦牟尼佛沒說法，在那入定呢？入什麼定？毗盧遮那定，也可以說普賢三昧定。

那是無說而說，所說眞實的法，應機所說的，那是隨著三昧起，從定而出，而現智慧。一般來說，依著佛所說的教法，說小乘法，說菩薩法，這叫權。說法華，說華嚴，這叫實。實呢？稱懷佛的本義，說佛果上的事。他依著三昧說的。佛法在世間不離世間覺，又有現相。現什麼相呢？現佛像一些供具，供具就是法，佛寶、法寶，再加上僧寶，三寶具足。佛每一次說經之初，都現瑞相。

我們昨天打千僧齋，現的都是瑞相。從大殿的磚、法堂的裝飾，好多天以前就準備，這叫現相，這叫莊嚴。這個莊嚴現相，從什麼起的？這個就是實。現相是權，方便。

昨天是「隨緣」，今天就「如實」了，什麼都沒有了，般若義空。到十八號那天可能還有，緣有則現，緣盡則隱。緣有了，這現相又來了，是不是跟那個七號的一樣？不一樣。一切諸法因緣生，說我們也還照那樣供，都不一樣，不是的。一定要懂得這個涵義，這叫現相，現相不是本質，現相都是隨緣義。緣起則聚，緣盡則隱。說再有緣來了，再現，沒緣了就不現，這叫依現相，明天再講依說的人。

## 世界成就品 第四

### ○來意 釋名

昨天講教起因緣，因緣世界的成就有十緣，我們講了五緣。說法得有一定的因緣，《華嚴經》這個教義。依著十種因緣，一者是依時，說經的時分；二者依處，說經的處所；三者依主，說經的教主；四者依三昧，三昧就是正定；五者依現相，現相就是說經之初，放光動地這些瑞相。華雨香雲，這都是說法的瑞相。以其七處九會，在說法之前一定會放光，有時候放光就是說法了，但是依著經的意思，有時候放光，是現瑞相。

第六依說人。誰說？說法的人，在華嚴會上不一定都是佛說的，諸大菩薩都在說。弘揚佛法，道在人弘，人能弘道，在佛經上說，「佛法無人說，雖慧莫能了。」佛法跟其他的世間文字，世間法不一樣，如果沒有人給你解說，你再有智慧你也不知道。

第七依聽人。若有說法的人，沒有聽的人，法是說不成的。佛說法，要是沒有緣，沒有聽的人，佛不會說的，教起因緣還得依聽法的人。

第八依德。德是有道者，說經的人，必須得有智慧，行願為他的本，內無德不能談法。所以佛告訴金剛幢菩薩說，由汝智慧清淨，佛才說法，又告普賢菩薩說，以汝修諸菩薩行願故，令汝入三昧而演說法。這就是德。

第九依請。說法必須得有請者，請法的人。這個非常重要，說法的人必須具足慈悲深信，大願深厚。有沒有無人請問自說的？如《阿彌陀經》，佛是沒有人請法，佛是自說的。但是重法，尊重法尊重人，必須要誠請，而後方說。

第十依能加。現在無論哪位法師，現在說法的時候，先請諸佛菩薩加持。修觀想，請諸佛菩薩加持。或者請哪部經、講哪部經、哪部經的主，請加持。這種加持有兩種，一是很明顯的加被。以佛的三業，加被說法者。這是很明顯的。二是冥加，因緣也叫冥加，這個就是密宗。密宗多數是冥加，冥加不是顯加。假佛的智慧，假菩薩的智慧，所以能加。加什麼？加被說者的身口意三業。

## 〇宗趣

其次，佛所說的法一定有目的，有宗旨。這一品是以世界海為宗，趣向達到這個宗，有多種的目的。哪幾種？「令諸菩薩」，這是指初信菩薩說的，不是久修的菩薩。「令諸菩薩發大信解悟入為趣」，能悟入華嚴，這是他發願趣向的目的。應知道聞者，了知佛及普賢行願。在其他的大菩薩，大悲行海。又者廣義來說，一切眾生眾，眾生多得很，蒙到法、沾到法的利益，使這個世界的無邊淨佛國土，都能夠嚴淨的清淨。眾生是無邊的，悉能普度，他們都能得受益，一切剎土是眾生心所成就的。淨心成就的淨土，生到淨佛世界，染心生到污穢世界了。當淨其心，每位聞法者，應當使你自己心裡先清淨，離開虛妄不實的、諂媚的、妄言誑惑的，使這些音聲都放下解脫，常令一切眾生常樂慈悲，生大歡喜。

這部《大方廣佛華嚴經》是加被廣大深信不移的一切眾生，如果能聞到此法，生欣樂的歡喜心，能了解無邊無盡無二的境界相。那是權乘的菩薩。小乘的，他對普賢行願不能得成，他也無緣，不能對這個產生信解。所以普賢自己說，令一切眾生得安樂故，令一切眾生得解脫故，令一切眾生能入華嚴境界。

這種的觀點，是依照清涼國師的〈疏鈔〉。若依照方山長者李通玄〈合論〉的解釋，大同小異，大方向是一樣的，小的還是不同的。不同的在什麼地方？〈合論〉講，要明白這個世界海，依住形相，苦樂淨穢。

這個世界，不說華藏世界，也不說娑婆世界，我們就說這個小世界，再把它縮成最小的五臺山；這裡頭形相，這是大家見到的，就在這個世界有很多人在歡樂，有很多人是受苦，很多人在清淨當中，很多人在污染當中。這個污染當中，有時現相，有時心理，各有各的業，各受各的報。你有什麼業，一定要結什麼果，業是因，果就是報。

假使處在普壽寺法堂裡，我們現在在幹什麼？學華嚴，現在在台懷鎮，有些形形色色，他在那兒造惡業。就是這個時間，他所認識的這個世界，他所感到的，那不是清淨的，而是污穢的。我們在這裡頭是清淨是快樂，同是這個時間，有些人在受苦，各種形形色色種種業業，都是眾生的自己業報所感召的世界。有的是莊嚴的，有的就不是了，所以你所處的環境，世界的莊嚴，世界的清淨，那是你自己的果報。諸佛菩薩所住的那個世界，他是依他的願力，依他自己清淨的法性力，還依著一切般若波羅蜜的力，修行一切般若波羅蜜的力量，還依著他度眾生大慈悲的智慧力量，這些力量都是不可思議的，依此而成就的莊嚴世界，這就叫「世界成就」。

同是一個時間，同是一個環境，說小一點，同是住在五臺山，各各不同。再把它擴大了，太原、山西全省，再擴大了全中國，再擴大了整個世界，亦皆如是。把娑婆世界再擴大了，擴大成華藏世界；再擴大了，種種光明蘂香幢的二十重世界，

## 世界成就品 第四

### ○宗 趣

一重一重的，華藏世界在世界海的第三重。建立在種種光明蘂香幢，幢上裡頭安立的二十重世界，華藏世界在第十三重。

〈世界成就品〉的來意，大致分為五種。

第一個，「答前世主三十七問」。前面那些佛放光召來的大菩薩，從眉毫光也好，從座中的寶座光放出來光，那些召來的諸大菩薩都好，他們共同的有三十七個問號。所問的就是佛海眾生海，波羅蜜海，含著這個世界的成就。世界怎麼成就的？簡單說一個字「業」。但是有善有惡，有究竟果德上的，有凡夫地獄的。各各果報不同，他所依止的環境就不同了，這是在佛的光明答三十七問的時候，顯示佛所修行的，都加個「海」，這個海是形容詞，都有海。為什麼要有海？海是深不可測無邊無際。那麼，佛的眼耳鼻舌身意六根，都已經達到波羅蜜，都變成般若波羅蜜的智慧海。遍滿法界的，那就叫法界海。

我們眾生的業，有九界之不同，菩薩、聲聞、緣覺、六道眾生，各有各的業，各有各的感召，各有各的果，果又含著因，因又結果，重重無盡的。以前問的是重重疊疊，是三十七問，答？一時總答。佛放光時候就是總答，以下是分別答，普賢菩薩也是入三昧，普賢三昧，從三昧起，也是解決這三十七個問號。這些問題能使一切的法會大眾，悟到佛所作的一切事業，就是佛所行處，也入到普賢菩薩所行處。故號《華嚴經》，以此緣故，給這部經的名字，就稱為《華嚴經》。這是第一種，示這一品的來意，「來意」大概有五個，第一個來意就如是。

第二個，「令諸現在未來始發菩提心者，識佛所行及菩薩行海、佛菩薩大慈悲海。」令諸現在未來的，將發菩提心的，大家都是將發菩提心，發了一個求覺悟的心。這只是發心，現在我們這個幾百人當中，是不是都發菩提心？恐怕還沒有。什麼是菩提心？恐怕有些還不知道，知道了也沒去做。這是連現在的大眾，和未來的大眾始發，始發就是才發，或者還沒有發，現在發，發了菩提心，他又追求了，發心僅僅是開始，追求什麼？要識別，或者要認識，佛怎麼作的，佛最初發菩提心怎麼發的，發完了菩提心之後，佛要作些什麼事？從他所行，修行利益眾生的過程當中，這是佛的所行，哪些諸菩薩？也如是行。依照佛所作的，就照佛所作的去作，照佛所說的去說，照佛所想的就如是想，佛菩薩都發了大悲海願，發了大慈悲心度眾生。這種願非常廣大，拿海來形容。現在這個始發菩提心，對我們學習《華嚴經》是非常重要的，如果你還沒有發心，現在就發菩提心，可以漸漸入華嚴境界。

怎麼發？在西藏教義上講，這叫「三要道」，這三種當中最關至要的，就是發菩提心。發菩提心怎麼發？這是三種心，一個一個的，有次第的。其實，次第即無次第，三種心就是個菩提心，它繼承三種涵義。它是有過程的，現在我們學《華嚴經》，都想發菩提心。怎麼發？第一個你對所有世間相心不貪戀，意不顛倒。

什麼叫貪戀？什麼叫不顛倒？什麼叫顛倒？有些道友還不見得明白，在這個世界上，六根對外邊六塵境界的時候，不去攀緣，不去生顛倒想，不去生癡愛。愚癡的癡，這個癡不是慈悲的慈，不要生無明的癡愛，要把它看破了，厭離世間，對這個世間生厭離心，不但不貪愛，想離開它，越快越好。

同時在這裡頭要識別，識別什麼？你要發心的菩薩，看看衆生的業報，同和異。受福者、受苦者、享樂者，功名富貴，財色利祿，壽命的壽夭壽短，種種的差別，怎麼來的？由你自己的心所造的，第一個，你先要認識這個世界，了解這個世界，全是苦的、無常的、空的、無我的，苦空無常無我。

光這樣厭離不行，還得行菩薩道，你認識世界了，你要離開五欲，但是衆生不能做到。菩提心的第二種涵義，是大慈悲心。一個出離心，出離這個世界。一個是厭離心，光自己厭離不行，要啓發一切衆生共同厭離，這叫大慈悲心。厭離心的慈悲心，慈悲心得有智慧來指導它。如果沒有智慧的慈悲愛見大悲，有你自己的感情，不是智慧，是有偏差的，這個慈悲是不徹底的。

舉淺顯的例子來說，我們看見某個衆生，或者他相貌好，或者心靈上也好，我們普通說是道心也好，入了佛門之後，一心向道。這個不叫慈悲，因爲他本身就是向上的。對於桀驁不馴的，調皮搗蛋的，業根深重的，諸佛菩薩是讓你度這些，好的還要你去度？他自己就自度了。我們沒有這個慈悲心，看看這個傢伙，特別討厭。看著就生煩惱，你還度他嗎？你跟他也差不多了，這不叫慈悲心。對這個衆生都厭離，諸佛菩薩不厭離他，他還要攝受他，把他也變成好的。因爲度一個好人，乃至度一百個好人，度一萬個好人，都不如你度一個惡人的功德大。如果這裡有個害羣之馬，你把他度了，這一個羣衆不都好了嗎？這叫慈悲，這個慈悲得具足智慧，沒有智慧是不行的。

最後叫般若心。在解說當中，出離心、大悲心、般若。講的時候是三種事，你做起來，三個就是一個；不但自己有出離心，願一切衆生都生起出離心，不要貪愛這個世界，貪愛沒好處的，要出離。但是，他沒有智慧怎麼出離？轉變他生起智慧。智慧怎麼生？

第三個，「令始發心菩薩，知衆生業報同異差別，由心造故。」由他的發心，由諸佛菩薩加持，使他那個心別再造，造了你脫不了手，要還報的，有因必有果。說人在福中不知福，這句話聽來好像很簡單，人在福裡頭，他不認識他是福。好像是誰在享福都不知道，怎麼叫福中不知福？什麼是享福？什麼是受罪？恐怕有些人還不清楚。我們有清福，有混福，有清有混，福報還有清有混，那叫洪福，世間果報的福，生活的享受，舒適、安逸。

比如說，三點多鐘上大殿，正是睡瞌睡最好的時候，敲鐘打板了，把你叫起來了。不起來，違背常住規矩；起來，實在不想起。睡的非常舒服，聽到打板了起來了，翻個身又睡著了。這樣的情形，過去是很多的，普壽寺可能是沒有。但是他不了解，認爲這個是苦，這是樂。有時看見人家家庭，一家團圓，父母、夫妻、子女，領著小孩到海邊去遊；有些人看著羡慕，當了和尙、當了比丘尼師父，孤苦伶仃的，道友之間總是家庭歡樂。他不知道這個是眞正的福，那個是禍。這個可能我們出家師父都悟得了，不悟得你不會出家，出了家了還有沒有眷戀社會上的？有的，不肯說就是了，不好意思說，這個心還是反反覆覆的。出家容易行道難，遵守戒律、遵守規矩，那不是一句話，每天二十四小時磨練你，在你這是享福。

我收的徒弟，男女都有，有時他們向我表達的時候，好像當了和尚很受罪，你當了和尚就是清福，一切禍害你都不沾，好多你都躲過了，你們知道現在世界是什麼樣子嗎？刀、兵、水、火、饑饉、瘟疫，地震、天災、人禍，現在的病都說不出名字來。你吃的來源就是，病從口入，整個的都在欺騙，不打農藥，不打農藥糧食生的能好看嗎？能賣多錢嗎？你打上農藥了外表看著多好看，價錢也高，你不讓他農藥他要打，菜蔬看著又綠又肥；你認為是好的了，吃吧，他裡面有農藥，就含著有各種癌症的細胞，病的來源了。還有感染，現在都查不出來，去年我們那個非典，說是由獸類傳來的，這個傳來的，那個傳來的，究竟什麼傳來的？來治理這種病的病源，找不著特效藥，現在還沒有發明，這是說疾病。

壽命是不一定的，有幾歲就死的，有幾十歲才死的，五濁惡世就是壽命的、命濁終，命濁，不清淨。在五濁惡世裡頭，你能夠像這裡清清淨淨的，這叫福。你過去的報，過去的因，現在的報，你現在的因就未來的報，你現在這清淨的因，你會感得清淨的福德。瘟疫、刀兵，現在作戰不是刀，也不是兵器，也不是那個槍，一槍一刀只能殺死一個人，一個炸彈下來要死好多人？現在人的惡劣到什麼程度？把炸彈綁到自己身上，肉炸彈，先炸死他自己，然後，你周圍的人，也許有十個二十個，三十個五十個，不一定的。惡劣到什麼程度？他都不要命，他先得不要命。這屬於人力的關係，還有非人力所能製造的，美國武力最強也沒法制伏龍捲風，只有在美國國內，這種風非常厲害，就是幾秒鐘一過，什麼都沒有了，這叫龍捲風。這是天災，大自然的災害。下雨、乾旱、水災、風災、地震，這災害都失調，次序失調。

人間倫理、道德秩序全沒有了，感得社會、大自然也如是，該冷的不冷，該熱的時候，它又不熱；冷熱特別高，這是大氣層的變化，大自然的變化。現在大家要愛惜水，你愛惜一份，就增一份的有水吃，世界上很多地區沒的水。水災、火災、風災，這叫自然災害。這些都是什麼？眾生的業，我們是相同的，叫同，外邊的世界就叫異，他跟我不相同，所受的果報也不相同。這叫眾生的業果差別。為什麼？由心所造，自己造的。

有人跟我說：「這個世界不公平！」我說：「你好好信佛就公平了！」他說：「信佛更不公平！」我說：「為什麼？」他說：「一信，就不能吃肉了。」我說：「你吃肉，公平嗎？」為什麼人家生命讓你殺來吃？你還不還？我說：「你想想吧，你殺牠，牠變了人，牠回來要殺你的。自己造的自己受，有什麼不公平？」我在美國，他說：「你們是不勞而獲的，太舒服了，什麼都不幹。」我說：「那是你看，我們幹的事可多了，你沒辦法理解。」你倒是幹什麼？你害人，你幹的好多事都害人。我們不害任何人，不論他跟我怨家仇敵，我們也不害。他殺我們，我們認為欠他的，還給他了。佛的宗旨就這樣教導的，還給他了，下回就沒有了，我們也不報復，也不會再去殺他，那再去殺他，他又來殺我，我又來殺他，沒完沒了的，世界就互相報復。

他那個業報的差別就是這樣感召的，由心所造。每個人都這樣造，現在我們這批人，有些人看著我們好像很清苦，我們看見他們很造業，這是知見不同，認識不同，觀感不同。這叫什麼？衆生的業報有的相同，有的不同，爲什麼同？爲什麼不同？這都是所造的業，自己造的。我們這五六百個人，所造的業就相同，造的什麼業？求知、聞法、斷煩惱、證菩提、求解脫，達到自心的無罣無礙。你們這樣發過願嗎？這樣想過嗎？

我跟我們出坡的好多道友談過，我說：「別光鋪磚，你要發願！」他說：「鋪磚還發什麼願？」「鋪磚怎麼不發願？行菩薩道了嗎？」他說：「這行什麼菩薩道？」我說：「你知道這是莊嚴佛國土嗎？」「不知道。」不知道，那我告訴你，這就是莊嚴佛國土。你看你是鋪磚，是供佛，我們那不掛個佛像嗎？你那莊嚴是供佛的。這是供佛，這裡也含著下化衆生，上供下化！如果你連鋪個磚，腦筋也不想，那就沒辦法。你看我就是鋪磚，鋪磚就鋪磚。鋪磚就鋪磚了，鋪磚的果報就是鋪磚，你鋪磚的果報就是鋪磚果報。

你心裡一想，變了，變什麼了？供養三寶，度化衆生，你們知道嗎？我們鋪磚，掛掛佛像上上供，那些來看的人，感動的如何？他說普壽寺打千僧齋，這麼不同，這是莊嚴佛國土，度化一切衆生。你心裡這樣想，你所做的那個事變了。鋪磚不只是鋪磚，除泥巴不只是除泥巴，你看著是種花種草，你却把它變成莊嚴佛國土，將來你成佛時候，你的世界就是那樣的。一切衆生心，聽《華嚴經》而不作華嚴觀行。

一切處一切時都是華嚴觀行，你不去想就沒有了，爲什麼要學？學的目的就在於此，一樣的做，效果不同，當來結果就不同。業所成故，業所造故。

第四個，「令始發心者，知衆生界廣大，法界虛空界。」我們現在才發心，知道衆生界無盡，知道世界廣大無邊，等虛空盡法界，知道這重重無盡的道理。知道在這個世界，就在我們現在這裡，就說在普壽寺，這裡充滿了菩薩，看你怎麼觀感。你認爲沒有，都是凡夫，那就是凡夫。五臺山都是菩薩道場，知道衆生界的廣大，虛空的廣大；兩者是相行的，是重重無盡的。

第五個，「令始發心菩薩，知諸佛菩薩境界海，衆生境界，一異不可得故。」佛菩薩在行道的時候，這是道場。什麼道場？發了菩提心，行菩提道！菩提道場，不一定到印度迦耶，那個菩提道場是菩提道場，你這個地方行菩提道就是菩提道場，行是，不行不是。若是到菩提場去打架去，那也不是菩提道場，那是衆生世界。到那裡去爭地盤，你建我也要建，這個國家跟那個國家爭地盤、買土地，這看你怎麼用心。初發意的菩薩，前面講要發菩提心的菩薩，你要先知道，一發菩提心要知道那些諸佛菩薩，他的境界是什麼境界，也要知道衆生的境界是什麼境界？有差別，衆生境界不是佛菩薩境界，佛菩薩也不是衆生境界，這是在事上觀。

如果從理上認識，衆生的業他轉變了，先從初發菩提心，之後行菩提道，最終成就菩提果。成就了是他本具的，他正在發心當中，諸佛諸大菩薩是已經修行成就的。他在前頭走，我們在後頭跟，他告訴我們種種的方法，這個路怎麼走怎麼走。

○宗　趣

我們這世界成就，世界是有成還有壞，成必有壞，一切世界一定要壞，有成有壞。爲什麼？因爲衆生的因緣，佛說法得有道場、得有處所，所以才成立世界。

世界成就了，一定有衆生安住，衆生安住了，衆生有好壞，要把好的都變成壞的，讓他們認識到世界怎麼成就的？知道這些了，這就是世界成就的因緣。因你要知道，若沒有這一品，沒有世界成就，初發心的菩薩不會知道佛是怎麼樣攝受衆生，怎麼樣度化衆生的。知道諸佛怎麼在這個世界，來行菩薩道的？怎麼樣達到成佛的？爲什麼世界有大有小？爲什麼世界有安樂的有痛苦的？不知道，必須學到世界成就才知道，知道怎麼依著這個發菩提心，依著佛的大悲普濟的願力，廣度衆生。把一切諂媚、虛假虛妄的不淨心，常時讓它清淨，常時歡歡樂樂的，培育你的慈悲性，見一切衆生都發出可憐他們，發起慈悲心，別見個蟑螂要打，見個老鼠要打，打牠都會報復的。老鼠還會報復？老鼠也會報復，你打牠，牠也要報復你，這類事很多了。這樣子能普濟，這樣得具足誓願廣大，深信佛所說的法不懷疑，對佛所說的法，生起極歡喜、極安樂，極難遭遇。

我們現在遭遇了，按照普賢菩薩諸願力，修行什麼？修行普賢的清淨道，這都要你從心裡頭，《華嚴經》是講唯心的，安立一切世界，從根本上解決，要學般若智慧，以般若智慧觀察一切法界空的。因爲空的才能成就世界，知道佛所行處，佛是怎麼行的，怎麼做的，光說佛界，不說衆生界，光說法界、光說佛界、菩薩界、虛空界。你不從衆生界，怎麼來顯諸佛的佛界？這兩個是如影隨行，二而不二，一不是一，是二，二不是二是一，一個是從理上講，二而不二。若從事上講，不二而二。事上不同，理上又不同，有理有事。

我們看兩人爭執，爭執不下來了，到法院解決，法院是依著法理來判斷，這是人為的，這不是眞實的，也不是眞正的公平，求公平，沒有。哪裡求？回過來在你心裡求。講道理，講什麼道理？社會上經常的說爭執，你不講道理，他說他不講道理，打的不得下臺，到法院去講道理，那是法律的道理。人情的關係，那是人情的道理，那也不是道理。公說公有理，婆說理更多，兩口子打仗你去斷吧！你多事，斷不出來，兩夫婦吵架你怎麼知道？講什麼道理？我們講的道理是菩提道，講的眞理，這個世間不理解，還有個道理可講嗎？只有講這個道理，說一切皆是妄，這叫萬法皆空，回歸你原來本性，這一眞法界，要懂得這個道理，就是佛所行處的。

一切衆生界、法界、佛界，菩薩界、虛空界，無二無盡，都如是。就我們佛教，小教的道理，那個菩提道不眞。權教菩薩的道理不行，要實教菩薩的道理，是佛道、心道，這個道理是眞正的道理。說你的心，有染有淨，有障有礙，有始終、有內外、有大小、有長短、有方圓，這都是染的境界。

至於淨的境界，那是佛的境界，自佛、他佛，自佛是你自心，自心就是佛，他佛是已成就的佛，在他方國土，或者此國土，有住處，有教義所說，說的是對機說法，三乘各說各的法。為什麼極樂世界是清淨的？為什麼娑婆世界是五濁的？這要你修觀，用你的思惟修，從佛所教授我們的去認識、去理解。所以這個世界成就的，他的目的是令初發菩提心的菩薩，知道是眾生境界相，知道諸佛的境界相，讓你去對照，這兩個是重重無盡的。

這個是化佛的化土，阿彌陀佛極樂世界，阿彌陀佛的那個化土跟娑婆世界五濁惡世的化土，是一個是兩個？作兩個解釋不是華嚴境界，作一個世界境界，與事說不通。那個世界是清淨的，這個世界？是染污的。

你從理上講，佛佛道同，心心如是，哪個心都是這樣子的。一切眾生心、凡夫心、聖人心、諸佛心，心只有一個。如果大家不信這個道理，自己思惟，觀察你的妄念，你的心一會跑這去，一會跑那兒去，你一會又想在人間成道，一會又想貪戀人間的五欲境界。那個心是變化無常的，看來是一個心，染污心、愚癡心、貪愛心，收攝來只是一個。所以說「心佛與眾生，是三無差別」，這就是華嚴境界，你理解三個是一個，這是華嚴境界。

依著華嚴境界，依著華嚴所說的事相又分了。從第四品到第六品，說世界成就、華藏世界，〈世界成就品〉講完了，講〈華藏世界品〉，又把他收回來了，講〈毗盧遮那品〉。有世界必有佛住世，所有世界成就，單說華藏世界住世主毗盧遮那。《華嚴經》是一層一層，先果後因，完了再說修行，怎麼達到以前毗盧遮那的境界？怎麼能達到華藏世界的依報？路是很多，但是歸元的時候，沒有兩條道，只有一條道。「方便有多門，歸元無二路」。在華嚴境界，說華嚴法的時候，「無不從此法界流，無不還歸此法界」，流出去收回來，收回來又流出去。

# ◯釋文

## ◎總標綱要 即是本分

以下隨著經文解釋上面所說的道理。解釋什麼？解釋法海，法海的前面就講明果。明果的時候要辨別他的因，果必兼因，因因才有果。這是答前面菩薩心裡思惟的三十七個問號，這一品有十問，是問因的。講因的時候，就是為了成就果，說果的時候，就知道因，驗果知因，說因而成就果。前面是總說，那是本份的事，佛的本份的事，但又把他分開來說，下面就分開來說。

**爾時普賢菩薩摩訶薩。以佛神力。徧觀察一切世界海。一切眾生海。一切諸佛海。一切法界海。一切眾生業海。一切眾生根欲海。一切諸佛法輪海。一切三世海。一切如來願力海。一切如來神變海。**

這一段經文是講根源的。普賢菩薩入了普賢三昧，入普賢三昧就契果，契了果海，果海就是根源，現在是契源，內契眞源，徧觀一切相。契眞無相，相怎麼來的？

依眞而起的，依眞而起的相還歸於眞。

這裡頭說明了十種。這十種就含著前頭所問的，大概三十問，說在這個大願之中，每個大願都是感果了，願感果。最初的因？問是問難的意思，就是不理解了。以下經文就作了解釋。怎麼樣的標體、標相，這就是講六根三業。眼耳鼻舌身意六根，身口意三業。六根必造業，造業是因，因必感果，那果也必具因。第一個是問，第二個是說，說界限，說分齊。第三個是說所成就的所得到的利益，第四個是讚果德上的殊勝，勸誡法會大眾好好的聽。

**如是觀察已。普告一切道場眾海諸菩薩言。**

誰觀察？普賢菩薩。他不是從普賢三昧出嗎？觀察菩提場這個道場，這些大菩薩問完了，他就發言啟示了。

**佛子。諸佛世尊。知一切世界海成壞清淨智不可思議。知一切眾生業海智不可思議。知一切法界安立海智不可思議。說一切無邊佛海智不可思議。入一切欲解根海智不可思議。一念普知一切三世智不可思議。顯示一切如來無量願海智不可思議。示現一切佛神變海智不可思議。轉法輪智不可思議。建立演說海不可思議。**

能知的知是佛智，知道世界怎麼成就的。爲什麼有成劫、爲什麼有壞劫？爲什麼有清淨的？爲什麼有不清淨的？這是不可思議的，唯佛智慧所了知，這是依報，依報上頭必須得說正報，正報指一切衆生。一切衆生是包括大菩薩在內，乃至於地獄三塗都在內，一切的業像海那樣深，有些菩薩智慧也像海那麼樣深，一切衆生九界所作的業各不同，不可思議。

我們看見廣播電視，造業的衆生把人殺死了，法律制裁了；在法律制裁的時候後悔了，就懺悔吧。我們要經常懺悔，有很多人不知道自己作的業，因爲沒有智慧！你作了業，現在障礙你解脫不了，障礙你成不了道。你坐這兒不但不入定，一坐煩惱就來了！煩惱來了，散亂的心就收不回來了，胡思亂想。你不修行沒事，也不知道散亂，你坐下來就知道了。心裡這一靜，他不修道了、乖磕睡了，也就是點腦殼了。一個昏沈一個散亂，爲什麼？這就是說業，衆生的業是不可思議的，佛的功德不可思議，佛妙用不可思議，那衆生的業更是不可思議了。

還有，一切衆生所依止處，法界的安立，就是一切世界的成就。佛有這種智慧，普賢菩薩有這種智慧，他知道世界的安立，知道衆生的業，他有這種智慧。說一切佛的海智，說一切無邊的佛海智不可思議，入一切衆生的欲解根海智不可思議，能知道一切衆生的根、了解一切衆生的根。「一念普知一切三世智不可思議」，就是一念間知道過去現在未來，這個不可思議，「顯示一切如來無量願海智不可思議」，能夠了知一切諸佛發的無量大願。

這有十種不可思議。這些不可思議是從佛的觀，普賢菩薩的觀，觀就是思惟。這是在定中普賢三昧的思惟力，由於他的思惟了解到佛的智慧，海那麼深，海那麼廣，海是形容詞。世間相最廣的就是海，所以用海來形容佛的智慧。這樣的來說明什麼？佛利益衆生的時候、度化衆生的時候，反反覆覆的，依著自智，以自己的智慧觀察一切衆生。很多微細難知，非常的難理解，太細微也太多了，唯佛的智慧才能了解究竟。

佛的智慧是難思的，因爲佛的智慧難思，所以像海那麼樣深，像海那麼樣廣。清涼國師解釋這一段話，直接說佛智就好了，爲什麼說海？智不是海的境界，海是作爲相上來說的，這個衆生了解海，了解的深廣，佛的智慧衆生沒法了解。說拿海來說，顯示佛的十種智慧像海那樣。佛的智慧不是海，海也不是佛的智慧，是拿海做著比方的意思。

世界的成壞，講世界成就。這個世界成和這個世界壞，在佛的智慧觀察當中清清楚楚的。這個世界爲什麼成？是業成的。爲什麼壞？是業壞的。清淨的智慧，了解清清楚楚的，重疊反覆，所以加一個「不思議」，這不是我們思惟所能達到的，不是聚集很多人來辯論一下，議論一下所能達到的，達不到的。

十種智，第二種是知衆生業海者，衆生的果報，種種的差別，其中只舉一個衆生來做例子，你說這個業跟這個報差別大得很。時而天上，時而地下，時而生到三十三天六欲天，乃至清淨地，下到地獄十八層，十八層底下還有十八層，十八層還有，那極深的地獄，眞是不可思議。

說業障，差別很重，業是指什麼說的？善惡，交叉成熟，因爲你造業是交叉造的。你就想我們，你們三四十歲的多了，你回來一想這幾十年，從你六歲算起，造了好多的業？這裡頭有善有惡，反反覆覆，那個業有受了報，有的業沒受報，現在還正在造業。這是一個衆生，差別說之不盡。所感的因果也不同，佛要教化一切衆生，一個人都說不清楚，還說一切衆生！

我不知道大家的業如何，就自己的業而言，差別大得很。怎樣差別法？我最初沒有讀過書，小學都沒畢業。十六歲出家到佛教界，從一九三一年到二〇〇四年，出家到現在七十多年。出家之後的因果報應，差別大的很。自己都不認識自己，我說這話好像很可笑，不但我，我看你們誰跟我差不多，除了這裡頭有那大菩薩，我不敢說了，一般的人自己不認識自己。你不了解，怎麼知道衆生業？一邊是果受，一受的時候還在造業，造業又是因，因又成果，果又變因，這因果複雜的很。我自己常時想自己，這講起來很簡單，說起來又很不簡單，我這是講衆生業，拿我來例子，不要想到別處。

我一出家都是做夢，都是在夢裡頭參。參什麼，誰來受報了，什麼參？這是做夢，夢是假的，那受報也是假的。你別把它當成受報是眞的，這樣我才活得出來。我最初在鼓山，住的是最好。比你們普壽寺還嚴格，在鼓山住就在佛學院，不知道鼓山是什麼樣子。那人家不會相信，你說假話，我們那老法師就住在門口，他的寮房就在門口，這個門你是出不去的，他一天也不動。他不是像其他法師，這個地方講講那個地方講講，頂多到了福州，其他的地方沒去過，因此我在鼓山很清淨。

到了青島湛山寺，我就當法師了，法師是自由的。極特殊的當了七十多年和尙，我不知道怎麼叩引磬、怎麼叩木魚。當了七十多年和尙，不上殿不過堂，沒上殿沒過堂，什麼因緣成就的？很特殊。聽到放燄口，我說我沒看過。我們好多在家道友說，你在廟裡，廟裡放燄口，你都不知道？我說不知道，我沒看過燄口什麼樣子的。

在北京頤和園附近出家的廟，每天從頤和園門口經過，也沒有進去過。在北京北海公園白塔底下住，斷斷續續住了三年，北海公園最名勝地點是九龍碑，有人問我說：「九龍碑什麼樣子？」我說我沒看見過。「你在北海公園裡頭住，也不要門票，你連九龍碑都沒看過？」沒看過就是沒看過。

在北京來來去去幾十年，故宮三大殿我沒有進去過，太廟沒有進去過，天壇地壇沒有去過。我是到處跑的，但是這些地方我不跑。哪個地方有個大德，哪個地方有神通的和尙，我一定要去看看。我之所以到拉薩，就這個思想促使我到拉薩。

我個人的歷史很簡單，這個和尙當的，算不上個好和尙，也不是怎麼壞。壞了這個座子，我坐不成了。那時當犯人，不齒於人類的狗屎堆，現在我又變了，又坐在這個，又是人上人。面對這些變化，解釋業感的差別。

什麼業？我們隨順普賢十大願，我是從入普賢十大願而得益的。因爲那個時候我還不是學生，想當學生。慈舟老法師說，我們這裡是華嚴大學，你連佛教小學資格都沒有，你懂得不懂得！小學中學大學，你連佛教的小學資格沒有，你到我們這兒來當學生。入了大學，不收我的，後來我一再要求給慈舟老法師當侍者，我到大寮打打飯，跟老法師一起吃，跟老法師一天，照顧老法師。

初出家的時候就是這樣子，沒上殿、沒過堂，也就是這樣原因。五堂功課根本不會，也沒念。我是不會隱諱自己的。我念咒學密宗，五個字六個字的念，一多了我不念了，嫌那太費腦筋記不住，「嗡阿紮巴雜那的」、「嗡嘛呢叭咪吽」，凡是五六個字的，我就念。這一個一個人生的業果，我經常想，我這個業是怎麼造的？過去生是怎麼造的？人家說當一天和尚撞一天鐘，我有時想，當了七十多年和尚，一天鐘也沒叩過，這些引磬木魚，摸都沒摸過。我一聽到放燄口、作佛事，遠遠走開。

過去是什麼因？大概是在山裡住的時間多，我很喜歡山，不論五臺山、雁蕩山，只要道場在山裡頭，我住進去感覺很安靜，很舒服。在都市裡住的時候毛焦火辣的，心裡簡直不安，這是過去的因。

弘一法師在青島，朱子橋老將軍請他在湛山精舍吃飯，他答應了，等到第二天來了，他又不去了。我在美國，幻生法師問我說：「弘老是學戒律的，怎麼會打妄語？」他對於這點不理解，他說問了很多人，都答覆不了。那時候弘老跟前有個傳貫法師，在菲律賓，他圓寂了，那時他當侍者，到青島是我們倆當侍者。我說這個事你問我，就清楚了。問他們，誰都不清楚，什麼原因？

老法師沒有打妄語！頭一天，是朱子橋請的，弘一法師認為朱子橋是老善人，賑濟委員會委員長，專門救苦救難的，放糧食，哪有災害他就去了。這位老善人請弘一法師，弘一法師答應了。第二天青島市市長沈鴻烈，請朱老將軍吃飯，朱老將軍說我已經請弘一法師了。他說我們一塊請弘一法師吃飯。我一跟弘一法師說，弘一法師就寫個條拿出來了。條上就寫了一首詩，「昨日曾將今日期，出門舉杖又思惟」，拿起手杖要走路，想想不對，「為僧只合居山谷」，我們和尚只在山谷住，「國士筵中甚不宜」。

我就跟幻生法師說，請的時候可是朱子橋請的，現在改沈市長請，請客地點也改了。因為沈鴻烈是當地名人，青島市市長，他就不去了，所以才有這首詩。

這首詩也不是弘一法師作的，是宋朝惟正大師寫的，那些宰相大臣請惟正大師赴宴，惟正大師作的這首詩，弘一法師把這首詩引證過來，不去。他沒有打妄語，而是請的人、請的地點變了；幻生法師才知道他以前的思想錯了。

這是什麼意思？一切眾生的業，眾生的果！說到這兒，想想弘一法師過去是什麼樣的人，出了家之後他變化的那麼大。那時候是那個時候的業，那個時候是那個果，這個時候又這個時候的果，這個時候是這個的因，因果不同時。你要知道了，要把它前生的過去的因果，加到一起就知道了。一切事物的發展，說你化度眾生，這不是一句空話，這樣得付出很大。

看釋迦牟尼佛度化眾生，付出生命，我們看《金剛經》，割佛身體的歌利大王是誰？憍陳如。佛發願，第一個就度憍陳如比丘，度他到了阿羅漢果。要學佛這樣，對惱害你的沒有怨抱心，而是要成就，我非度你不可，因爲你殺我、你割我、迫害我，這也算結了緣；因爲這個因緣，我發願第一個度你。這是一個例子。

懂得這種道理，知道衆生的業太複雜，衆生的果報也太複雜。你如果度衆生，不知道因緣，你跟他無緣，無緣你度不了的，佛門廣大難度無緣之人。好多到普壽寺要出家的女孩子，爲什麼有的能夠收？有的不收？不收的是無緣，沒辦法。緣是根據什麼說？也不是一個人看他沒緣了就不收了，普壽寺還有大衆，還有執事，一個人的去留，那是不容易的。

但是我在南普陀寺的時候，妙湛老和尚經常有這麼句話，知客師在前門開單，遷單不許住，老和尚在後門收進來。前門是遷單的，後門是進單的，和尚方丈那個後門，誰走走後門開開後門，行了行了，懺悔懺悔，回來吧。普壽寺不行，普壽寺如瑞法師，或者她答應了，執事不答應，有兩個執事不答應你沒有辦法，有一個不答應値得考慮。所以你老老實實的安心、發心修道。要知道一切衆生的業很複雜，連自己都不認識自己。

我的業很複雜，一會這樣子一會天上，一會地下下到十八層地獄還得下。我們有一個道友跟我說，他挖過煤炭，他說：「我死了，可能要下地獄！」我說：「下地獄還念佛不？」他說：「不是，我下下到十八層，幹什麼去，給閻王老子挖煤。」我說：「你現在不是念經求懺悔生天？」他說：「生也沒什麼好事，生到三十三天！」我說：「幹什麼去？」「給那帝釋天王，他那個樓房漏了，我給他蓋瓦去。」

因爲他到中南海裡修過瓦也挖過煤，一下下到那去了，挖煤沒有修瓦好，說衆生的業，時而天上時而地下。

不要羨慕天人的幸福很大，一墮下來就墮了，很深很深的。佛在天上講經，不是天人都聽法，他還沒有玩夠，沒有閒心來聽法。聽法是有緣者來相聚，無緣者不相逢。我們看見就這麼一座，這不容易，有些一座沒了，有些來來去去進進出出，特別是在家道友。我昨天跟打齋的齋主說，你們僅有這一點點福報。種種這點福報也好，你聽《華嚴經》，沒有這個福報，他們也請我好多次講《華嚴經》，沒有答應，爲什麼沒答應？我沒有這個時間，這一不講則可，一講要好幾年，我那時在溫哥華、美國遊蕩，我不想在那裡長住，我在那兒能待好幾年？不可能，就不答應。九十歲了，閉關等死，我並沒有很大的道力，我想死，由於你們加持，或許死不了，那就講經吧！

這一段經文略說「世界成就」，在果上問的時候一共三十句，單說世界成立，一共有十句。我們上回解釋第一、二句，就是衆生的業海，衆生所造的業，如海那麼廣，如海那麼深。在世間相上，海是最大的，這是拿海來形容。衆生的報，感的果，種種差別。所作的業呢？就是它的作用，做一切事，一切行動，這只是身口了，他的心裡還有種種想法，想法也好，身體所做的也好，口裡所說的也好，不是善就是惡。我們講的是約人類說的，像畜生類、餓鬼類、地獄類，畜生類我們還知道，餓鬼類我們不知道，地獄類我們也不知道。這是說報感的差別，你做了善惡的業，善惡的因，一定要感果的，這個因果不會有錯的，自作自受。

你的依處就是報感。我們做了很多比喻，說同一個時間、同一個世界，乃至再縮小一點，同一個國土，就有很多差別。約中國說，南方跟北方就有差別，我們這裡下雨，別處就是大太陽，悶熱得不得了，這就叫差別。報的種種差別，是你過去所作的業感，你在什麼地方居住，在哪個地方的緣分有好多，是定數的，你可以轉變，那就看你的力量如何，轉動和轉不動。

佛在這個世界化度的方法不同，安立、攝受不同，但是他到另一個國土又不同了，佛並沒有把那個國土的事情，一定要在這個國土做，衆生要這麼做，這叫衆生的執著。例如釋迦牟尼佛在印度說法，後來佛法傳到東土，傳到中國。我們講《華嚴經》，在印度就不知道，那佛不是在印度講的，經是在印度講的，弘揚可在東土，一切法都如是。一切的安立設施，所有的種種軌則，軌則就是佛所教授的方法，佛教授方法有一定軌道的，「軌生物解，任持自性」，依著這個軌道走，能得解脫。

但是《華嚴經》這個軌道，在一切國土、一切衆生，有緣者都能得度，無緣者連個名字也聽不到，怎麼能得度呢？還有所化的衆生，他的根，就是他過去種的善惡的根，成了根了，根也是形容詞。樹根深、葉才茂，根不深，有點風，有點熱，就死了。每個衆生所化的根欲，過去的宿業跟現生的欲望，這種差別難知。我們自己不知道自己，佛菩薩則知道，爲什麼我們自己不知道自己，你不知道你過去都幹了些什麼，不是一生兩生，而是無量生，你都做些什麼？這種差別非常的微細，一個人如是，眾生是無量的，度無量眾生，這些是難知的。

一個人十幾歲的思想跟現在不一樣，二十幾歲、三十幾歲、四十幾歲、五十幾歲，就他一個人變化很大，要能夠把他的根和欲望都清清楚楚了。這是他所住的世界不同，我們是講「世界成就」，世界的成就是眾生成就的，「方以類聚，物以羣分」。這一批眾生要住這個世界，那一批眾生要住那個世界，這一批眾生在這就有緣，願意在這住，另一批眾生他就不願意，這叫類聚，同類的聚到一起，不同類的聚不到一起。

這是世界成就的三世，都是佛知道的，這是普賢菩薩答覆的，普賢從三昧起說這個世界的成就。以前我們講所應的時，時就是當前所觀察的時候，時有三世，有過去有現在有未來，現在就佛智說，佛的智慧一念能知，能知道三世，這個我們不見得知道。我自己的前三十年、中三十年、後三十年，都不同的，欲望也不同，思想也起了變化。那是從佛經學的，不是每個人都如是。生長在東北，到十幾歲就跑到東南，環境變化了。那個世界和這個世界不一樣了，氣候、食品的口味、生活的條件，三世都有不同，你自己還不清楚，已經起變化了。

像以前的口味是愛吃鹹的，到南方又得變化吃甜的，到了山西得吃酸的！世界成就就是這樣，到哪個環境裡，被哪個環境轉變了。佛一念普知，不是對一個人，無量的眾生。人家說，「一方水土養一方人」，這個水土就是養這方人的，你從別的水土來，到了這裡你得適應。海裡的魚，到江裡不能活，水性不一樣了，海水是鹹的，黃河的鯉魚，要在長江裡就活不來了。這個我們做過觀察，青海通天河的魚，到了金沙江裡不行，金沙江的魚到了怒江，乃至再轉到四川嘉陵江活不成了的。嘉陵江到重慶，到漢口，這叫長江。一個地方水位只能養一方魚，生活條件、氣候變化了，它活不了的。等你到了長江，到漢口，往南京，到上海，這叫揚子江。同是一條水，一段一段變化了，但是你生活的條件呢？隨著這水。

人是最能適應環境的，南方到北方也能活，北方到南方也能活，但是要把你擱到另一個世界，活不了了。你是在這個地球，南閻浮提這個世界是有形有相的，三世是時間，三世時間沒有限制的，一會過去，一會過去，什麼時候是三世？早晨不是中午，中午不是晚上，不是下午，晚上也不是中午，也不是早晨，過去不是現在，現在不是未來，這是約時間說。

約處所說就是世界，世界成就，除了地域的面積，還有一個時間，這都不同，佛一念當中能夠普知。說世界成就，世界怎麼成就的？衆生業力成就的，佛智成就的，佛教是這樣講。有成一定有壞，無成無壞，有成一定能壞，說有成劫、住劫、壞劫、空劫，四劫，這是大劫；大劫裡還有小劫，一說劫就是「時分」。

說世界，「界」是指的界分；又者，「界」是生長義。又者，說稱佛的性，稱佛的大願力，現身說法。這裡指有世界成就處，就有佛說法處，佛要現身說法，現身說法就很多了，這個佛叫什麼名字，這個佛叫什麼德號，他修的因不同，果德也不同，所以他爲了利益這一方的衆生，名稱也不同。他有他的壽命，壽命不同，阿彌陀佛成佛十劫了，正在說法，釋迦牟尼佛的壽命才八十歲，這是化身。極樂世界阿彌陀佛也是化身，化身就有時分，法身沒有時分。

說時間、地點、他所發的願、他的性、他的名號、他的壽量，種種的不同，這是由宿世的願力所感。佛有普入一切世界海的智慧，因爲有這個智慧，他能清清楚楚知道，一念間知道。再者是應機作用，應機每一個處所的人，生活條件不同，愛好不同，那佛的神變、說法的善巧方便都不同。佛在每一個世界轉法輪的時候，他演說得對機，先觀機；觀機是應機說法，應機作用，稱他自己的體性。體性是證得的，體性不變故，無論任何的流轉，體性不變。

今生做人、來生又變畜生，業造太多了，也許下地獄，也許生天。依著佛法，得到教義，修菩提道，也可以變聲聞、緣覺、菩薩，這都在佛應機教化當中。在哪個世界，佛就以哪個世界的音聲對著他，這叫圓音說法，衆生隨類而得解。圓音，佛說法是圓的，圓的就是沒有分別的，不管你閩南話也好、山西話也好，種種的方言，隨那個世界的設施，語言的差別，佛給你說法。不說其他的，中國就非常的大，這只說人類，其他獸類呢？其他鳥類呢？飛禽呢？海裡的呢？不同的語言，你要跟他溝通，說法度他，不懂他的語言怎麼跟他交往呢？沒法跟他說。講世界安立，這都得包括在內。

清淨佛身不可思議。無邊色相海普照明不可思議。相及隨好皆清淨不可思議。無邊色相光明輪海具足清淨不可思議。種種色相光明雲海不可思議。殊勝寶燄海不可思議。成就言音海不可思議。示現三種自在海調伏成熟一切眾生不可思議。勇猛調伏諸眾生海無空過者不可思議。安住佛地不可思議。入如來境界不可思議。威力護持不可思議。觀察一切佛智所行不可思議。諸力圓滿無能摧伏不可思議。無畏功德無能過者不可思議。住無差別三昧不可思議。神通變化不可思議。清淨自在智不可思議。一切佛法無能毀壞不可思議。如是等一切法。我當承佛神力。及一切如來。威神力故。具足宣說。

講「世界成就」，世界是以佛的智慧而成就的，成就這個世界，完了度他這個世界所攝受的衆生。阿彌陀佛以四十八願成就的極樂世界，示現的法身化身報身，都是清淨不可思議。像阿彌陀佛成佛十劫，釋迦牟尼佛在娑婆世界南閻浮提，從降生、成佛、說法、涅槃僅僅八十年，人間八十年恐怕是西方極樂世界的一時，一個小時也沒有。這些都不可思議，不是我們思想所能想得到的，也不是議論所能達得到的。

其實，諸佛應機的身，就是化身；化身是隨機的，幻化無常，隨你的根機。在極樂世界，在藥師琉璃光如來世界，他們的化身是不同的，他們是在那個世界。大家念《阿彌陀經》就知道，珍珠瑪瑙、珊瑚琥珀，價值很貴，在極樂世界當然沒有買賣的，這個無所謂的，整個的世界都是金子成就的。

但世界成就的現相跟你的福報、業報，要相應的。你的業報不相應，不相應就變了，金子變了石頭，石頭一點又變成金子，那隨你的業報。所以說世界的成就，所現的一切珍寶、一切諸相、一切色相，都不一樣的，世界不一樣了。十蓮華藏剎塵數相，蓮華藏有好多，極樂世界都是蓮華相，極樂世界比娑婆世界，比我們這個南閻浮提，不曉得大好多倍，不是我們想像的。那個相跟那個好都不同，有好多相呢？有十佛剎微塵數個相，沒法形容，那相好還超過這個，十佛剎微塵數相還沒有說完。不止佛有圓光，每一個眾生都有，看你的福德大小，圓光不同。

在人道，修道者每個人都有光，這可不是拿電來充的，都有個圓光，那看你的修行的力度。佛菩薩有背光，諸佛菩薩教化眾生，現光明的，光明的大小，隨修行者的機緣所感；那光是隨緣放的，有緣就看見，沒緣就看不見。五臺山是永遠放光的，有緣你看到，無緣看不到，你的修行相應了就看得到。光是智慧，文殊菩薩在這個山裡，都是放光的。你沒見到，那你懺悔，業障還重！業障消失，自然就見到了。

智慧燈光，你有智慧就看到，沒有智慧就看不到。大菩薩看五臺山是金色世界，我們看是沙石，現在樹木都不怎麼大了。六十年前，這是大森林，現在沒有了，爲什麼產生變化？衆生的業，依報跟正報，土地世界，世界是依報，但隨著正報轉，隨業轉。五臺山是常時放光的，跟放燄火一樣的，各種的寶燄色，我們住五臺山的，三年、五年、八年、十年，你看見過幾回？這是隱不是顯，說世界成就，是隨機的因緣，我們看經上所說的極樂世界，極樂世界不一樣的，蓮華的大小不一樣的。

大家想到我們生到蓮華中，不像我們這一朵蓮華，蓮華裡有樓臺殿閣，看你的福報，大小不一樣的。你是二乘人生的不一樣，大菩薩生的不一樣，像帶業往生的眾生，那房子很小的，你還得待好多劫，在那兒還得念佛，不過不退墮了。不是到那兒，還像我們這一律平等，沒有那個事；但是沒有我們十幾個人住一間房子，各是各的業，那不是想像的。

用《十六觀經》去觀，看你觀想到什麼程度！你念〈普賢行願品〉生去的，那又不同，是九品蓮華。但是他那個樓臺殿閣都是從蓮華生的，你認爲生到蓮華中，蓮華裡有房子，有樓臺殿閣，這個世界的情況不同；眾生的根機不同，所以成就的世界也不同，佛教化眾生說法教化的方式不同。你要想測度佛的音聲，測度不到的，圓音無盡的、深廣難測的。你的福德、你的智慧所感到的，聞到佛如是說。

這個世界有好多修道者，道心非常的好，但是不相信《華嚴經》也不相信《彌陀經》，凡是大乘教義他都不相信，他把這個當成外道。例如南傳佛教，或者泰國、緬甸或者斯里蘭卡，他們講的都是《四阿含》，甚至連《般若經》都不信，更不用說《華嚴經》。過去如是，現在也如是，未來還如是。同一個世界，同一個國土，乃至再說小點兒，同一個道場，再說我們現前，同一個法會，各人聞到的，各人理解的，乃至聞到起修的，眞正深入的，各個不同。知道這一點了，就知道這個世界的安立，是隨著你的福報，是你個人正報的所感，感到什麼就受什麼，你是超不脫的。

不止說人類，一切的獸類，一切畜生道都如是。佛的身口意三業感召眾生，像這個放光，從開始放光，現相放光，以這種攝受的那些機，是大菩薩上上機。現在我們依文解義，依著文字來學的，雖然文字所學的不是眞實的，若沒有文字來給我們做引導，我們也沒法理解。依著文字而起義，義就是道理，依著道理而進修，依著進修而觀心，依著觀心得到證入，或者有的接受，有的不接受。信的程度很複雜，這就是佛攝化度眾生。

過去的祖師分析小乘、菩薩乘，在五教分小始終頓圓，四教分藏通別圓。三論宗不同，中觀派又不同，法相宗又不同，律宗又不同，但是總的是佛攝化眾生。眾生有種種的知解，但是，佛的教化目的，讓他得到利益、調順，讓你懺悔，最初一開始你得皈依三寶、受五戒，這都是令你成道得到利益，你得到了是不空的。但是調伏當中有很多困難，他不接受。爲了攝受，佛說的都是慈悲、愛護的語言，柔軟的語言，種善根，你皈依佛，能夠有救處，這都是調和語言。折伏語言，說你聽不聽話？不聽話要下地獄的。要受什麼報什麼報，說些果報，是嚇你的，這叫折伏。

你念《地藏經》，裡面都是鬼王。地藏菩薩對普賢菩薩說，那就是地獄，不聽去造業，造業就受報，這是對機說的。佛在世的時候，對這個眾生說是軟語，對那眾生說是粗惡語，折伏語言；他的目的是折伏你，讓你害怕。有的眾生只要一攝受說軟語，自己就知道進修了，所以說，對機的攝化。度眾生，我們是照佛學，不是我們度眾生，我們還沒本事度眾生，現在就是介紹佛菩薩怎麼度眾生。那佛有教，有教授的方法，怎麼樣度眾生，就是佛的三業，示現給眾生看，讓眾生隨著學。眼耳鼻舌身意的六根，要攝受你的六根，少造業。但是這個講解是一般的解釋，不是華嚴義。華嚴義說什麼呢？這個世界成就，誰成就的？佛成就的，佛教化眾生的處所，我們叫華藏世界，華藏世界的娑婆世界，娑婆世界的三千大千世界，我們是很小的南閻浮提。

為令眾生入佛智慧海故。為令一切菩薩於佛功德海中。得安住故。為令一切世界海。一切佛自在所莊嚴故。為令一切劫海中。如來種性恆不斷故。為令於一切世界海中。顯示諸法真實性故。為令隨一切眾生無量解海而演說故。為令隨一切眾生諸根海。方便令生諸佛法故。為令隨一切眾生樂欲海。摧破一切障礙山故。為令隨一切眾生心行海。令淨修治出要道故。為令一切菩薩安住普賢願海中故。

這十句，清涼國師分成五對，十義而分成五對。說什麼呢？說是世界成就能夠使這些得到利益，說世界成就的利益眾生。十種利益合成，來分成五對。

第一個是「證智成福對」。讓他證得智慧，讓他成就福德，令一切眾生入佛智慧海，讓他成就智慧；令一切菩薩於佛功德海，得安住，成就福德。第二個是「嚴

**是時普賢菩薩。復欲令無量道場眾海生歡喜故。令於一切法增長愛樂**

剎紹種對」。嚴剎的目的是紹隆佛種不斷故，讓佛海一切莊嚴，令佛種永遠不斷，這約時間跟處所。第三個是「顯義演教對」。就演這個教理，演的是華嚴教義。第四個是「生善滅惡對」。生起的善心滅一切惡，生善滅惡。第五個是「淨業普願對」。就是淨業普願，把清淨業普願一切眾生。在世界海顯示眞實的法，令一切眾生聞法不斷。再令一切眾生的根，眼耳鼻舌身意諸根，根一定對著塵，對著色聲香味觸法。六根清淨，六根清淨入菩薩位，這樣就能生起一切佛法。能夠以無量的言詞，隨眾生所欲而爲他演說諸法。隨眾生的眼耳鼻舌身諸根，諸佛菩薩設施一切方便善巧，這個非常之難。隨你眾生所做的，菩薩就示現給你同事攝、愛語攝、布施攝，攝受你的種種方法，這些方法就叫善巧。爲什麼？讓你得入佛法故。這些是說世界成就，說世界成就，世界上得有人、得有根機，這是附帶說的。

前面是總說，而後一品一品的詳細解釋，把這十種攝成五對。「淨業普願對」，淨業得發願，你要得到清淨，斷惡行善，你要發願。諸位菩薩一定記得，想入菩薩位、入佛位、必須得發願。你不知道怎麼發，念念諸佛菩薩的發願，你看觀自在菩薩，他在〈普門品〉怎麼發願，怎麼度眾生？普賢十大願王怎麼度眾生，特別是文殊十大願，文殊菩薩十大願就是跟我們混同一起，示現種種相，不捨棄一切眾生。《華嚴經》的經教緣起，它的因是十智、十海、十德、十方便，什麼都說十，一切皆以十。

故。令生廣大真實信解海故。令淨治普門法界藏身故。令安立普賢願海故。令淨治入三世平等智眼故。令增長普照一切世間藏大慧海故。令生陀羅尼力。持一切法輪故。令於一切道場中。盡佛境界悉開示故。令開闡一切如來法門故。令增長法界。廣大甚深一切智性故。即說頌言。

「是時」，就是這個時候，因緣契合，「普賢菩薩，復欲令無量道場衆海生歡喜故」，無量道場衆海，道場裡來的大衆都是菩薩，讓他們生大歡喜，入佛的智慧海。「令於一切法增長愛樂」，欣樂。普賢菩薩從三昧起之後，說的世界成就，說依報，世界是依報顯正報，沒有說世界，都是從正報來顯依報。「令生廣大眞實信解海」，令一切衆生能夠生出眞實的信解。

我們的信解不是眞實的，自己承認也好、不承認也好，你的信解力不眞實的，爲什麼說不眞實呢？沒有相信自己具足毗盧遮那的性海，我們跟佛無二無別的，所以必須得如是解。解是慧，有這個智慧，了解義理，把這個所信的道理，能夠明白。能夠淨治，凡是不淨的都治出去，把不淨的治出去就清淨了，清淨成就了法界藏身。「令安立普賢願海」，願爲主導。我們說信願，信了一定要發願，你每天要發願，若不會發願，念念〈普賢行願品〉就行了，普賢菩薩的十大願王，具足一切願。

還得有智慧眼，什麼樣的智慧眼呢？淨治入三世平等，過去、現在、未來平等平等。相信自己是毗盧遮那，那個性是三世平等，沒有過去現在未來，在我們現實的行動、生活當中，沒有這個願，所以三世不平等；現在也不平等，你沒有這個智慧，有智慧看什麼都是平等平等。看南閻浮提跟極樂世界平等平等，乃至一切眾生本具的佛性跟諸佛平等平等，但是沒有善巧智慧，只是理具。理具不是事修，必須還得假事修，這能讓你增長普照一切世間藏大慧海。

我們講世間的成立，要讓大家認識當前的世界是什麼樣子？我們當前所處的環境是什麼樣子？南閻浮提地球是什麼樣子？認識大自然，認識這個土地上的人、畜生、一切的活動。我們所說的世間，世是間隔的，過去、現在、未來；間是不同，各有各的，過去不是現在，現在不是未來。若光說「世」，沒有「間」了，自在了，這就是知三世。「令生陀羅尼力，持一切法輪故」，陀羅尼就是密咒，「陀羅尼」翻「總持」，總一切法持無量義，讓它產生力量，令於一切道場中都能夠達到佛的境界，給他開示佛境界，佛的境界是佛智慧。

我們一道有一道的境界，我們的境界就現前這個事相，畜生的境界也在這個世界，同我們一同生活，牠那個境界又不是這樣子，除了水草之外，別的牠不曉得了。如果一個人只知道吃飯穿衣服，冬天穿厚點，夏天穿薄點，與畜生何異呢？跟畜生沒有什麼差別。因為人不同的，人有智慧有觀照力。而陀羅尼力是總持一切法，明了一切義，那是佛所轉的一切法輪，法輪就是講道理給你聽。

「令於一切道場中，盡佛境界，悉開示故。」不給眾生開導二乘、權乘，讓眾生都入佛的境界，究竟一乘。令他開悟、闡揚一切如來的法門，以圓滿的智慧開闡一切如來所有的教法，都是圓滿了，這是說「圓人受法，無法不圓」。令於一切道場盡佛的境界開示，普賢菩薩現在就是盡佛的境界，開闡如來的法門，目的是令他增加法界廣大甚深，一切智性。「頌言」就是這個涵義，聞法一定要生歡喜，令他增長法的廣大甚深一切智，他就生大歡喜心。

**智慧甚深功德海　普現十方無量國**
**隨諸眾生所應見　光明徧照轉法輪**
**十方剎海叵思議　佛無量劫皆嚴淨**
**為化眾生使成熟　出興一切諸國土**

過去的祖師，對這些文字沒有作解釋，我們就隨著文字，略微加以說明。普賢菩薩教育我們說，諸佛的智慧甚深，他的功德像海那樣，普現在十方無量國土，有國土有處所，佛一定現身，但是衆生不一定見到。「隨諸衆生所應見」，隨他的根機，這有冥有顯，有隱有闇。闇就是闇加，你皈依三寶，佛菩薩已經給你轉化了，你並不知道，這是闇加。有現相，給你作開示，那叫冥加。衆生都喜歡冥加，其實他已經增長智慧了，已經消了很多災難，他還不知道。爲什麼佛菩薩不一律冥加？冥加度不了了，我們這個衆生的心，稍微得到一點，他就了不得了，趾高氣揚，完了到處宣傳，招搖撞騙。所以佛顯加的少，暗暗的加被他，業障逐漸的消，使他發願、懺悔。發願、懺悔這兩個是最重要的，完了加個迴向，你每天這三件事一定要做。一睜開眼睛，皈依三寶之後，要發願了，我要消除業障，我要度眾生，這是最主要的。

或者生極樂世界，生淨佛國土，淨佛國土太多了，你學《華嚴經》，一切都是淨佛國土，要發願。願能促成你事業成就，做生意的，我也告訴他們，你皈依三寶了之後，說我要發財，完了加一個我發了財供養三寶。但是你發了財把三寶忘了不行，發了財供養三寶，這是大願，這不是開玩笑的。發完願了，你還有很多罪業，那就懺悔，發願完了就懺悔，到了晚上的時候，安定了，你要迴向，把一天所做的好事，都迴向利益眾生，不是上求就是下化；把我所做的，從佛教得來的好處都布施給眾生，這叫發願、懺悔、迴向，這三個一定不要忘記，每一天都要做。你做上一年、兩年，做上十年，再認識認識自己，起了大變化。知道佛的甚深功德海，發願我也要求證得，普現十方國土作什麼呢？度眾生，隨著眾生所應見的，光明徧照轉法輪。

**佛境甚深難可思　普示眾生令得入**
**其心樂小著諸有　不能通達佛所悟**

「其心樂小著諸有」，說那個心很小，對於世間相非常執著。「有」很多了，開擴了是二十五有，從二十五有再開擴了一切有爲法，都叫「有」。佛化度眾生始成熟才出於一切國土中，佛的境界是甚深難可思的，不要用世俗、小乘、凡小的眼光測度佛的甚深難可思議的利益眾生事業，測度不到的。「普示眾生令得入」，讓他都能入佛的甚深境界，如果心小的，執著一切有法的，不能通達佛所悟，他沒辦法進入佛的境界。

**若有淨信堅固心　常得親近善知識**
**一切諸佛與其力　此乃能入如來智**

要有淨信堅固心，這個得要具足清淨的信，什麼清淨信？法界義，我們再說得小一點，《金剛經》所說的無我相、無眾生相、無壽者相，怎麼樣住你的心？怎麼樣降伏你的心？把那個著一切有的知見令它消失，能夠通達佛所悟的。如果執著一切有，放不下，特別是我見，你怎麼能夠證入佛的境界呢？所以必須得有個清淨的堅固信心。「常得親近善知識」，有了清淨的堅固心，再假善知識的誘導。「一切諸佛與其力，此乃能入如來智」，這樣子你才能得到佛力的加持，才能入得如來的智慧。

**離諸諂誑心清淨　常樂慈悲性歡喜**

常歡喜慈悲，培養自己的慈悲心。莫說傷害眾生的話，莫作傷害眾生的事。意念常行大慈悲，利樂救護一切眾。我們心裡不是這樣子，吹毛求疵，本來眾生身上長一身毛，要把他的毛撥開，看看他有那個疤沒有，吹毛求疵就是這個意思。眾生的毛病太多了，他本身就在煩惱當中，你行菩薩道度他，要找他的毛病，那不用吹毛求疵，大概一看就知道。這個人很好，還要你度嗎？他本身就很好，我們這個絕對做不到的，吹毛求疵太多了，道友之間盡看別人的毛病，從來沒看到自己。他又犯戒了，看他那威儀不整，今天早晨沒上殿，這類情形很多，你們自己互相想想。學大菩薩，要轉變觀念，轉變看問題的看法。與人爲善，對人都要慈悲，不要傷害眾生。這還是人，牛馬也有牠的性，畜生當中牛馬跟我們接觸的很多，對人類做了很多貢獻。說到老鼠，老鼠對人類沒有貢獻，人人討厭。還有灶臺上的蟑螂，夏天的蚊子，對這一類的眾生可就難了，你要對牠們能夠慈悲，必須得有清淨的堅固心，看一切眾生平等，沒有清淨的堅固心是辦不到的。

諂曲、欺騙、瞋恨、發脾氣、經常冒火，火哪兒來的？稍不順你的意，你就煩惱了，如果你什麼權都沒有，危害不大，如果你是掌權的，害的人就多了，要注意，常時具足慈悲的心。慈悲心養成了性，不要學世間說的「慈悲生禍害」，你慈悲就生了禍害，我沒看觀世音菩薩生了好多禍害。慈悲本身就是修，生了禍害是你自己業障消失，因爲慈悲生了，你的業障就消失了。給人快樂，拔出別人的痛苦，這是慈悲的本性，培養自己慈悲心，要大慈大悲，看見《法華經》的常啼菩薩，那是大慈悲心。

**志欲廣大深信人　彼聞此法生欣悅**

安住普賢諸願地　修行菩薩清淨道
觀察法界如虛空　此乃能知佛行處

有想求成佛的人，深信自己是佛的人，聽著這些法他生大歡喜心，這些法是誰說的呢？普賢菩薩從三昧起來說的，這一品是普賢菩薩說的世界成就。

菩薩跟他們說，你們都安住普賢清淨地，普賢不是代表一個人的名字。最初跟大家講，是一切法，接近聖地。修行普賢菩薩所有的行、所有的願，全是清淨的。怎麼樣達到這個目的呢？觀察法界的一切如虛空，虛空才清淨呢？如何能清淨？在斯里蘭卡的國土就弘傳清淨道，〈清淨道論〉是論清淨道的。志欲廣大深信的人必須立大志向，深信佛的教授，深信普賢所說的話，他聞這個法非常的歡喜，他能安住了普賢這個願，安住普賢行，能夠修行普賢清淨道。爲什麼？「觀察法界如虛空，此乃能知佛行處」，法界所有一切諸法如虛空，隨緣安立，這才能知道佛的行處。如果你不能觀察法界如虛空，不能夠入到佛的行處。

此諸菩薩獲善利　見佛一切神通力
修餘道者莫能知　普賢行人方得悟
眾生廣大無有邊　如來一切皆護念

轉正法輪靡不至　毗盧遮那境界力
一切剎土入我身　所住諸佛亦復然
汝應觀我諸毛孔　我今示汝佛境界
普賢行願無邊際　我已修行得具足
普眼境界廣大身　是佛所行應諦聽

法輪是常轉的，越是苦惱眾生處，法輪越是常時加持你，這就是毗盧遮那境界力。普賢菩薩說的最後兩個偈頌，一切剎土都在我身上安立的，世界成就在普賢身中，一切剎土入我身，一切諸佛都住在我的身上，住我每一個毛孔中。「汝應觀我諸毛孔，我今示汝佛境界，普賢行願無邊際，我已修行得具足。」在會的大菩薩你們都看看我的毛孔，把我每一個毛孔中顯示讓你看，看什麼呢？佛境界，普賢菩薩每一個毛孔中都示現的佛境界。同時他跟那些菩薩說，你知道我的行願嗎？普賢行願無邊際，你找我的行，大行大願找個邊際，沒有！無有邊際。「我已修行得具足」，我修行圓滿了。

「普眼境界廣大身，是佛所行應諦聽」，我給你們所說的都是佛所作的，應當如理的來聽，這個好像自讚，普賢菩薩說自己，這不是自讚嗎？沒有毀他，光是自讚。普賢菩薩已經證得佛位，一切菩薩、一切諸佛的成就，皆依普賢行願得成就的；

這兩個偈子普賢菩薩是自讚，自讚讓你們學。

這十個讚頌，最初八個偈頌是讚歎諸佛的。後兩個偈頌是勸，勸什麼呢？勸與會的大菩薩都應這樣修行普賢行願，修習普賢行願你能夠成就諸佛的功德。在佛教義裡頭說，我們薄地凡夫一個地位沒有，薄地沒入地，他的演說能與佛齊等，演說跟佛是相齊的。行願呢？沒有，說而不行，效果不大，這是約自身說。但是聞者他的行願大，後後勝於前前，中國的老話「青出於藍勝於藍」，涵義就是這個意思。如果誰能聞著這個法、能夠照著去做，誰就入了普賢行願。

## ◎正陳本義 即是說分

### 起具緣起

爾時普賢菩薩摩訶薩。告諸大眾言。諸佛子。世界海有十種事。過去現在未來諸佛。已說現說當說。何者為十。所謂世界海起具因緣。世界海所依住。世界海形狀。世界海體性。世界海莊嚴。世界海清淨。世界海佛出興。世界海劫住。世界海劫轉變差別。世界海無差別門。

世界海是處所，劫是時分。「世界海劫轉變差別」，就是劫難，它可以轉變為清淨，到破壞的時候或者轉變了，不壞。「世界海無差別門」，一切世界海無差別就是平等，那是世界海體，世界海相是有差別的。世界海的轉變多了，我們所看見的太空中的星球，成住壞空，這個球是成，那個球是壞，那個球是空，這個球是成。現在科學家也在探索，知道銀河系都在成住壞空中。世界海沒有差別，先說有差別，完了說轉變差別，完了說世界海沒有差別。

**諸佛子。略說世界海有此十事。若廣說者。與世界海微塵數等。過去現在未來諸佛。已說現說當說。**

簡略說，世界海有這十種情況。三世諸佛都在說，過去現在未來，現在我也如是說。普賢菩薩來到大菩薩衆中，跟他們說世界的安立，世界海的演變，世界海的廣深，世界海的刹種成就，講講世界海的體，講講世界海的名。說起來很多，表現什麼呢？表現世界海的無盡，過去在說，現在在說，未來也在說。現在當說，就是普賢菩薩對在會的大菩薩說。

意思是顯它的重要性，顯世界的成就是決定的，是無改易的，不是隨時變的。以十種解釋這個世界海，是攬緣成立的；是成已了，依著住；他的外形區別，圓形的、扁形的、四方形的，什麼形狀都有。再說這個世界的內體差別。有的世界海是寶成就的；有的那個世界污穢不生；有的佛出世是這個樣子的，有的佛出世是那個樣子的，極樂世界阿彌陀佛就那個樣子，釋迦牟尼佛在娑婆世界就是這個樣子。有的長劫億萬年，短劫幾萬年，或幾千年或幾十年，種種的差別，隨業改變。這個世界海的衆生他所作的業，隨他的業改變。包容來說是均等的，在事上、業上不包容，在體上包容平平等等，平平均均。

現在普賢菩薩對海會的大衆諸菩薩說世界的安立，世界海的成就，大致的說起來有十種。告諸佛子，顯示華嚴法會的大衆，就是普賢菩薩從入三昧起，起定之後對大衆說的，請大家注意。

現在演說世界海，「世界」就是現在我們所住的依報，略說是國土，或者城鎮；廣說「世」是指著過去、現在、未來。「界」，這就是在生長之中三世所依據的，就我們說土地。隨世俗說，「界」是界限，「此疆彼界」，每個國家跟國家相距的都有個界限，普壽寺非廣化寺，也不是七佛寺，中間各有各的界限。但是這個所說的世界，說華藏世界，深不可測。所有世界的安住、世界的剎土、世界的成壞、世界的生長，就深廣的意思，涵義深廣，所以加「海」來形容，都加個「海」字，形容深廣。但是我們說的世界剎海，剎是剎土，集很多的世界成一個種子，叫世界種，種子是生長義，生長世界，那世界是很多了，世界很多了。拿這個地球說，這世界分東方、西方，南方、北方，分海洋、分陸地，或者以山河爲界、海洋爲界，他沒有另外的體，都沒個世界，廣說起來很廣的，略舉其十，舉十個爲例。

在《華嚴經》上講十是表無盡的，一至十，再一至十，再一至十，十個一至十就是一百。一百個再一至十，一至十達到一千，就這樣的演變，重重無盡，表十十無盡。過去如是說，現在也如是說，未來還如是說，就是三世同說。有時頓說叫頓演，有時是攬緣成的，有時依身而住，依佛的教化而住。他的種類區分，外狀的區分，他有他內體的差別，有些世界是寶所成的，寶莊嚴，有些世界是污染的，污垢不淨。佛在出世的時候，依著這個世界佛出世有種種差別，染佛國土、淨佛國土。有的佛住世時間很長，有的佛住世時間很短，有些世界成的時間很長，壞的時間很短，成住壞空的過程都不一定的。劫住的修短，佛出世的差別，都不同。

因此，普賢菩薩跟與會大眾演說這個刹海，刹海是什麼呢？就是世界，這品叫〈世界成就品〉，他是怎麼成就的？世界怎麼來的？沒有依報，正報又安住何處呢？先說總的世界，所以普賢菩薩跟與會大眾說。

諸佛子。略說以十種因緣故。一切世界海。已成現成當成。何者為十。所謂如來神力故。法應如是故。一切眾生行業故。一切菩薩成一切智所得故。一切眾生及諸菩薩同集善根故。一切菩薩嚴淨國土願力故。一切菩薩成就不退行願故。一切菩薩清淨勝解自在故。一切如來善根所流。及一切諸佛成道時自在勢力故。普賢菩薩自在願力故。諸佛子。是為略說十種因緣。若廣說者。有世界海微塵數。爾時普賢菩薩。欲重宣其義。承佛威力。觀察十方。而說頌言。

所說無邊眾剎海　毗盧遮那悉嚴淨
世尊境界不思議　智慧神通力如是
菩薩修行諸願海　普隨眾生心所欲
眾生心行廣無邊　菩薩國土徧十方

「諸佛子」，略說不是廣說，略說有十種因緣，成就的世界。說一切世界海，現在已成就的世界，或者現在正在成就的世界，或者當來所成就的世界，我們略說，有這十種成就的世界。

我們可以這樣理解，以前沒有普壽寺，現在建立普壽寺了，以前沒有這個世界，現在成就這個世界了，是無中生有，沒有的成就了，怎麼成就的呢？還是人爲的，這個廟不是人蓋的嗎？前幾天跟大家講，在宋朝時候，我們這個地域是大華嚴寺，當然也經過一代一代的。那我看最興盛時候，宋朝元祐年間，覺證大師在這裡，成就了，成就又壞了，華嚴寺沒有了，現在沒有了，空了。空中又建了，建了什麼？普壽寺。世界也如是，沒有這麼個世界成這麼個世界，怎麼成就的？如來神力故，我們說的世界成就，假如來的成就，「法應如是故」，法爾如是，法爾是什麼呢？這叫法性。法應如是，一切法就應當如是。怎麼會一切法應如是？這個解說起來時間很長，我們先講「世界成就」，完了再講「華藏世界成就」。以如來的神力故，如來在這個地方，這個空中，成就這麼個世界，一者是如來神力，二者是眾生的業。「法爾」就是自然的，自然形成，這叫「法爾」，依著法性，依著體而建立的相，生的一切諸相。「一切眾生行業故」，一切眾生的運作、操作，操作就是業，業就是造作，造作是什麼呢？造作而形成的。「一切菩薩成一切智所得故」，一切菩薩就在華藏世界成就菩薩的事業，證得了一切智。「一切眾生及諸菩薩同集善根故」，就說華藏世界的淨分、世界成就的淨分，又是一切菩薩嚴淨國土的願和力；願是願，力是力，先發願，願產生力量了，成就這個世界。又者「一切菩薩成就不退行願故」。因為行是作用義，是業，業跟什麼起的？跟他願力所成就的，「一切菩薩清淨勝解自在故，一切如來善根所流。及一切諸佛成道時自在勢力故。」最後說到「普賢菩薩自在願力故」，因為這個世界成就是普賢菩薩說這個世界是怎麼成的。「諸佛子」，普賢菩薩跟與會的菩薩，稱他們是佛子。

現在略說十種因緣，若是廣說，有世界海，把世界抹為微塵，有這麼多的因緣成就的世界，略舉十種。這十種，通過去，通現在、通未來，一切的佛剎，極樂世界、不動世界、藥師琉璃光世界、香積世界，所有這些世界要廣說太多了，是略說，解釋什麼呢？佛土。我們現在所在的毗盧遮那華藏世界，世界有多種，現在我們說的世界，不是單講華藏世界，現在廣說，包括一切的世界；把他收攝成三種，第一是法性土，在有情叫佛性，在無情，國土山河大地就是，那叫法性土，法性土唯佛所居的。法身住的是法性，法性土是無土之土，法性是無性的，無土之土。第二是受用土，這裡頭含著有兩種，自受用、他受用。自受用，毗盧遮那就變盧舍那佛，叫實報莊嚴土，自受用土。實報莊嚴土分兩種，一種自受用，一種他受用。十地菩薩，所處的淨土、所居的土叫受用土。第三是變化土，也就是凡聖同居，依衆生世界，這叫化身佛所教化的處所，這是說的三種，法性土、受用土、變化土，要是再分，又分爲自受用、他受用，那就叫四土。收攝起來有兩種，四個又變兩種，一個是淨、一個是穢。淨像極樂世界是清淨佛國土。娑婆世界，釋迦牟尼佛所化的，有穢土，五濁惡世，但是在華嚴境界，淨即是穢，穢即是淨，淨土是對著穢土說的，穢土是對淨土說的。法性土，沒有什麼叫穢也沒有什麼叫淨，沒有了。融二爲一了，都認爲一切都歸於性。因爲淨穢的質量不同，有虧、有盈。盈就是滿，虧就是欠缺。有異、有同，在理上是平等的，在事上就不同了。爲什麼不同呢？業不同故。土是業造的，所有的業不同了，業不同故，世界就千變萬化，性是空的，沒有什麼淨土、穢土。

緣起就不同了，這緣起是以事奪理，千殊的萬行，但是這個理性，理是清淨的、平等的，他爲了成就事，隨事的緣。緣奪事，緣起一切諸相，性理奪事，那事能成理，一切如幻如夢，因緣不同、國土不同，我們各有各的業、各有各的緣。

第一，如來神力。現在我們這個法會，四衆弟子能夠參加法會的，各有各的因緣，遲早不同，有來早的，我們剛開始講他就參加了；也有才來的，也有聽兩次他走了，只有這麼個因緣，這叫緣起。緣起無障礙，爲什麼？性空故。若是不空就有障礙了，性空故。這一切都是如來的神力所變化的，隨著每個衆生的業緣，變化不同了。

舍利弗尊者有一次問佛，說佛，你過去大概修行的不好，大概有很多的業，爲什麼我們娑婆世界這麼髒呢？五濁惡世。因爲他是以他的眼光、以他的知識、以他的文化水平，看見這個世界又髒，人心非常之壞。他問這話時，文殊師利菩薩在旁邊，文殊師利說不是這樣子，我看見這個世界非常清淨。在這個時間，佛以足趾點大地，佛不要脫襪子，佛沒穿襪子，也不要脫鞋，爲什麼？佛在世，從小到大，乃至到成佛、到度衆生、到圓寂，從來沒有穿過襪子、鞋。你們看印度人有穿襪子、鞋的嗎？現在有了。那個時候沒有，都是赤足。一天都在洗腳，爲什麼？出外走一圈，要進去打坐時候一定要洗腳，一天洗好多次腳，赤足的緣故。因此佛以足趾點大地，那時候當中這麼一點，舍利弗再一看，不是他以前所看見的了，清淨莊嚴，那就是現的華藏世界，這叫變化。因爲業不同，不是佛的業不同，而是衆生的業不同，所見的就不同。

有些人他在這個世界上活著很愉快、很舒服，什麼障礙都沒有，有些人的一生障礙很多，時進時退。爲什麼？衆生的業力。衆生的業力跟佛的神力，衆生業力是穢的，佛的神力是淨的，佛的神通、妙用、智慧的力量，他是隨緣的。隨衆生緣，普應一切衆生的機，任何都稱爲佛土，我們這個國土就是釋迦牟尼佛佛土，極樂世界是阿彌陀佛的佛土。釋迦牟尼佛發願專到穢土來度衆生，說他先現穢土而後度衆生，這是屬於蓮華藏海之內的。蓮華藏海之內，淨也好穢也好，都是佛所嚴淨的道場，他隨衆生機。心淨國土淨，但是我們的心穢，心裡頭髒的很，國土就穢了。這裡頭包含著很多的障礙，現實的生活、刀兵水火、氣候，這一切都包括在內。普應，就是隨著衆生的機感不同，他內裡頭含著的淨穢不同，那是對佛的聖境方面說，沒有不淨的，穢就是淨。讓佛一點大地，大地就變了，就變成清淨的國土，這叫佛的神力不可思議，國土淨穢的不可思議。

第二，法如是者。「法」在印度，叫「達磨多」，「達磨多」就是法。皈依佛叫「桑嘎耶」，皈依法叫「達磨耶」，皈依僧叫「僧嘎耶」，也叫「僧伽耶」。這是不同的，法者是自然義，順其自然，順其因緣，法爾如是，法性就是隨緣，或者叫做法性如是，法性就如是。就法性說，那八識的淨分（見分），就是如來藏身所含藏的、所依持的，依持而演變的一切世界，妄演、妄現，不是如來的性體。諸佛是因爲衆生來起於剎土，法應如是。你可以問自己，你帶個紅色的眼鏡，看見外邊是紅色的；帶著黃色的眼鏡，外邊就是黃色的。我們這個識，識就是業，業識所看見的不同。

第三，衆生業力。業有善惡，有善有惡，國土呢？依報呢？他就有淨有穢。《維摩詰所說經》上，維摩詰長者所說的，以萬行爲因，一切衆生之類所在的國土都是菩薩佛國土。在法性理體上說是一，隨業而成異，你所造的業不同了，這一個法性變成無量的法性。你是你的性，我是我的性，人各有性，這個性是妄；人各有性，我們有六百人或者五百人，每個面貌絕不同。爲什麼？他的識，識情異故，看著相似，都是人，人跟人不同。俗話說：「人比人得死」，別人過的那麼好，相貌那麼莊嚴，你這麼醜陋、這麼矮小，你跟人家比活不成了；人家住的高樓大廈，你到山洞裡去住。人不能比的，只有因緣莫羨人，一切都是因緣生的諸法，你知道因緣了，不必去比，不必羨慕。眾生的業力，業有善惡，他所依的國土，乃至他所依的房子，他所的住處，那就差別可大了。

佛呢？他是隨著你哪一類，佛能現無量身，許多經都證明這點。《地藏經》第二品，佛對地藏菩薩說，我不是總現佛身度眾生，我什麼身都現，隨著眾生什麼樣的根，就現什麼樣的身，就給他說什麼樣的法。釋迦牟尼佛在娑婆世界度眾生，因爲這個世界眾生，這一類的眾生，特別惡劣。惡劣到什麼程度呢？大家都認識得到的，看看這個世界現在是什麼世界？就是我們所說的十惡，這個世界是具足的。想想看，身的殺盜淫，口的妄言、兩舌、綺語、惡口，意的貪瞋癡，這十惡業若發展起來，能清淨嗎？所感的報，刀、兵、水、火、饑饉、瘟疫什麼都具足了，五毒具全。但是眾業當中又有別業。現在大家是同業，當中還有別業，別中還有別，別中還有別，業不同。我們念阿彌陀佛生極樂世界，極樂世界淨業了，同嗎？大菩薩住的實報莊嚴土，我們生去了就方便有餘土。還有生到邊地疑城，半信半疑的。以他的功力也生去了，假佛的慈力，那叫邊地疑城，還沒有進入佛的蓮華，沒進入蓮池，先在那兒住一住，修一段時間再進入，總比娑婆世界好，因爲你那功力還不夠的。

淨土爲什麼有九品蓮華？九品就是九類，淨也有差別的，也是因爲業不同故。就住居的房子說，你花幾萬塊錢也能買間房住，在美國、在加拿大、在新西蘭，這些國際上的房子，貴到什麼程度呢？有的幾千萬，有的上億，只有一兩個人住，這是約美金說。就我們說，到五臺山賓館，到我們周圍，我們來的道友，有的住一天晚上六七百塊錢，有的一個月五百塊錢，住的房子就是這樣子，這是依報？業不同故。依報不同，一般的說，一個人住一個寮房，我們這道友有的十幾個人住一間寮房，你怎麼理解呢？不是有貴賤差別，這個是你的業。因爲我們住居條件還不夠，像寧波天童寺，這間廟有九千九百九十九房間，不讓他成一萬，爲什麼要這麼多間房子？有的還空起來。我在西藏色拉寺住，一位僧人一定住一間，不許兩人共住。好比有七千喇嘛，七千個僧人，就有七千個房間給你住；八千，就得修八千房子給你住，一人一間。這房子不大，就是一間，但是一人一個竈，房子外頭，一人有一個小竈，各吃各的，沒有大齋堂。

西藏寺廟裡沒有齋堂之說，大眾僧共住，沒有齋堂，齋堂在哪呢？大殿。大殿裡頭一人帶一個木碗去了，上殿了在大殿吃，給你倒，常住供養茶，大鍋燒一大鍋茶，行堂師父就給你每人倒點兒茶，自己吃自己的。自己帶的乾糧，糌粑小口袋掏出來，有錢的就加酥油，酥油在糌粑裡頭的，沒錢的就是淡茶，加上糌粑，糌粑自己帶，吃多吃少看你自己的福報。加酥油的算很好的，西藏酥油很貴，吃酥油的喇嘛還是不太多，有的那一天吃酥油茶，這就是各人的存在不同。存在不同，所以你得到的報酬不同，這是很現實的。

你到這裡修法，沒有福報慧開不了的，「福慧兩足尊」。像我們漢地，普通的供養，到齋堂，大眾幾百人坐一塊吃，西藏沒有這種情形。只有在「傳大召」，「默朗欽波」的時候，施主專供養的，大概供養這麼一頓「圖巴」，「圖巴」就是稀飯，供養這麼一頓「圖巴」，大概得三萬兩到四萬兩，這是銀子，不是紙幣的。我去的時候，是這樣子的。這樣的施主很少，沒人供養的，就由西藏政府供養。「默朗欽波」，就是「傳大召」，所有西藏的喇嘛全具足，大概是三萬到四萬，就供養這一頓稀飯，不是像我們說的熬個稀飯，熬個稀粥，不是這樣子的。棗子、藏葡萄，西藏沒有藏葡萄，是從雲南運進去的，所以叫藏葡萄。或者用白糖或者加什麼東西，煮這麼一大鍋，所以叫「圖巴」，或者叫稀飯。稀飯是乾的，他一瓢就挖上了，一位喇嘛得了這碗圖巴，大概是作他的精美食品。回去了，起碼要保存吃三個月，當菜，挖點兒糌粑，挖兩口圖巴，那是普通的喇嘛，稍微尊貴一點的，上了格西，乃至純齋，那生活就好一點。

他這個寺廟就是國土，一個寺一個周圍，哲蚌寺的規矩，跟色拉寺的規矩不一樣，色拉寺跟甘丹寺的不一樣，三大寺各有各的不同，各有各教派的主。各個寺廟的，到這個寺廟的出家人，就是這個寺廟的福報，隨你的福報，就是隨你的業力。居住條件是隨正報轉的，正報又隨依報轉的，互相融攝。

這個轉呢？像大家在普壽寺住，是正報，正報是隨著這個寺廟的規矩轉的。這個規矩是我們正報，是大家共同立的，大家遵守，不遵守就離開了，這就是共立的。國土，大了也如是，小了也如是。當大家的業力很好，共同的業力，共業，我們說國土很安靜、很平順，地水火風的災害都沒有，四大種都沒有，更不用說刀兵。現在下這麼大的冰雹，這是災害。現在發大水災，最近臺灣的台中發生土石流，這是屬於台中的水災。業力，你有什麼業，感的現在什麼報都有，這叫報應。

這叫業所感的，應了，應什麼？應你所造的業，有什麼業就得到什麼應，這是自然的規律，或者叫性起的規律。你造了業，你想躲，躲不脫的，各種業不同。刀兵水火瘟疫，特別是墮落到畜生都不得安寧，變雞，現在雞瘟不是在泰國發生就是在美洲發生，到處都發生。雞瘟、牛瘟，各國限制，你的國家牛肉不許進口。你墮落畜生道，本來墮落畜生道就夠苦的，還趕上各種的病，這叫瘟疫。這個國土所以不清淨，爲什麼？是你自己做的，眾生的業力，有善有惡，因此感得國土有淨有穢。懂得這個道理，你別造業，若要造業，造善業、別造惡業，如果你能達到善惡業都不造，清淨了。這就是《金剛經》所說的，心無所住，云何住心？無所住，不住色聲香味觸法，這是須菩提問，怎麼樣住心？怎麼樣降伏其心？你能把你的心降伏住了，心無所住，一切業都沒有了。不但惡業沒有，善業也沒有，清淨無爲這樣才叫清淨。等講到〈梵行品〉，就知道了，什麼業都不造。你造的業就叫因，因爲這個因你就受用，受用你所造的這個因。你造什麼因一定感什麼果，你造的是變化土的因，你就得生到變化國土。看你業報所感的，隨業而生，這裡互相交叉的，凡聖同居的。

什麼樣業最好呢？就個人說，孝養父母，奉事師長，慈心不殺，受十善業。那進一步受持三皈，具足眾戒不犯威儀，發菩提心，深信因果，讀誦大乘，勤修禮拜。

這些行者，這就叫淨業。惡業，有些是有形的惡業，有些是無形的惡業，所以你感到的土，受用土的因。如果初地以上菩薩，他修淨土願，修清淨土發這願，就是莊嚴佛土。初地到七地，八地以上菩薩，他的功力是不退的，心不退，他有淨土有他淨土分，這是通於因緣的。他那個國土都是七寶所成的，要看他的願力，看你自己怎麼發的願。念動劫變，一起念就把這個時候變了，劫是時分，時分變，國土也變，住居條件也變。每個人都有這種感覺。住了十年，或者在山裡頭住十年，或者這一生在山裡住，「山中無比丘，世上無王侯」，說山裡沒有修道者，世間上也變，國土也變。那是在山中修道是爲了這個嗎？是因爲修不成的多，還回到世間享世間福，這句話是這樣一個涵義。

八地以上菩薩所住的國土，他能把一切大海變成牛奶，變成乳酪，變大地爲黃金，染都變成淨。現在我們初發心的時候，剛剛作業的時候，剛皈依佛的時候，還沒有這個力量。一個是初發意，一個是道成就，說一成一切成，所以佛他能轉變世界的意思就是這個樣子。成就了，他轉變了，但衆生並沒轉變，在他看來一切都是清淨的，他知道衆生的因緣不同，隨衆生的因緣，隨衆生自己的業受。知道世界的成就是衆生的業力，佛的淨土成就是佛的願行力、修道力，懂得這個因緣就行了。你所處的環境，所受的依報是自己做的。

但是這裡頭有個問題，每位道友都有這麼個經歷，時而好，時而又壞，善惡交雜，不是純善也不是純惡。特別是我們佛弟子，你這一生，從生到死，好像是變化很大，時而很富有，房子住的很好，特別是做大生意的；但時而生意賠錢，垮下來，房地產都賠進去，住小一點，還有下一代的業。現在我們出家的道友們是隨你心所轉變的。人家看著我們，東方的肉你沒吃到，不敢吃怕造業，東方的享受你不敢去，八關齋戒過往觀聽，連聽一聽也不行，但是現在你不聽也不行，你想守這個戒，得把耳朵堵上。過往觀聽，說你在街上到哪去坐汽車，到哪去，坐飛機，他要放，你說我不聽，你不聽人家要聽，不能因爲你一個人改變，這叫業。怎麼辦？飛機、輪船火車都不坐，就在山裡頭住，誰也改變不了你，那你就改變環境，這就是主觀力改變客觀的現實。

這得靠力量，什麼力量？你得有定力。說想在五臺山住上一輩子，願力是發了，如果能完成這個願力，一直住到死，死在五臺山，我說你成就了。但是業力不准許你，業的力量牽引你，不准許你，業不自主，你還做不了主。如果你能做主了話，做了你的業主，這就是普賢菩薩說的，還得假佛的威力。

皈依三寶之後，除了自己的力量，還有佛法僧的力量。爲什麼要天天皈依三寶？假三寶的力量轉變你個人的業力。爲什麼說人在福中不知福？每個人都如是，沒有成道之前，沒有斷八十八使見惑，還不說思惑，八十八使見惑你沒斷之前，你轉不動的。斷了八十八使的見惑，斷了八十一品的思惑，能轉動一部分，深入的轉動不動了，這叫被業力所牽。當你修到阿羅漢果，能轉動一部分，起碼再不順生死流來流。斷欲，斷了欲了不順生死流，入聖人流，轉凡成聖，就解脫了，解脫的不究竟，解脫了一半，煩惱習氣還沒有斷，種子還沒有斷。

菩薩修行願海的時候來利益眾生，利益眾生不是我叫眾生怎麼做，辦不到的，你得隨順眾生心，隨順他的欲望。爲什麼佛有那麼多法門哪，這個眾生不是那個眾生，他不願聽你這一套，你再給他說佛的那一套，他能進入，不是普遍的。

在毗盧遮那佛，無所不嚴淨的，因爲說佛的境界不思議，那是他的神力、他的智慧力。但是在菩薩，他也隨眾生所欲，眾生的心哪變化無常。佛的神力大？是眾生業力大？這兩個是校量的，佛天天時時到處都在度眾生，但是眾生界如何？眾生界不會盡的，因此佛才經過無量劫無量劫無量劫，爲什麼？總有事可幹，總有一批眾生等著他在度，不是那麼容易的。菩薩隨順佛，他的修行一切諸願海，他得隨著眾生心所欲的。佛所說的無邊刹海，毗盧遮那都把它嚴淨，世尊的境界是不思議的，他的智慧神通力如是。菩薩呢？菩薩他所行諸願海，他是隨著眾生心所欲的，眾生心變化無常，廣大無邊。十方國土都有菩薩在度眾生，徧十方的度眾生。

**菩薩趣於一切智　勤修種種自在力**
**無量願海普出生　廣大刹土皆成就**

這是說菩薩自受用，他的智一切智，自受的因，所感的果，等到菩薩初成佛的時候，從他初成佛到未來，未來還有未來，未來還有未來際，沒有邊際的。我們說佛入涅槃，證得般若的眞空義，達到實相，清淨了。從理上說無生可度、沒有佛道可成；從事上說可不是這樣子，相續不斷的，佛菩薩永遠度衆生，衆生界永遠不盡的。這是從另一個意義講。再從佛理上講，根本沒有衆生，佛終日度衆生沒有衆生相。

但是這又度另一類衆生，佛所淨的十方一切國土，每一個國土都經無量劫。

**修諸行海無有邊　入佛境界亦無量**
**為淨十方諸國土　一一土經無量劫**
**眾生煩惱所擾濁　分別欲樂非一相**
**隨心造業不思議　一切剎海斯成立**

這個世界爲什麼渾濁？衆生煩惱所擾亂的，衆生的渴求都是些什麼？那太多了，不是一相。諸佛的功德，諸佛的智慧，諸佛的神通是不可思議的，但是衆生隨心所造的業也是不可思議，因此衆生所造的業不可思議。

「分別欲樂非一相，隨心造業不思議，一切剎海斯成立」，一切的依報度衆生的處所，就是這麼成立起來的。

**佛子剎海莊嚴藏　離垢光明寶所成**
**斯由廣大信解心　十方所住咸如是**

「佛子」是普賢菩薩尊稱在會的大菩薩，說剎海的莊嚴藏，莊嚴剎海。莊嚴剎海含藏著無量無邊的剎海，這些剎海都是佛離垢的光明寶，這個寶是什麼寶呢？叫離垢光明，寶現光明，一點垢染都沒有。是這個寶所成的，這個寶所成的離垢光明，你必須離了垢跟這個光明結合，才能住到這個佛所莊嚴的土。就像你要生極樂世界，得把娑婆世界放下，你得把娑婆世界這套的東西全擱到娑婆世界上，帶到極樂世界是帶不過去的。放不下去不了，怎麼成就的？怎麼能放得下？是由你的廣大信解心，先信後解，完了加上行和證，這個沒有說行證。所以莊嚴剎海的報土，十方所有諸佛所住的國土，都是這樣子，大菩薩所住的，「咸如是」，全是這樣子。

必須要有廣大信解，完了理解，理解就是知，光信而不知不行的，信必求解，解就是知。這個「解」就不念解（ㄒㄧㄝˋ）就念「解」（ㄐㄧㄝˇ），解脫了，解脫了就自在。中國字，一個字可以包含很多義，看在哪裡說，你念經文的時候得要注意，說這個經文一行一行的，你這個得念「行」（ㄏㄤˊ）。修行，你說修行（ㄏㄤˊ），這不行，得念修「行」（ㄒㄧㄥˊ）。作個法門說，得念行願的「行」（ㄏㄥˋ），就是一個字。人家說我們這一個字，如果不懂得中國字的，一個字念錯了，大概看著差不多，念錯了，「烏焉成馬」，烏鴉的是飛禽老鴰，叫「烏」，烏鴉。之乎者也已焉哉的「焉」，寫文章一個語氣，念「焉」字。「馬」是獸，獸類，要是把這字寫錯了，把這個烏鴉變成走獸變成馬，完了烏鴉走獸都變成無所謂，「之乎者也已焉哉，用得成章好秀才」，是過去的古話，現在可不行。念佛經也如是，應該念修行（ㄒㄧㄥˊ）的修行，你念了修行（ㄏㄤˊ），修什麼行？每個字涵義都如是。有些字沒有，有些字分別很大，知道的知，有時候它就是智慧。知道不知道，說知道了，知道不是智慧，就是知道了；知道很徹底，知道什麼知道業，知道業起因緣，知道業性本空，這就眞知了，這叫知。因此你都得懂，叫信「解」，這個地方念「解」（ㄐㄧㄝˇ）。如果解脫道，念「解」（ㄐㄧㄝˇ）脫道，不像話了，不能這樣念，得說「解」（ㄒㄧㄝˋ）脫道，但是這個時候，信「解」（ㄐㄧㄝˇ）心，若念信「解」（ㄒㄧㄝˋ）心，就不行。

這是略說一下，《華嚴經》字義很多，有時候把《華嚴經》的「華」字寫成花果的「花」。但是你要辨別，這個是因，行是因的意思。這是說菩薩的勝解，解了還得做。

## 菩薩能修普賢行　遊行法界微塵道

菩薩所能修的普賢行，〈普賢行願品〉的行，這是法門，說菩薩能修普賢行，普賢怎麼做、怎麼行，我也怎麼行。說我要修行普賢的法門，那菩薩能修普賢行，行就是門，法門，叫普賢行願。「遊行法界微塵道」，下一句遊行的「行」一定得念「行」（ㄒㄧㄥˊ），不念「行」（ㄏㄤˊ），也不念「行」（ㄏㄥˋ），遊行就是行動的意思。法界的道，像微塵那麼多，普賢行願是無窮無盡的。修行法界微塵道的時候，一個微塵，現在隨便的地下無量無盡的微塵，每一個微塵就現無量佛國土。你得隨這個意思想，廣大清淨跟虛空一樣的，虛空能容納一切嗎？這是讚揚頌德普賢的願行。我們一般就說普賢菩薩，普賢菩薩有三普賢，一個叫單發普賢心，發普賢菩薩的心叫發心的普賢；沒登地的菩薩，沒登三賢位，沒入位的，只發個普賢菩薩的心，就叫發菩提心。

第二種普賢，是等覺位。等覺位了，將近成佛，這還是在佛前。第三是有成了佛之後的普賢，叫果後普賢。但是現在說世界成就的，是果後的普賢也可以說是果前普賢，果必具因，因就是果前。因能該果，果徹因源；因該果海，這個就是位後的普賢。得了果之後不捨因，果不捨因，果怎麼來的？因地修行得來的。知道這個，現在普賢菩薩所，對這些大菩薩說的世界成就。這個偈頌裡頭，有的是果前，有的又說果後的。果前的是因，都叫因，果後的叫果。先說偈頌後說長行，就是這個涵義。

塵中悉現無量剎　清淨廣大如虛空
等虛空界現神通　悉詣道場諸佛所
蓮華座上示眾相　一一身包一切剎
一念普現於三世　一切剎海皆成立
佛以方便悉入中　此是毗盧所嚴淨

一一身都包一切佛剎，一切諸佛國土的國土。「一念普現於三世」，一念間，過去現在未來，過去還有過去，未來還有未來，現在不住，現在還有現在，現在裡又包含著過去現在未來。這三世變成九世，九世加上一念，十世因緣，《華嚴經》經常這樣講十世。不止一一身，一個身裡每一汗毛孔，每一汗毛包括一切剎的；所以在一念之中，把一念延伸了，過去現在未來，過去成就無量佛剎，現在成就無量佛剎，未來成就無量佛剎。剎海都安立，各不混淆，淨是淨的，染是染的，凡聖同居土、實報莊嚴土、法性土。各各的國土不同，依報的不同，是因爲正報的不同，正報是講福報，像我們住的房子都不同，沒辦法相同，同了就不安立了，除非你成到果了，唯由心識所變。大小城，國土清淨的淨穢哪，凡聖同居，實報莊嚴，方便有餘；唯佛一人居淨土，說的是實報莊嚴。講的是什麼？事事無礙。全事都變成理了，就法性理體說，全理變成事呢？就隨緣，全事變成理就是專門講法性。隨緣義，就講到無礙義，理能成事。清涼國師講這種涵義的時候，是事事無礙，全通眞性。

剎就是剎土，每個剎土的形相宛然，這叫什麼？華藏世界海，世界成立。在法界沒有差別，所有莊嚴都是清淨，爲什麼？安住於虛空，安住在虛空當中。第二種呢？成劫與壞劫，世界的成與世界的壞，無礙。這個地方壞了，那個地方成，這個地方成、那個地方就壞。成壞當中，互相變化的，很不可思議不可思議，不是凡情能解釋得到的。廣狹無礙，不壞現在的相，說一汗毛裡頭無量佛剎不壞汗毛相，而成就無量佛剎，無量佛剎被一汗毛攝。廣，廣大無邊，狹，很狹隘、很狹小。體跟相本來都沒有差別，相從體而生的，體變成相，全相即體，這樣來解釋廣狹無礙、周徧含容。而相入無礙這個世界，這個剎海入那個剎海去，一切剎種入一切，一切剎種入於一。身是正報，包一切剎土，身是能包，一切剎土爲所包，身又化現無盡剎，一身化現無盡剎，一多無礙、廣狹無礙。相即無礙，無量的世界就是一世界，極樂世界、琉璃光世界、不動世界就是娑婆世界，娑婆世界又普遍的徧一切世界，這叫相即無礙。微細無礙，微細的很小很小的，顯現一切諸佛，在一毛孔中現無盡的佛剎也現無量諸佛，都是清淨無染的，也就是法性所現的。

就像此經上所講的，佛的眉毫相光出生那麼多諸佛，眉毫好大呢？這叫小大，一個眉毫出現無盡的菩薩相。隱顯無礙，現在釋迦牟尼佛隱，有的他在那現，不止釋迦牟尼佛，佛佛都如是，相就能現眞的。染淨也無礙，隱顯無礙、染淨也無礙，穢土像釋迦牟尼佛用足趾點大地就變清淨，佛一抬足又恢復原來的穢土。那叫隱，隱眞實顯現的變化土。淨隱穢土現，穢隱淨土現，這是隱顯同時。重現無礙，一微塵見一切剎，剎內又有微塵，一切微塵又現一切剎，這叫重重無盡。你看我們這山，過了一山又一山，就是山重重，山連山、水連水，這都是顯示重重的。重重能見一切佛剎，它是無礙的。主伴無礙，有的主就是釋迦牟尼佛在娑婆世界，釋迦牟尼佛是主，所有三寶弟子都是釋迦牟尼佛的伴，是他的眷屬；我們都是釋迦牟尼佛眷屬。我們每一個人念釋迦牟尼佛的時候，南無本師釋迦牟尼佛的時候他現，他就是本師釋迦牟尼佛，他就是爲主，一切又是伴，這叫主伴無礙。在這一世界中，就有重重無盡無礙。毗盧遮那所做的、所修行的，他種種剎海都是清淨的，說這剎海裡頭所有一切，都是他的眷屬，有的是正報眷屬，華藏世界都是他的眷屬。時間、處所，一剎裡頭現三世，過去現在未來，三世就是時間，這一個剎就是處所，就是在菩提場。菩提場本來在印度迦耶，五臺山在菩提場裡頭，菩提場也在五臺山裡頭，這個你慢慢去想。過去的菩提場、現在的菩提場、未來的菩提場，經過三世，這是時分。在印度、在其他的世界，這個菩提道場，菩提是個覺，覺悟的處所。覺悟有處所嗎？處所是覺悟嗎？佛是一成一切成。三世過去現在未來，所有的莊嚴都在摩尼寶珠光芒之中所攝受的、所現的，同時具足、同時顯現，一切無礙，這是第一大段。

十玄門，每個裡頭都加入十玄門玄一下子，十年也講不完，每句話裡都可以加十玄門，加個總同別異六相十玄，這是《華嚴經》的總義。每一句話你都可以如是解釋。但是那個就需要你的智慧，靠腦力不行，總相、同相、異相、別相，這些相再假十玄門，一多無礙、隱顯具成，這麼一講，我們腦子恐怕是攝受不了的。

普賢三昧就是指這些，以三昧說世界，正報說依報，依報即是正報，正報所依住的是世界，世界所顯現的是靠正報。華藏世界是毗盧遮那，華藏世界是依報，毗盧遮那是正報。有毗盧遮那才成就華藏世界，有了華藏世界才成就毗盧遮那說法的處所。依報即是正報，正報即是依報，這個道理要善思。好多學華嚴的，連現前的生住異滅都不用腦子去想，這行嗎？要像普賢三昧，可是你連現前的煩惱都不斷，你怎麼能入普賢三昧？說聽到點不如意的話，聽到點譏諷，或者聽到點別人閒言閒語，你把普賢行早放棄了，什麼普賢行？就去煩惱了。學華嚴境界的人，心量一定要大，大到什麼程度呢？雖然不能包到華藏世界，閻浮提你該包容一下。乃至於我們這一班二十個人互相之間都不能融合，你還度衆生啊！像還要說度華藏世界千萬億，無窮無盡。

最近有修道者的修行人問我一些問題。從山西來了幾位和尙，他們住在山裡頭，從西安拜，拜到五臺山，拜完了之後到這兒，問我：「老法師，怎麼修行？我想找一個修行法門。」我說：「你在幹什麼？你從長安磕頭拜到這兒，你在幹什麼呢？磕頭不是修行嗎？念佛不是修行嗎？」他又問：「老法師，我一打坐，散亂很嚴重！」我說：「怎麼知道你散亂哪？誰知道的散亂哪？找找散亂是什麼？你就不散亂。」你若是不修行，不是出家修行這麼多年，你能知道散亂嗎？你早就被散亂轉，你現在有個能知、有個所知，能知的就是你那個慧，智慧，知道我現在是散亂，你有進步，知道散亂！知道散亂就別散亂，知道散亂還散亂，那就麻煩。像我們都知道了生死求解脫，能知道了生死的這個知，你要掌握住。什麼叫知？我們這就是學知！我們不知道怎麼了生死，就是告訴你了，普賢菩薩就告訴你，從三昧起就這麼了，搞清楚這個能所對待。

我們很多道友都有這個困擾，一坐下來或者念佛時候又想別處去了，這個覺知，覺知到我念佛念差了，把它收回來，知道了嗎？知道把它收回來，不讓它散亂。昏沈的時候，昏沈你是不知道，覺悟了、醒了，才知道昏沈。像睡覺的時候，你做夢，你知道你在做夢嗎？你醒了才知又做了一個夢，這個夢不好會影響。或被人打被人罵了，感覺著不好，被人打被人罵了，被人欺負了。我說：「好！」他問：「那怎麼好？」我說：「怎麼不好？消災，消業障。」被人打了，被人罵了業障消失，被人污辱，得看你怎麼認識，這叫認知。

現在學華嚴的，快聽了一百座，心量格局還是很小，就知道眼皮底下是自己的鼻子，別的就不知道，等到知道的時候再說吧。

## 所依住

**爾時普賢菩薩。復告大眾言。諸佛子。一一世界海有世界海微塵數所依住。所謂或依一切莊嚴住。或依虛空住。或依一切寶光明住。或依一切佛光明住。或依一切寶色光明住。或依一切佛音聲住。或依如幻業生大力阿脩羅形金剛手住。或依一切世主身住。或依一切菩薩身住。或依普賢菩薩願所生一切差別莊嚴海住。諸佛子。世界海有如是等世界海微塵數所依住。**

依住的能依是正報，所依是依報。這個所依住就是我們要生活得有個住處，要說話得有個處所，這是講所依的住處，通染通淨。剛才我們念這一段文，是普賢菩薩說的，說在這個所住的依報當中，有種種的差別，依報所依的住處，各個不同；特別是依空住，我們現在依空住不了，這是說所謂大菩薩依空住，就這個世界成就。

這個閻浮提，我們就知道南贍部洲，我們這個地球，它是住在空中的，這個地球成立在空中的，東西南北上下四維，周圍八方，都建立在空中的，都是依空住。或者依著光明住，這個就不同了，這是聖境，阿彌陀佛無量光，極樂世界，依著佛的光明而住。這是形容所住的住處。每個住處的各個不一樣，你所愛好的是什麼，你就把他裝飾成什麼樣子。人家把你的房子裝修的大一點，裝修的好看一點，那隨你住處的莊嚴。人人住的都想光明一點，房子明亮、通空氣，但眾生的希望不一樣，眾生的欲望也不一樣。老鼠就不願意住光明，牠住黑洞洞裡頭。你看各個眾生，牠也是眾生，所依住的是愛樂的，愛樂就是你個人的喜歡，你能快樂就好了。

眾生種種的依住，就是看你正報的所感受，正報就是我們所造的業，你造了什麼業，正報是個什麼身，你所依的住處，那環境就不一樣，這個是你前生的是什麼因，今生受的什麼果，而且是變化無常的。住處不是永久的，是變化的；像毗盧遮那佛住的常寂光淨土，那是不變化的，沒有實體的，性空的；法性身住的法性土，沒有變化的，其他的都是變化當中的，都在運動當中的。

這個涵義，懂得就行了。像普賢菩薩所化現的這些，依著普賢行願力，來任持他的住處，或者依著佛的聖教。住處，像比丘住於寂靜處，應該住到山林，洞穴之間，這是聖教。佛教比丘就應該是山林樹下，種種不同。本來在〈諸菩薩住處品〉裡講的，就很有障礙，現在我們有七、八天沒有講經了，住到哪裡？我們都住在供佛，打千僧齋，把心裡住到那去了，大家很忙。忙完了，現在是什麼？沒有了。

## 世界成就品 第四

◯釋 文

今天是二十號，初四那天上供，你看著人也多，裡外好像都變化了。現在又恢復我們原來住的樣子，這個變化是常的嗎？無常的、短暫的。一切住處都依諸佛菩薩的願力所成的，這是聖的。我們的住處是依我們所造的業，業力所成的，誰不想住好點？誰不想清淨？誰不想莊嚴？你有那個福報嗎？勉強的很危險，有什麼危險？地水火風四大災害，過去的，我們有很多一部分人住到海上的，他一天靠打魚，以船為家，船就是他的家，那就是他的住處，他叫水上住。

還有西藏西康遊牧生活的人民，沒有住處，沒有住居點，哪個地方有水、有草，為了放牧，那就是他的住處。他的住處隨時搬家的，水草沒有了他又搬了，這是遊牧的生活。說這個住，第一種是他過去的因，過去因所造業的力量。在他所造的因，這個力量是變化無常的，為什麼？人，一會作善了，一會作惡了，這個大家都能夠理解。你的心，一會是善心所，一會是惡心所，感的果報、住處也如是的，這是依正二報的，這種道理我們可以自然體會。不要依著這個文字所說的，只是聖境，他也是有遠有近的，不一定的。諸佛菩薩隨著眾生的業類，眾生的業力；菩薩是願力，他發心度眾生，他度的這個眾生住在穢土當中，或者這個眾生墮到畜生道，菩薩要度他，菩薩是示現的。因此菩薩所有的住處，全是示現的不是眞實的，眾生的業力也是如幻如化的。眾生不理解，隨業受報，如果你能悟得了，在受報當中，你不感覺這是受報，才能轉化。怎麼轉呢？多行善業，皈依三寶，有一念之間轉化的，有一生轉化的，有無量生轉化的，看你的修行力度如何！轉化的快慢，轉化的大小，依正二報都在轉。人的受生，必須得有個住處，諸佛菩薩依願力、依道力，行菩薩道依之而住。

我們依著所造的業力，人的一生有時候換了好幾處房子，現在變化更快，爲什麼？因爲心的力量變化最快，時好時壞。當他開大公司掙幾十億，自己住一棟樓他還嫌小；業力沒有房子住的時候，幾十人只能在一處住。先懂得這個原理，一個是依著宿因的力量，一個是變化的力量，都是你的業把你限制了。業力使你如是，沒有力量轉化你的業力。像那些大菩薩，像我們講的〈世主妙嚴品〉，他們是願力，不是業力，他示現跟衆生同類，才能度衆生。因此懂得這個涵義，依報是隨著正報，正報是因著依報的莊嚴，修道的處所，如果你想閉關，你想修行，想了道，爲什麼在善者住？成就你的道業，這種道理，普賢菩薩在下面還會跟你說。

爾時普賢菩薩。欲重宣其義。承佛威力。觀察十方。而說頌言。

偏滿十方虛空界　所有一切諸國土
如來神力之所加　處處現前皆可見
或有種種諸國土　無非離垢寶所成
清淨摩尼最殊妙　熾然普現光明海
或有清淨光明剎　依止虛空界而住

或在摩尼寶海中　復有安住光明藏
如來處此眾會海　演說法輪皆巧妙
諸佛境界廣無邊　眾生見者心歡喜

宣什麼義？就是上來所說的住處義。先說虛空界，有些菩薩不用蓋房子，他安住虛空就好了，他的願力在空中能化現一些樓閣。凡是一切的依報，正報所依的叫依報，正報是他的福德，以正報的福德，依著依報的福德，你說一切的樓閣都是。爲什麼有人說你到西方極樂世界是平等的，我說也不平等，有的九品蓮台，不是有些人認爲生到西方極樂世界就是生到蓮華當中，不是的。蓮華是整體的托體，蓮華上都有樓閣，蓮華現的是樓閣，是在樓閣裡頭。你的福報小，你那蓮華小，你的樓閣就不那麼十分莊嚴，福報大的地位高的，西方極樂世界不是平等嗎？是平等，在你所作業上是平等，你作什麼業、受什麼果，這是平等的。有時候也不平等，爲什麼說九品蓮台呢？每品跟每品都是不同的，大菩薩所現的蓮華座，每人都是蓮華藏，那個座位不同的，怎麼不同？依報業感不同，不是誰給你分配的，是你自己心裡所現。

說修行者，發菩提心修行者，他住哪都安詳，他一住，那個地方本來不好，他一住，變好了；本來這個地方很好，你一去住變了，變壞了。街道也經常在變，北京過去的小四合院，他住的安靜的不得了，現在一蓋樓房，特別是老年人，過去大家住一個小四合院裡頭，鄰居可以互相交談，老太太年紀大了，互相談談，交交心，說說話。現在不行了，樓房各是各，門一天都是關著的，互相不交往的。特別是在國外，你住幾十年，不知道隔壁住的是什麼人，互不交往。爲什麼？現在的業不同，掌握這麼一個。

普賢菩薩要想宣說這種道理，一種假佛的神力，二者看十方一切衆生的根機。他所說法的是給未來衆生說的，因此要學，學就是一者學其義理，二是仿照，菩薩路是怎麼走的，我們也如是走，那告訴了，把道理說清楚，依著依報住的，說徧滿虛空住，空中才能建立一切，不空怎麼建呢？十方虛空所有的國土，先說國土，土是限制的意思，國土就含著國界的意思，這個國有這個國家的界限，這個國土跟那個國土不同；這些都是如來神力所加持的，但衆生不會承認的，不是佛教徒更不承認了。就算是佛教徒，能認爲這個寺廟是佛力加持的？佛力要加持怎麼這麼慜，冬天冷得個要死，太陽熱得個要死，下大雨的時候也很困難。我們現在很好了，我感覺也不見得那麼理想。看看古道場，一進來兩邊就是走廊，一進山門，有些古廟，都是走廊，這個寮房到那個寮房，下雨天絕不會淋到雨，他有長廊，上殿絕不會淋雨的，上殿不要打雨傘的。

有的修的很理想，有的很不理想，有的爲了現代化，古來的形式沒有了，有的仿照古來的形式，修的不倫不類，現代不是現代，古來也不是古來。就像我們上午跟大家說，寫字也是一樣的，如果你不是眞正的理解，可能把老鴰變成了烏焉成馬，變成了走獸，是這樣子，你想畫個老虎，剛學畫畫不成，有的連狗還不像呢？說畫虎不成反類犬。

佛力所加持是什麼意思呢？不是說現相，先講心理，由於菩薩所加持的，你在森林住著，你感覺的安定，在樓房裡頭住著，他感覺不安定，他沒有那神力所加持的，現在的現相是，住的哪都不安定。他給你丟炸彈、搞破壞，這是人爲的。還有天災的，現在一下雨，山上的石頭就沖下來了，恐怕連房子都埋沒了，這些依處就不安定。我們這個娑婆世界是不是釋迦牟尼佛神力所加持的呢？大家可以參考參考，是不是佛的神力所加持的？前天把我們這個寺院稍微變化一下，上上供具，在前頭鋪些磚，比之前就整齊一些，這是不是神力所加持的呢？是不是佛力所加持的呢？這個大家要思考了。一切由諸佛所加持，還有衆生業力的感召，翻過來了，就是業力所感召，普賢菩薩所說的是聖境，因爲他是總說的，一切世界是依佛的神力而住的，是因佛的神通顯現的。

這只是一方面，另一方面我開始講，一切衆生業力所現。大家現在在法堂共同學習，這是共業，不是哪一個人，法堂不是給一個人修的。當你福報，這段福報有，你在這住的很安心，很自在，兢兢業業上殿，都可以作聖事，你福報沒有了，離開了，又跟你沒有關係。就說明我們的業，他是不停的變。過去的宿業，你今生的業跟過去所作的業，隨時在變化。佛的神力不可思議，再想想衆生的業力，衆生業力更加不可思議。有的佛所不能度，我們感覺世間所有的一切國土，總說，一個清淨，一個污染，普賢菩薩所看我們這個國土，都是離垢的，都是寶所成的，他不是一般的寶，「清淨摩尼最殊妙，熾然普現光明海」。

這都是說華藏世界，但是這個刹土之中。「或有清淨光明刹，依止虛空界而住」，光明處刹是依著虛空而建立的。「或在摩尼寶海中，復有安住光明藏」，這都是依著寶光明而住的。「如來處此衆會海，演說法輪皆巧妙，諸佛境界廣無邊，衆生見者心歡喜。」這一類的衆生不同，不是我們這一類衆生，我們這一類衆生沒到這個境界相。

有以摩尼作嚴飾　狀如華燈廣分布
香燄光雲色熾然　覆以妙寶光明網
或有刹土無邊際　安住蓮華深大海
廣博清淨與世殊　諸佛妙善莊嚴故
或有刹海隨輪轉　以佛威神得安住
諸菩薩衆徧在中　常見無央廣大寶
或有住於金剛手　或復有住天主身
毗盧遮那無上尊　常於此處轉法輪

「與世殊」，特別是這種世界，跟世間的這種世界是不同的，「殊」是不同的、是兩樣的。「天主身」，就是把他的身住於世界，世界身住的很多人，諸佛也可以把我們的身變成一個世界，把我們的身上安住一個世界海，那是佛神力。但是你不知道，你並沒有感覺你的身安住世界海，大菩薩住在你身上的，但是得看你有沒有這個德。

一一國土微塵內，念念示現諸佛心，念念示現諸佛刹，每一個國土有無量的微塵刹，一一國土都是微塵所成的，念念都把他成淨佛國土，說有好多呢？無量數，衆生有好多嗎？就有好多的國土，這些衆生在裡頭修行。

或依寶樹平均住　香燄雲中亦復然
或有依諸大水中　有住堅固金剛海
或有依止金剛幢　或有住於華海中
廣大神通無不周　毗盧遮那此能現
或脩或短無量種　其相旋環亦非一
妙莊嚴藏與世殊　清淨修治乃能見
如是種種各差別　一切皆依願海住
或有國土常在空　諸佛如雲悉充徧
或有在空懸覆住　或時而有或無有
或有國土極清淨　住於菩薩寶冠中

十方諸佛大神通　一切皆於此中見
諸佛音聲咸徧滿　斯由業力之所化
或有國土周法界　清淨離垢從心起
如影如幻廣無邊　如因陀網各差別
或現種種莊嚴藏　依止虛空而建立
諸業境界不思議　佛力顯示皆令見
一一國土微塵內　念念示現諸佛剎
數皆無量等眾生　普賢所作恆如是
為欲成熟眾生故　是中修行經劫海
廣大神變靡不興　法界之中悉周徧
法界國土一一塵　諸大剎海住其中
佛雲平等悉彌覆　於一切處咸充滿
如一塵中自在用　一切塵內亦復然
諸佛菩薩大神通　毗盧遮那悉能現

這都是地上菩薩的大境界，這些國土所示現的，正報跟依報一定相對稱的。佛教是講相對法，究竟是講空的，空無障礙。你有一分的修行、十分的感應，你心裡擴大到什麼境界，心量擴大到什麼境界，就能包容。世界就在你的心量之中，一切世界就在你的心的當中。不過你的障礙，或者迷不悟，你的心就變得很狹小的，就在這個世界，一切事物當中，那你就執著了。很多的事，你一執著了，就沒有這個境界。這種是大菩薩，廣大神變的，所有在這一切國土的微塵，法界國土一一塵，諸大剎海住其中，一切佛剎都住在法界當中。法是指性體說的，界是心說的，心能生一切諸法，心生萬法，把他總成爲一眞法界就是眞心。在一眞法界當中，所有現的形相，依著大的體而起的相用，是剎土了，這個中間住的無量無數的，剎像海一樣那麼多。凡是說剎者，微塵最大的，最小的是微塵，最大的是剎土，國土很大的，可不是南贍部洲，南贍部洲是很小的，這是華藏世界海的華藏世界說的。

「佛雲平等悉彌覆」，雲是形容詞。佛的心演說的一切法，目的是讓一切衆生都得度，在任何時候，在任何處所，都是充滿無間的，沒有間斷的。在一個微塵裡頭，如一微塵中，如來能自在的用，那一切微塵，每一微塵，把這一個微塵變成廣大佛剎用，廣大佛剎就不是一個三千大千世界，無窮無盡的三千大千世界。在一微塵如是，一切微塵都如是，這是顯現諸佛菩薩的大神通，毗盧遮那能顯現。

一切廣大諸剎土　如影如幻亦如燄
十方不見所從生　亦復無來無去處
滅壞生成互循復　於虛空中無暫已

## 莫不皆由清淨願　廣大業力之所持

毗盧遮那是是法身佛，法身佛所顯現的，一切的化土，化身的佛，像釋迦牟尼佛，無量億。大化呢？叫大釋迦，一個大釋迦能化千百億釋迦，千個大釋迦就能化千個一千個千百億釋迦，一個佛就有一個佛土，佛不思議，土也不思議，國土也不可思議。「一切廣大諸剎土，如影如幻亦如燄」，燄是燄光，光明。像影子一樣的，不是眞實的，像幻化、變化一樣的，不是眞實的。像那個放光明之中的火燄，燄還不是光明的本體，而是光明所放出來的燄，大家看那個燄花，就是那樣子的。「十方不見所從生，亦復無來無去處」，不見他怎麼生的！「十方不見所從生」，這個廣大諸剎土從什麼生的？從心生的。心生故種種法生，你怎麼認識這個現相呢？心要無住，不住色生心，不住聲香味觸法生心。你這個心，是無住生的，無住還怎麼生？所以說「十方不見所從生」。所以，這個無生，就要無來，無來就沒有去，所以就無來無去處。「亦復無來無去處」，沒來沒去，但是世間相，緣生諸法滅盡定了，壞了，空了，生了，有了，成就了。成就了，就變化。在虛空中無暫已，沒有一念當中停的。

現在太空當中，現在科學家證明，用望遠鏡照太空，每天這個太空中，我們看見有一條河，叫銀河系。那個系統叫銀河系，那裡頭無量無窮的世界；我們這小小的地球，在銀河裡頭是看不見的，因爲它太小了。銀河系那個比這個地球大一萬倍，十萬倍，多少萬倍的，越看越亮，這有兩種情況，一種離著我們近，二者體積特大，高出地球，在我們看見是肉眼所不能見的，假助望遠鏡所見。

佛眼就不同，天眼也不同了。佛眼怎麼看呢？無不見，無從生，亦復無來無去。佛眼見它的體，見它的滅壞與生成，互相循環，這是相。大方廣的體相用，就是這個道理，「莫不皆由清淨願，廣大業力之所持」。業力有兩種，一種是諸佛所修行的，那就功德海，清淨業，一種是我們眾生的染業，這兩種力量對比在佛菩薩看是空的、沒有的，在眾生是空不掉的了。空了就萬事大吉，什麼沒有了。空不了，空不了就受，受就是報。

現在我們這娑婆世界算是成？算是壞？正住在半壞當中，成好了，現在向壞的發展，循環不已的，壞完了，又成。成完了之後，又壞。有過程的，成住壞空。成二十小劫，住二十小劫，壞二十小劫，空二十小劫，完了再從成住壞空來回循環不已的。一個小劫是好多年呢？人的壽命十歲，一百年增一歲，增到八萬四千歲，再一百年減一歲，減到人的壽命十歲。這一增一減，算一個小劫。一個小劫這樣數，數到二十個。二十個小劫是什麼呢？是成，成二十小劫，完了再到住，住二十小劫。到二十小劫成好了，住二十小劫。住完了開始壞了，住二十小劫。完了就滅了，就空了，完了再成，好像是沒有了，他又不斷滅，他又成，來回這麼循轉。《地藏經》說，這個世界壞了，先把他寄託到另一個世界。等這個世界成好了，又移轉回到這個世界。偏偏他移到那個世界，那個世界也在壞，再轉第三處，再移到第三處，就這樣循環輪轉，永遠不會息滅的，業力永遠不會沒有的。有兩種業，一個淨，一個染，染可能轉變成淨。說極樂世界是不是還轉變成像娑婆世界這樣？不會轉了，是阿彌陀佛願力所持，不是實體的。我們這娑婆世界是不是釋迦牟尼佛願力所持的呢？不是的，是衆生業力所持的。兩種勢力，一種淨業，一種染業。我們把他看成是實有的，諸佛看成是虛空的。「一切有爲法，如夢幻泡影，如露亦如電，應作如是觀」，在諸佛看是空的，可壞性；在我們業力的眼睛，肉眼所看的，這個世界是髒的，是不淨的，是五濁惡世。特別在我們這個時候，劫濁，這個時候是最壞的，不按次序發展，最壞的。濁就是不清淨，劫就是時候，說這個時候，我們來的很不巧很壞，但是你若轉變一個觀點，他要是不壞，我怎麼能生厭離心呢？正因爲他會壞，正因爲不清淨，煩惱特別多，刀兵水火饑饉，這個時候特別好了，人的壽命是不齊的，老的也死，小的也死，活不到一百歲。說這個時候是劫濁，劫不好。

命濁就是生命沒有一個規定，沒有一個決定，幾歲也死，生下來就死，也有活到一百歲就死的，這是不清淨的，很難得滿願。就我們這個四大部洲的北俱盧洲，他很清淨，從生到死，人人都活一千歲，不害病也沒有饑饉瘟疫，這些都沒有。最大的缺陷是沒有佛法，韋馱菩薩不到那個洲，那個洲不會歡迎他，沒有佛法，他護什麼！有人這樣問了，你就這樣答了，四大部洲，韋馱菩薩三洲感應，不是四個。北俱盧洲沒有，是你願意生北俱盧洲？還是願意生南贍部洲？南贍部洲苦，有佛法可聞，這個苦我們是可以脫離的；北俱盧洲聞不到佛法，不聞佛法永遠如是。他這個報受完了，還想生北俱盧洲，不見得，這四個部洲的不同，怎麼不同呢？就像人間的各個洲各個縣，現在廣州開發的很厲害，比我們山西就富的多。

我就問我們的學生：「爲什麼叫山西？」「山西不就是山西！」我說，山西就是山西，爲什麼我們有山東？這是地理知識，太行山的西面是山西，這是依太行山來分的。河南和河北，山西和陝西，每一個地名都有他的歷史。如果你學地理課就給你講了，不要把五大洋，答成「德陽、簡陽、趙紫陽」，那就麻煩了，地理知識是一點沒有的。研究國土，到我們研究究竟了，說廣大的這些剎土，不是眞實的，別把他當成眞實的對待。不止是大地，一切諸法皆如是，就是「心生故種種法生，心滅故種種法滅」，「無不從此法界流，無不還歸此法界」，這是華嚴最主要的兩句話，講到土地就是這樣一個情況。

化土是如來神力所變現的，如影如燄的；但是我們是業力，諸佛菩薩清淨願力，諸佛清淨願力跟我們的業力結合，這是染和淨，那就叫凡聖雜居土。我們這個世界有沒有聖人呢？五臺山是聖人所居的，恐怕我們沒有這個理解。五臺山是清涼國土國土之中的別，有總有別，這個是別。清涼世界，在夏天熱惱的時候，清涼是很好的，在冬天那個冷的不得了，又沒有棉衣服穿。我看這個就不清涼。認知的不同，一切國土都如是，每一個地方都如是，每一個省份每一個省份都不同。住到太原，交通方便生活一些條件好，住到山裡頭，住到五臺山，我們前頭還好，住在那後邊，靠著繁峙那邊，靠著代縣那邊跟五臺山接近，那些山民，看看那些人究竟是什麼生活！

你們在五臺山住得很久，採訪過嗎？同一個山，同一個五臺仙境，在說同一個山西、同一個中國國土，千差萬別，如幻泡影。

在同的當中有別的，例如在五臺山，我們在普壽寺住，從觀音洞上去，有幾個比丘尼住在那個山洞裡頭，有兩個人住的，有一個人住的，有住到十年的，有住五六年的；她們怎麼認識五臺山？她們的生活跟現在我們的生活，她們所進行修道的觀想力，跟我們的觀想力，有些眞正修道的，她們對佛教的理解，境界不同。如果是盲修瞎煉的，以這個爲苦，以爲這個就是修道，是絕對錯誤的，並不是這樣苦；以爲住到山洞裡就是成道，這是絕對錯誤的。如果佛法已經很了解、很清楚，長養善根。過去大德教授我們的，沒有明心開悟的時候不能住山的，不能住洞的。我們退一步說，對於佛的修行次第，「菩提道次第」，修行的次第、成佛的次第，怎麼樣來斷煩惱的次第，你一點都不了解，你到那兒幹什麼，受苦能成道嗎？就像印度似的，看見那個牛，五種神通當中，牠得了天眼通，他看見牛死了生天的並不是牛死了都生天，他看見這一頭牛死了生天了，叫他的弟子都學這頭牛。

一九四〇年，我到了印度，有一條街，那頭牛，養的大概有一千二三百斤。我問他一頭牛好大？說一千二三百斤。非常大，吃的好，皮子溜光水滑的，在那個街上上走，那個牛犄角上都帶一個紅纓，汽車見著躲著牛，不是牛躲汽車。我們走路都得躲著那個，你別走到那一街，千萬別碰了他的牛，你碰了他的牛，這一個街道的人，就跟人拼命，因爲那是他們的神。

他問我怎麼認識？我認爲那是邪知邪見，絕對不正確的。所看見的只是一頭個別的牛生天，牠的宿業還完了，生天了，並不是所有的牛死了都生天，這是第一個錯誤。

還有那個燒火，把火當成神，燒上火在那裡念，我不曉得念的什麼。我看圍著火在那兒念，給那火磕頭，這都是愚癡，這叫事火婆羅門。所以把他們稱爲外道，心不在道。修道的人，所有的國土、住的處所，我們在五臺山，這裡聖人很多，所以叫凡聖雜居。凡夫比聖人還多，但是在五臺山修道的菩薩，不是我們肉眼能見得到的。爲什麼？說這些國土是依心而建立的。這兩個偈頌是一切的諸刹土，如影如幻亦如燄，沒有眞實的，可壞的。我們把這二十劫看成很長。那天我跟大家講的時空隧道，五十五年就是一晝夜，豈止一晝夜，再縮短點兒就是一念間哪！爲什麼《華嚴經》就注重一念一時就夠了，一念一時延伸去，把它延伸開一念就是無量劫。一微塵，我們一再講，一微塵就是十方刹海，什麼意思？十方刹海就是一微塵，這是我們修觀修行的，應當注意的這個世界怎麼成就的？有兩種，一個願力一個業力，淨佛國土就是願力，我們所居的就是業力。我們有什麼業生到什麼地方，當你的業力好了，住的地點條件很舒適很方便。業力不好了，住的處所非常困難，十八平方米住著三十二個人，十八平方還能睡覺嗎？那不是一天兩天，住好幾天，我就住過。你爲什麼住那個地方？業力來了，你想不住也不行，業不由己。

這個土和你修道的處所，你的心能轉化他，他也能轉化你的心，如果你的心沒有力量，這叫心被境轉。心被境轉，你就苦惱，你要隨著境所遷，你一天盡是煩惱，心能轉境，心把境轉了，即同如來。即同如來，你那個境成什麼樣子的境呢？如幻如化，一切諸法，如夢幻泡影，如露亦如電；證得這種境界，雖然是隨緣，它是不變。不變而能夠隨緣，像諸佛菩薩度眾生的時候，他不隨眾生轉，他是轉眾生的。

那天上供，我心裡想，我們這是供佛法僧三寶。齋僧，說是齋僧，先要供佛，我們所有偈頌唱念是法。供佛是供養三寶，供養三寶，我們可以把它環境變，我們從裡頭到外頭，爲什麼那天供的是那樣子，現在就沒有？你能不能把那種境界常時住在你心裡頭，永遠如是供。不要辛苦，不要勞動，如是供。那個境界還小，你看的還小，看天人怎麼供。大菩薩來華嚴法會，怎麼供養佛的？用那個供，意念的供。我們在裡頭作法是法供，齋僧放襯是供僧。我們掛個大佛像，在前頭供的，供佛及僧。隨時隨地一天都是華嚴境界！你在路上走，如果你意念的觀想好觀想到華藏世界，將來〈華藏世界品〉，世界成就之後就講華藏世界，你看看釋迦牟尼佛的華藏世界是什麼樣子。

這是染的一部分，染的一部分是什麼誰呢？是眾生。我們把這些眾生都度了，都成了佛子，那太清淨了。你要把那個供佛這幾天，看看這裡頭是清淨的，供佛是清淨的，來的這些人，哪個世界都有。爲什麼經常要到五臺山打千僧齋呢？在別的寺院供千僧的很少，甭說供了，根本沒有這回事，知道爲什麼？文殊菩薩發願，凡是供千僧齋的時候，文殊菩薩一定來！大家都想得到文殊菩薩加持，不一定要見到，你也沒有那個福報，你的功力沒有那麼夠，見也見不到，但是文殊菩薩一定在場。

但是化身，化成哪個？男男女女老的少少，光比丘，比丘尼三千多人，沒算在家的，三千五百人，因爲我們發錢，發出三千五百份，有三千五百個出家人。在家的有好多？在家的比我們出家的男女兩衆還多。這裡頭哪個是文殊師利菩薩？不知道怎麼辦呢？最好的辦法，都是文殊師利菩薩，你若做這個觀想，來者都是文殊師利菩薩。那一天進廟都是文殊菩薩，文殊菩薩化身不止這些，比這還多千百萬倍。你做這些觀想，十方諸法都是心力所生，心力所生就是你念頭所生。我不曉得諸位想過沒有，讀《華嚴經》的、學《華嚴經》的，一定隨時作如是觀、如是想，這才是華藏世界。你若沒有這個想法，你跟《華嚴經》距離很遠。遠到什麼地方呢？那不可思議，沒辦法說。失之毫釐、差以千里，一念間，那豈止千里萬里，就差了，就是十法界，一天你這個念頭在這十法界轉。一會是佛法界，一會跑到衆生法界，那就痲煩了。再跑到地獄，地獄是什麼業？作那個業一定去，人道是什麼業，作那個業一定去，佛是什麼業？到佛道去。一天你的念，十法界都遊徧，一天的念頭一會這麼一個念到佛法界，一會那個念頭下地獄。一天都如是，你要你的念頭不念，誰也辦不到。到什麼時候呢？到了見思煩惱塵沙無明斷盡的時候，那就行了，有頓斷有漸斷，這樣來認識人類、認識一切衆生類，認識一切有生的無情類，光認識有情類不行，還得認識無情類。

佛菩薩把這個國土刹土都變成有情，他能給你服務；我們用現在的話來說，一切都給三寶服務。你把你的心哪，觀想的讓一切事物都在給三寶服務。如果你念念的都是這個想法，你跟普賢菩薩差不多，但是差一點點，差什麼？你那個心還不行，一會就跑了。當你讀〈普賢行願品〉的時候，還打妄想呢！打什麼妄想呢？那個想法不是普賢菩薩教授的〈普賢行願品〉，或者讀文「一塵剎有塵數剎，一一剎有難思佛，一切佛處衆會中，我見恆演菩提行。」當你念這個文作如是觀想，一切都是普賢菩薩在說法。殺人放火呢？那是普賢化現的，化現的殺人放火。煩惱把它變成菩提，煩惱即菩提，煩惱怎麼即菩提？以你的願力，以你的觀想力，在你這一念這樣想的時候，它就是菩提，下一念不這樣想，菩提失掉了，煩惱來了。當你認識煩惱，它又變成菩提，就是變定住，定住就是煩惱沒有了，純是菩提。菩提隨緣煩惱，煩惱而不煩惱，隨緣顯現的，所以煩惱即菩提。國土呢？無情，無情即有情，你看佛顯現的這些不都變成有情嗎？七寶行樹也在說法，八功德水也在說法，無情說法，倒是有情？倒是無情？說那個你所見的那個都是有情阿彌陀佛所變化的，不是無情。你認為華藏世界裡頭所有的，都是毗盧遮那佛所變化的，都變成有情。有沒有把有情變成無情？看著都是木頭或都是石頭，看著滿地方人瘋子，神經錯亂的，但是不是的他意念轉變了，他看一切衆生都是佛。

看《法華經》常不輕菩薩，他看一切衆生都是佛，你們是未來佛，我可不敢輕慢你，他見著就磕頭。還有一個專給石頭磕頭的，磕了幾十年，他認為這就是佛！那個是佛不是佛呢？他的意念能把它轉變是佛，這叫什麼呢？剎塵的心念。當你能夠把你一天的從早晨到晚上，「剎塵心念可數知」，我一天所有的念頭不管好多，我都記得清清楚楚的，把它分類，哪個類是菩薩類的，那就是大慈大悲利益眾生的，哪個成了佛是佛類，這是上士道的法界。下士道，初發意的菩薩，初發心的修道者，不管修大小乘，凡是依著佛的教授，轉化你的觀念、轉向你的意識。

當你沒有學佛法，乃至也不信佛法，你看那一些眾生，他念念都是在六道中轉。有些還有仁義禮智信道德觀念，會想到別人，不傷害別人。有些則盡想侵佔別人，把別人都歸自己所有，讓別人都受痛苦，讓自己幸福。看你傷害的大小，或者下三道地獄餓鬼畜生！每一天每位道友都在這個十法界轉，況且我們還是佛的四眾弟子！那跟佛法沒沾上邊的，這個上士道他轉不成的，他不知道，聲聞、緣覺、菩薩、佛這四道他沒有，連天道都很少。這是指人跟畜生道來說，地獄餓鬼，你自己很清楚，到你臨死了，這一輩做什麼，下一輩就變那幾道去。想佛、想法，那就向上走，一切隨你心念。隨你的心念而定，你的位在十法界定位的時候，那就看你的心。

到你臨要命終這一個階段，跟你算帳。人一生下來就有個神給你記載，到時候給你算總帳。善重惡輕，或者善多惡少，或者純善無惡，或者發了菩提心、行菩薩道，超出這個境界，他就記不到，沒辦法記。說你心量想的那個神，那個神他是凡夫，他記不了你這些，這些你自己就知道，非他所能了知的。他想記你的善惡，這超出善惡的境界，那就深入了。國土也如是，雖然是如影如幻哪，隨著你正報而轉，深入了，無住生心，心無所住，達到無住境界了，那一切都沒有，這一切都變成智慧，這叫智生身。你若生的身是智慧生的，那就是大菩薩。

## 剎形相

爾時普賢菩薩。復告大眾言。諸佛子。世界海有種種差別形相。所謂或圓或方。或非圓方。無量差別。或如水漩形。或如山燄形。或如樹形。或如華形。或如宮殿形。或如眾生形。或如佛形。如是等有世界海微塵數。

說世界的形狀，世界形狀太多了，這個我們無從得知。我們在這個世界裡頭，怎麼能認識世界呢？究竟我們這個娑婆世界是什麼形狀？我們看那電視演的，上月球探訪的那些太空人，他離開地球，再回來看地球，看是圓形的、是藍色的。爲什麼從外頭看這個地球是藍色的？因爲地球外殼都是水，我們看大海水就是藍色的。所以他在地球外頭，從空中看，地球是藍色的。你在地球裡頭怎麼能看見地球呢？說這個世界種種形狀，圓的也好，方的也好，種種差別形，我們沒法見，只是在經上所說，還不說佛經上所說的這些。人家到那個山裡看，蘇東坡到了廬山，「橫看成嶺側成峯，遠近高低各不同；不識廬山眞面目，只緣身在此山中。」你身在廬山裡頭怎麼能去認得廬山呢？這是在我們國土，江西省的一個小山。如果是我們來看，這個種種差別，這些世界這麼大，因爲你在世界裡頭，沒辦法認識。不說娑婆世界，就說我們國土中華人民共和國，地圖畫的一個樹葉子形相。現在外蒙獨立，缺了一塊，不是樹葉了。這些世界種種形狀，都是形容詞，這是普賢菩薩說的。

爾時普賢菩薩欲重宣其義。承佛威力。觀察十方。而說頌言。

諸國土海種種別　種種莊嚴種種住
殊形共美徧十方　汝等咸應共觀察

這些都是十地滿心的大菩薩。普賢跟他說，觀察十方所有的國土，他們的種種差別，種種莊嚴各各不一樣，都是淨佛國土；但是東方的跟西方的，各各不一樣。我們現在在娑婆世界，不是華藏世界。說華藏世界是總名詞，華藏世界是總，娑婆世界、藥師琉璃光如來世界、西方極樂世界都是華藏世界。凡是釋迦牟尼佛所說的教授，所說的國土就是一個華藏世界。下一品〈華藏世界品〉，講華藏世界成立是怎麼成立的，現在這個總說世界成立，沒有說哪個世界。世界是怎麼成就的？兩種，一個願力、一個業力。

大家來認識世界種種的莊嚴、種種的住，隨著個人的功力、個人的業感，有種種的這些差別，觀察觀察、認識認識！

其狀或圓或有方　或復三維及八隅
摩尼輪狀蓮華等　一切皆由業令異

或有清淨焰莊嚴　真金間錯多殊好
門闥競開無壅滯　斯由業廣意無雜

普賢菩薩叫這些大菩薩觀察觀察，這個世界有圓形的有方形的，有三維有八隅的，或有摩尼狀形的，種種形狀，顯什麼呢？顯因。因地種的這個因，發的這個因，果上不同了，這都是果德所現的。爲什麼我們娑婆世界南閻浮提現在這麼一個現狀？過去的因感現在的果，現在還在繼續造業又造因，未來果就再受。

剎海無邊差別藏　譬如雲布在虛空
寶輪布地妙莊嚴　諸佛光明照耀中
一切國土心分別　種種光明而照現
佛於如是剎海中　各各示現神通力
或有雜染或清淨　受苦受樂各差別
斯由業海不思議　諸流轉法恆如是
一毛孔內難思剎　等微塵數種種住
一一皆有徧照尊　在眾會中宣妙法

這一個偈頌，說在一毛孔中，現無量剎裡頭每一剎中都有一佛在那兒說法，「徧照尊」就是指佛。他在一切大眾一切大會中說妙法了，一個微塵的大小的不同、剎的不同。

**於一塵中大小剎　種種差別如塵數**
**平坦高下各不同　佛悉往詣轉法輪**

這個數字沒法算，它的差別就像微塵數有好多，微塵有好多剎海就有這麼多。「平坦高下各不同，佛悉往詣轉法輪」，不但高的，我們這兒現在就住到一千多米，到了平地上就是低的。不論高低、廣狹，佛說法就是隨那個緣。

**一切塵中所現剎　皆是本願神通力**
**隨其心樂種種殊　於虛空中悉能作**

釋迦牟尼佛的本願，毗盧遮那本願力所成就的。「隨其心樂種種殊」，心裡喜歡的種種差別不同。「於虛空中悉能作」，能作者在虛空中說法，聞法者在虛空中聞法。能作者、所作者，乃至於剎土一切如夢幻泡影，佛說法是眞實的嗎？佛是對機說法的，機沒有了，佛也就不說了。現在沒有機，佛不出世，沒有得度之機，只能聞聞法，受法的教授，最大的是受個三皈，種種善根，或者受個五戒。

一切國土所有塵　一一塵中佛皆入
普為眾生起神變　毗盧遮那法如是

## 剎體

爾時普賢菩薩復告大眾言。諸佛子。應知世界海有種種體。

人都有個身體，一個人一個身體，高矮大小胖瘦，各各不同，世界形狀也這樣子。

所謂或以一切寶莊嚴為體。或以一寶種種莊嚴為體。或以一切寶光明為體。或以種種色光明為體。或以一切莊嚴光明為體。或以不可壞金剛為體。或以佛力持為體。或以妙寶相為體。或以佛變化為體。或以日摩尼輪為體。或以極微細寶為體。或以一切寶燄為體。或以種種香為體。或以一切寶華冠為體。或以一切寶影像為體。或以一切莊嚴所示現為體。或以一念心普示現境界為體。或以菩薩形寶為體。或以寶華蘂為體。或以佛言音為體。

什麼體呢？剎體，人有人的身體。剎土也有一個體，每一個剎有一個體，但是各各體的不同、各各教義的不同，那就差別太多了。我們只是依著五教義來說，這個法性土，法性土是什麼爲體呢？眞如爲體，眞如呢？無相的，法性的國土是無相的，這是佛住法性土。實報體，實報是以什麼爲體呢？實報莊嚴土，以佛的十力、十四種無畏，或者說四無畏，還有佛作的一切利益衆生的功德藏，色受想行識五蘊，這就是實報土的體。或攝相歸性，把這一相歸性，還是以眞如爲體。色相土，攝境從心，把一切境界從心而起，那自利了，證得後得智。在〈佛地論〉上引證說，以八識的清淨識爲體，就是色相，八識是有色相的；但是這個色相是清淨識的色相，不是染污識的色相。第七識就是染污識，前六意識都是染污識。淨相爲體，這個相是什麼相呢？體之相。約相的別，它是以四大地水火風爲體。他受用土，他受用土有心，心能攝境；當你利他的時候 是以智慧爲體，以智慧爲體就把這一切相，攝歸了智慧性，攝歸體性，以眞如爲體。約相說地水火風，《楞嚴經》上講七大，地水火風空見（根）識，以這個爲體，這是我們從來沒想過。普壽寺現在所在的五臺山以什麼爲體？從事上講，地水火風，若從理上講，文殊菩薩示現文殊菩薩所住的道場，清淨的、光明的、無染的，還是以眞如性體爲體。依著教義講，一切諸法皆依一眞法界爲體，就是剛才我跟大家念的，一切有爲法都是以法界爲體，「無不從此法界流」，是眞體隨緣，一眞法界隨緣了，就是變成事法界，這就是事事法界，「無不還歸此法界」。一切事物，「凡所有相皆是虛妄」，「若見諸相非相即見如來」，見如來就是一眞法界的爲體，總說起來是一眞爲實的法界土爲體，這裡頭還有一個他受用土、一個自受用土，還有變化土。佛對舍利弗足點大地的時候，這個土就變化了，那是變化的，染已淨，是佛的神力所加的，神力所住持的。

爾時普賢菩薩欲重宣其義。承佛威力。觀察十方。而說頌言。

或有諸剎海　妙寶所合成　堅固不可壞　安住寶蓮華
或是淨光明　出生不可知　一切光莊嚴　依止虛空住
或淨光為體　復依光明住　光雲作嚴飾　菩薩共遊處
或有諸剎海　從於願力生　猶如影像住　取說不可得
或以摩尼成　普放日藏光　珠輪以嚴地　菩薩悉充滿
有剎寶燄成　燄雲覆其上　眾寶光殊妙　皆由業所得
或從妙相生　眾相莊嚴地　如冠共持戴　斯由佛化起
或從心海生　隨心所解住　如幻無處所　一切是分別
或以佛光明　摩尼光為體　諸佛於中現　各起神通力
或普賢菩薩　化現諸剎海　願力所莊嚴　一切皆殊妙

一切是分別，根本沒有，都是你分別的。如幻無處所！

這個世界成就，清涼國師、諸祖師對這個不做解釋，把總的大意一說，它分兩種世界，一切唯心造！華嚴義，把這土、這一個微塵都說成微妙，都是佛的智慧力智力所現。「願力所莊嚴，一切皆殊妙」，最後這個偈子就是普賢菩薩化現的諸剎海，華藏世界都是普賢菩薩爲了說華嚴，說莊嚴世界，化現莊嚴世界。莊嚴世界，即非莊嚴世界，是名莊嚴世界。一個自體，一個隨緣，隨緣不變，還歸於自體。

## 剎莊嚴

爾時普賢菩薩。復告大眾言。諸佛子。應知世界海有種種莊嚴。所謂或以一切莊嚴具中。出上妙雲莊嚴。或以說一切菩薩功德莊嚴。或以說一切眾生業報莊嚴。或以示現一切菩薩願海莊嚴。或以表示一切三世佛影像莊嚴。或以一念頃示現無邊劫神通境界莊嚴。或以出現一切佛身莊嚴。或以出現一切寶香雲莊嚴。或以示現一切道場中諸珍妙物光明照耀莊嚴。或以示現一切普賢行願莊嚴。如是等有世界海微塵數。

這段經文是說世界海依報，有的依報莊嚴很好的，有的很差的。從人的觀點看，有的街道很好，樓房林立，不是都是這樣，各個城市也不都是一樣。如果說寺廟莊嚴，有的以爲是古老建築爲莊嚴。有些弟子說我們這個法堂，不像寺廟，我說：「像什麼？」「像個大賓館。」我認爲，這個賓館可是說佛法的賓館。因爲現在的一切莊嚴具，一切依報的處所，有的是依著正報而顯現的。可是在山裡頭，修行入定了，等他出定了再看世界，變化了，爲什麼？衆生的業不同，所感的果報也不同。或者約人說，或者約法說，這個道場修行，氣氛就不同，一進去就感覺很歡喜。如果你不修行，那個廟就平平淡淡的，這一切世界就是依報，作這樣的認識了。

以前我們從這裡往北台去的山溝，有座龍門，以前是紫柏大師、憨山大師、妙峯禪師他們住的。現在我們再去看，非常荒涼，龍門讓水沖的，沒誰修，龍門也不龍門了。我們這間廟以前是大華嚴寺，從上到下住了一兩千人，覺證大師住的。從長安到大同，這一線的寺廟，都來朝賀他。後來變了，覺證大師不在了，他的一代徒弟、兩代徒弟，一變化，沒有了，成了廢墟。現在我們又修了普壽寺，原來是沒有了，現在開始修建，因爲比丘尼師父的感應，不是哪個個人的，而是共有的道場。那又顯著很莊嚴了。

因爲世界的變化，新興事物的生起，再用那個舊的眼光，或者古老的建設，或者仿宋，或者仿唐，又有什麼好呢？過去的大殿進去沒有光明，哪有玻璃窗戶！除了門，都是牆。大家看古來的佛殿，那個門，門上做種種木頭雕刻的花，因爲很莊嚴，光線都擋住了，沒有光明。

如果大家到過西藏，看看西藏的寺廟，外觀很莊嚴，你若進到裡頭，那酥油味不把你熏昏了才怪。大殿裡幾千盞酥油燈，是莊嚴嗎？莊嚴隨著個人的意願，而衆生的所求，說寶莊嚴是法，什麼是寶？人就是寶，法是法寶。人，我們這些人是僧寶；演說學習的是佛寶。三寶莊嚴，因爲這個是因，嚴是果，有的時候以果爲因，有的時候又以因爲果，是這樣的莊嚴。

我在美國，他們不信佛教，可是鬼神哪裡都信，不論從紐約到三藩市，到馬里蘭州，到華盛頓，每一個市都有鬼宅，叫鬼宅，那房子誰也不敢住。鬼住的，誰住進去就不安寧，有東西給你摔出來。你說有沒有，他們不信，他們信事實，那就是事實，你進去住試試看。在舊金山三藩市，有一間鬼宅，這個房子很便宜了，人家那個房子要十塊錢，這個房子一塊錢，給錢就賣給你。有些人不知道就買了，完了搬進去了，還好沒傷到人，不敢住了。那就買了錢不要了，另外找地方。

信不信由你，事實就是事實。一切的依報是你的正報顯現的，如果我們這個大殿沒有講經說法，或者廟裡剩十人二十人，打掃清潔沒辦法，待上半年你來這裡，你再看，這就是依報。這是以人爲主的。說以建築物爲住，爲依報，建築物是人修的，一切世界都依著佛所莊嚴而莊嚴的，處所清淨了，處所清淨了，那得依著人，住的人清淨，處所就清淨，他能轉變客觀的現實。

這叫華嚴境界。境界就是一切相，一切法、所看的一切事物，都叫境界，心淨故國土淨，心沒有妄想沒有煩惱，你在哪住都是清淨的。我們住山洞，看見那個山洞又陰又潮濕，菩薩在裡頭修道成就了的，那個山洞就是一個世界，他就變了。大家可能朝過觀音洞，觀音洞上頭有座水池，現在封上了，不准看了。以前可以去看那個水池，你發什麼心，那水池那個池子裡就現出來，或者現佛相，或者現菩薩相，或者現各種相；你若是什麼都不現，這有兩種情況，一種是你修空觀修成功了，什麼都不現；一種是業障重，什麼也看不到。

大家朝觀音洞，不曉得對那個處所有什麼感想？那是菩薩道場。說這一切道場就是一個處所，他所莊嚴的，有時候把果變成因，怎麼叫果變成因？文殊師利菩薩修成了，證了果了，他變了個五臺山。

我們這個五臺山，山石草木，那些大菩薩看是黃金世界，金色的五臺山，遍地黃花敷，到這個季節，滿山遍地都是黃花。那是金色世界，那是文殊菩薩的果德，示現的因。我們如果求菩薩，修的相應了，就不是現在看見的五臺山，變了。業障再重的人，文殊菩薩接一千、送八百，但是爲什麼五臺山裡也出車禍？前面那和尙一部汽車就摔死下去了，「凡聖交參，龍蛇混雜」。仁者見仁，智者見智，你有德的看五臺山是清涼的，非常莊嚴的道場。沒有德的，一般到山上旅遊的，他到台懷鎭買點紀念品，佛教的那些物品在別處沒有五臺山多，在別處想要開這個鋪子不行，五臺山什麼都可以。因爲這個是殊勝的道場，所見不同。

這叫處所淨，這個處所非常的清淨，如果修道者跟他的道力相應，看著這座山是寶莊嚴，黃金。住處的衆生清淨，五臺山，比起世界其他的處所清淨，爲什麼？我們現在放千僧齋，三千五百到四千之間，這些人我們當寶貝看，他們是在莊嚴五臺山的。這個處所淨，比別處處所淨，比較說在這處所所住的衆生清淨。宣說正法，法門流布清淨，宣說正法就是法清淨故，以法爲莊嚴，以人爲莊嚴，這個處所自然就清淨了。我們現在講的世界成就，什麼成就的？三寶成就的，三寶所成就的各個不同，世界的變化不同。文殊普賢代表僧寶，毗盧遮那是佛寶，《大方廣佛華嚴經》是法寶，文殊普賢諸大菩薩，就是前面講的那些大衆，所莊嚴的華藏世界。當你讀《華嚴經》，誦《華嚴經》，你心裡頭思念的是華嚴境界，那時候你心裡頭非常的愉快。我們有一班的道友，每天讀《華嚴經》，有沒有煩惱？照樣有，有沒有打妄想的？他還沒入聖位，還不能達到那個境界；但是在這麼一個處所當中，如果讀誦華嚴、講說華嚴、學習華嚴，他本身具足的就是清淨，正報清淨，依報所待的處所也清淨。你從山門一出來，就到了台懷鎮，那就不清淨了，爲什麼？人也不清淨了，四面八方來的什麼都有。所以文殊師利菩薩說：「龍蛇混雜，凡聖交參。」每天有凡人也有聖人。這樣來理解，你所住的處所，就叫世界，他是怎麼成的？衆生心成的，講到究竟是我們心成就的，心淨故則國土淨。整個的世界成就，大概意思就是這個樣子的，不過一段一段經義所說的不同，不過菩薩把這個莊嚴分開的詳細解說。

爾時普賢菩薩欲重宣其義。承佛威力。觀察十方。而說頌言。

廣大剎海無有邊　皆由清淨業所成
種種莊嚴種種住　一切十方皆徧滿

無邊色相寶燄雲　廣大莊嚴非一種
十方剎海常出現　普演妙音而說法
菩薩無邊功德海　種種大願所莊嚴
此土俱時出妙音　普震十方諸剎網
眾生業海廣無量　隨其感報各不同
於一切處莊嚴中　皆由諸佛能演說
三世所有諸如來　神通普現諸剎海
一一事中一切佛　如是嚴淨汝應觀
過去未來現在劫　十方一切諸國土
於彼所有大莊嚴　一一皆於剎中見
一切事中無量佛　數等眾生徧世間
為令調伏起神通　以此莊嚴國土海
一切莊嚴吐妙雲　種種華雲香燄雲
摩尼寶雲常出現　剎海以此為嚴飾
十方所有成道處　種種莊嚴皆具足
流光布迴若彩雲　於此剎海咸令見

普賢願行諸佛子　等眾生劫勤修習
無邊國土悉莊嚴　一切處中皆顯現

上面說因和果，因是說的佛，佛在因地中怎麼樣莊嚴的？成就的佛果。又者一切菩薩發願，學毗盧遮那行處而去行，這裡也說一切衆生的業報，衆生業報不同，他所依的處所，感果也異，感的果不同。時而誦業報，時而是諸佛功德，時而是諸佛菩薩因地所修行的，成佛了所感的華藏世界。大菩薩們他有發的願，願跟佛願相同，同生此世界，也如是修因，也如是感果，上面這些偈頌讚歎什麼呢？莊嚴，莊嚴是不同的。普壽寺，我們不跟其他的寺院樓房相比，跟妙吉祥寺相比可以吧！大家可能都到過妙吉祥寺，在妙吉祥寺學習，跟在普壽寺學習，我不知道你們有什麼感覺沒有？我在普壽寺，跟我到妙吉祥寺臨時掛單，住上兩三夜，二者就是不同，現在更不同。現在我們這是二十度，在這住著大家清涼的很，你到太原妙吉祥寺住住看看，你再到北京，這個時候三十八度，試試看。昨天大暴雨，把溫度降下來了，今天又不同了，這個世界無窮無盡的變化。

淨佛國土跟染佛國土，地水火風四大種，特別是風雲雨，你看電視，淮河、長江各種南方的各省市，現在防災、防澇。我們這裡清清涼涼的，什麼都沒感覺到也不知道，有了電視了，有了網路了，可以看一看。現在業同故，大家同業，你們諸位菩薩很好，連知道的業都沒有，不看不知道；我要想知道，那就說明我有這個業。

爲什麼要知道呢？我跟大家常說，發願、懺悔、迴向，我們講《華嚴經》有功德，大小沒有一定。我這講《華嚴經》，大家聽《華嚴經》，但是不管他或大或小，我們的願力是這樣子的，給他們迴向，給那受災者、受難者，我們沒受難，沒受災。當你沒有身受的時候，想像那些身受的人正在那裡等待救援，房倒屋塌，一家子都沖到水裡去了，用船來救援；你打開電視，每天都有。

這叫業。就這個國土，他感受的不同，他說沒有這個業，沒有這個業，跟你沒有關係，我們在這清清涼涼坐著，說《華嚴經》，他在水深火熱之中，水災來了得逃命，水災風災，還有地震，這是大自然的。大自然也是人爲的，人把他破壞，造成大自然這個現相。劫就是這個時候，說人家受了劫難，劫就是在這個時候受苦了，爲什麼？他有這個業，沒有業他不受。這個業是誰給的？他自己做的。這次來打千僧齋的道友，到這裡來，忙的不得了，我跟他們說，到這裡來放下吧，清淨兩天不好嗎？忙的不得了。又趕緊往山下跑，爲什麼呢？在數的難逃，哪個地方熱往哪個地方跑，到上海、到臺北、到北京。我們沒有這個業，普壽寺的這幫師父也不想走，因爲沒有這個業，安安靜靜的。

以這個道理來想《華嚴經》莊嚴的道理，不然那個境界你從經文上講，從佛的果德上講都不能入，從現在你可以入，你現在在這清涼，他在那受熱鬧，爲什麼？他裡頭貪瞋癡具足的，我們雖然說沒有完全斷，在這個時候我們清淨的，我們貪瞋癡也不重，不感這個果，也到不了那個地方，這叫業果不失。國土是我們心莊嚴的，心淨故則國土淨，心不淨，所居住的處所也就不淨了。

我們經常說有「非人干擾」，「非人干擾」是因為心裡頭有些東西使非人能趁虛而入，他能干擾到你嗎？你沒有這些東西，他入不到的。這個國土就是依報，說你依止的處所，乃至一個房間，乃至一個床鋪，依他行住坐臥所依的處所，是清淨的、是煩惱的。如果你內心裡煩惱，你從法堂走到齋堂，在路上你打了很多的主意，煩惱清清淨淨的，吃飯就是吃飯，上殿念經就是念經，遇到什麼境界相，就轉化一些境界相。心來轉境，用我們的心來轉變環境，用我們的意念轉變居住的處所，一切都清淨了，這是「心淨故佛土淨」。心不淨，佛土也去不了，要到極樂世界，你心裡起碼得七天達到一心不亂，你才去的了。或者臨命終時，在你死的那個時候，最關緊要，如果有人在你跟前念佛念法念僧了，給你講極樂世界，那你受的幸福不是有相的，而是無相的。若是沒有這個福報，平常你在寺裡住，大眾在那修行，等要死了，你離開大眾了，這叫業。業不由己，不是大眾擯你，是自己的心不願意，說來很簡單，受起來很複雜。

我們造的業很複雜，誰不想生極樂世界！為什麼北京、上海、天津、廣州，這些大都市人口那麼多，那是發展貪瞋癡，他到那去，做生意的想發財，想到北京去看看古老的建築，看風景的，他來五臺山看什麼？他只看見砂石，沒有看見聖境。大家懂了這個道理，再看這個華藏世界，世界怎麼成就的？眾生心成就的，諸佛的佛國土，那是佛以功德業成就的。以上是講世界莊嚴，現在講世界清淨。

## 剎清淨方便

**爾時普賢菩薩復告大眾言。諸佛子。應知世界海。有世界海微塵數清淨方便海。**

這是講清淨的，沒有染污的，隨緣能攝受一切眾生，隨眾生應該感受的，能夠領受的，佛就現，諸大菩薩就現。總之，有佛講法的地方，不論是穢土也好、淨土也好，都成就佛土，佛的國土，有佛說法的地方；但是約行來說，行就是作用的意思。現在所講的這段經文，全是清淨的，沒有污穢的，這叫清淨方便。依《華嚴經》的十度，方便度，《華嚴經》不講六度，《華嚴經》講十度，每個度記一個字就行了，「慧方願力智」，就開了五度，「施戒忍進禪」，是前五度，把般若度開成了五個，開成慧、力，我們也有慧，學佛從佛學的慧，這個慧沒有力量，沒有力量就是不起作用，作用也不大，轉變不了；看眾生受苦了，你不能現神通力馬上把他救了，辦不到。眾生有他的業力，他的業力超過你的神通力，神通力沒辦法。如果神通力有辦法，諸佛把我們都變化成佛了，辦不到、沒有力量，力度還是有限量的。但是根據你的願跟佛的願相結合，這個力量才能產生出來。

第一個就是開方便，好多道友去補戒，受增上戒。戒是法，不是衣服，衣服壞了補個疤，戒能補嗎？只有一個辦法，懺悔！是受戒的時候讓你懺悔，現在也不是這樣子，受戒的時候必須先拜五十三天懺法，爲什麼要五十三天呢？以《華嚴經》的意思，華嚴懺法有五十三天懺法，善財童子五十三參。睡覺規定有兩個小時，十一點到一點，兩個的小時，剩下的都在磕頭，拜，完了才能登壇。這個國土的淨，得靠清淨戒來轉。

還有慧，我們不是慧方願力智，要有力量，把這個穢土變成淨土。「施戒忍進禪」在前頭，「慧方願力智」在後頭，以布施爲首。現在受戒不是了，我們到那去登個壇就回來了，怎麼補戒呢？懺悔。依《占察善惡業報經》占察，完了顯示清淨輪相，不要再去受，地藏菩薩就給你受，這是蕅益大師教授我們的。弘一法師講羯磨法，不參加任何戒場，凡是戒場他絕不參加，爲什麼？他從心裡不承認自己是比丘。我十六歲受戒，沒有受戒的資格，受也不得，有的說得戒和尚借一歲，開堂大師借一歲，東借西借的，借成二十歲，借了四歲，這樣受戒能得戒嗎？我不敢參加戒場，是因爲沒有這個資格。

這個世界五濁惡世，爲什麼他濁？我們比丘比丘尼，從你的戒，根本就沒得，怎麼樣清淨，還說清淨染污了，說不上。看看蕅益大師在明朝那個時候，他從南閻浮提，想找五位清淨比丘僧，沒有。他在大藏經裡找，找《占察善惡業報》，《占察善惡業報經》的前半部，完全是世間法；但是蕅益大是不會做占察輪，《占察經》一直沒有流通也沒人講，自從翻譯來了就很少有人講。蕅益大師作了一個方便的解譯書，我又請弘一法師做，他說我沒有實習，沒有專業，但是可以做占察輪，占察輪就是依弘一法師做的標準。占察你自己的業清淨了沒有，如果你受戒清淨了，拜懺清淨了，不要再念戒文了，地藏菩薩給你受了，地藏菩薩說的，這是地藏菩薩願力。

《占察經》下半部就是華嚴境界，《地藏經》你看是鬼是神，那是佛在忉利天說的。我們在人間，玉皇大帝在宮殿裡頭什麼鬼能上的去，非人能到的忉利天？天都是天王，菩薩化現的，佛在那裡說《地藏經》，報父母恩，大家看《地藏經》，佛的常隨弟子，阿難、迦葉都不在，從第一品說到第十三品，第十三品是虛空藏菩薩，這是誦《地藏經》的功德。十二品是佛跟觀世音菩薩說，十一品是跟堅牢地神說，第十品是地藏菩薩問，佛跟地藏菩薩說，每一品全是大菩薩，第一品就是文殊師利。

有的說《地藏經》是小乘法，其實《地藏經》就是華嚴法，我是這樣認識的。《占察經》也如是，還有《大乘大集地藏十輪經》，沒有什麼人讀，可能也沒有什麼人念過。《大乘大集地藏十輪經》念一遍看一看，就是現在末法的相，跟我們現在的錄影、錄音一樣的。《大乘大集地藏十輪經》，怎麼叫十輪？怎麼叫大集？不是一個十輪，而是無量的十輪。這個國土得靠這樣來變，地獄，地藏菩薩就說了，地獄沒有，但是你別造業，造業就有，不造業沒有。太原乃至五臺山，有監獄沒有？有沒有臨時犯罪、還沒判刑的看守所？你們知道嗎？恐怕我們都不知道在哪，跟它無緣，你也進不去了。一切都是緣生的，懂得這種涵義。世出世間，清淨，我們這講清淨，這個是講的清淨方便，你先得懂得出世間的淨，我們現在在世間，我們要修的出世間的淨。如果以四諦十二因緣，假這個為方便，那你所在的土，出了三界外。

## 世界成就品 第四

### ◎釋 文

我們常有一句話，出了三界外，不在五行中，顯然我們這一句話，出了三界外不在五行中，證了二乘的空義，證了初果。這叫二乘所居的淨，〈大智度論〉說的很清楚；還有出世間的最上的淨土，我們就說是菩薩，他是以萬行爲方便，萬行就是利益衆生，一切善巧方便。善巧方便太多，說個萬說個大數而已，遇到什麼衆生，一個衆生各有各的根性，我們這個地球六十多億人口，六十多億的根性。有的說個大數而已，說萬行，總的說，他那個菩薩所居的淨土，那他所住的菩薩是利益衆生的，他以實報莊嚴土，七珍，一切寶貝所成的，全是純淨無染。我們剛才念的偈頌，獨顯菩薩乘，顯佛國的國土，就是淨土，佛自己受用的國土，那是法性身住的法性土。

十善具十報，三賢諸方便，「唯佛一人居淨土」，極樂世界只有阿彌陀佛住的淨土，那個淨土是純淨的，法性身住的法性土，那叫自受用，實報莊嚴土是他受用。從等覺菩薩以下，在《仁王護國般若波羅蜜多經》上說，「三賢十聖住果報，唯佛一人居淨土」，三賢十聖他所住的果報，不是淨土不是純淨的淨土，「唯佛一人居淨土」，這是說清淨佛國土的時候，從七地菩薩以下他無漏觀智；有時候有間斷，還沒有出三界，不是全向清淨，這種說法是依著〈瑜伽師地論〉，沒有登初地以前全部叫淨土，依報都不淨，登了初地以後了，有法性身住的法性土，那才叫清淨。

說三賢位，十住十行十迴向，所住的不是淨土，各個經、各個論，定義不同，不要執著。在《華嚴經》上講，一即一切，「初發心時成正覺」。一發菩提心成佛了，「如是二心初心難」，初發心的時候，成了正覺，成了佛了，就是正覺心，這兩個心哪個心困難？初發心難，說你不發菩提心則可，一發了一定能成，一定能成佛。若以《華嚴經》上講，十信菩薩就能居淨土，哪個淨土？凡聖同居土，因爲十信位菩薩還不是聖人，因爲他能親近善知識。《華嚴經》十信，他已經脫離了，他對生死看的非常淡，我們把生死看的非常重。因此講清淨佛土的方便，有淨因，淨因得成長了，才能感覺淨果，久久地親近善友，像十信菩薩，周圍都是善友，因爲善友當中有很高的地位，所以都是淨相，這個莊嚴的佛國土是清淨的，以下再看經文。

所謂諸菩薩親近一切善知識同善根故。增長廣大功德雲徧法界故。淨修廣大諸勝解故。觀察一切菩薩境界而安住故。修治一切諸波羅蜜悉圓滿故。觀察一切菩薩諸地而入住故。出生一切淨願海故。修習一切出要行故。入於一切莊嚴海故。成就清淨方便力故。如是等有世界海微塵數。

你能夠親近善友，就是你的善根，善友是有善根的，你的善根也同他一樣的。這個在五十三參的表現，善財童子親近五十三參都叫善友。現在大家共同學習《華嚴經》這個時間，同在法堂都叫善友，以智慧來接引，以諸佛大菩薩慈悲的雲彩一樣的，徧滿一切人間，徧滿一切世界。如果我們學《華嚴經》，法門殊勝，產生的勝解現前。你能夠聽一聽，聽一聽華藏世界是什麼樣子？聽一聽法界怎麼成就的？

聽一聽毗盧遮那佛怎麼修的？普賢三昧是什麼樣子？上一品叫「普賢三昧」，普賢從三昧起，說的世界成就。這是從普賢三昧所得到的，你也能入普賢三昧，入沒用，聽到普賢菩薩教授，你來學，入了普賢三昧，但是不鞏固。聽的時候，菩薩境界，出了門，衆生境界。因爲現在我們還不能降伏煩惱，降伏都不能降伏，還說不上斷煩惱了。如果煩惱還在的話，你怎麼證菩提？但是你入了這個法門，他能讓你用清淨的治你那個污染的，這是初地以前的菩薩，包括我們初發意的菩薩。爲什麼登地就不同呢？登地的菩薩見了法性，他能偏知，他也成了佛的一部分。他這個時候觀察一切境界，觀察的方法跟佛是一樣的，認識是一樣的，所以叫生如來家，眞正的生如來家。三賢位的菩薩，相似生如來家，不是眞實的，而是相似。生如來家就安住，安住涅槃的一部分，也稱圓融。

以下從初地到十地，這個是菩薩境界，我們沒有這個境界，因此我們也不能莊嚴佛國土。一個用淨方便力，我們現在讀的是〈世界成就品〉，〈世界成就品〉從現在說的是法界成就，一切世界成就，這叫什麼呢？這叫淨方便力，這個力是誰的呢？普賢菩薩的。普賢菩薩依著佛的功德，而起的方便力，他起了三種的變化，一種是淨業的因，有這個因，將來一定能感得成就的果。初發心時便成正覺，說他一發心就具足了，一步一步走向善的轉化。

**爾時普賢菩薩欲重宣其義。承佛威力。觀察十方。而說頌言。**

一切剎海諸莊嚴　無數方便願力生
一切剎海常光耀　無量清淨業力起

前面講剎海莊嚴，剎海莊嚴是什麼呢？是方便願力生起的，他的願有力量了，願力智，十度的願、力二度。所以大家共同學習的時候，我經常囑咐大家，每天早晨起來就要發願，今天要行菩薩道，我要成佛。天天這樣念，就往這條道上走了，發願。一天坐下來之後，光願力不成，過去的宿業很多很多。完了懺悔，懺過去所做的宿業懺掉，懺了就洗乾淨，衣服髒了，你把他洗洗就乾淨。悔，別再犯，悔就是改，別再犯。

道友們也如是，天天在懺，天天還在犯，就是悔不掉，懺完了得悔，你的生活狀況得改變，改變像什麼似的？像文殊菩薩教授我們的，《華嚴經》十一品〈淨行品〉，把一切行門變成清淨行，入道了。無數的方便從願力生起的，業障的消失，是懺悔得的。完了把這個迴向三迴向，迴向這個三個處所，一個報諸佛恩、諸菩薩恩、父母恩，迴向佛的佛果；一個迴向自己的宿業，念經修法、懺悔宿業；一個迴向眾生。回因向果，我們現在的眾生向果；回事向理，現在我們在人間是六道，來回輪轉都是事，對我們所修的，乃至我們所修的，乃至我們現在講《華嚴經》，這都是事顯示理。事顯理，就是我們最初講的，相信自己是毗盧遮那。這是理，現在我們不是，不是是事，回事向理；回自向他，把自己所做的功德好事，都迴向給一切衆生。發願、懺悔、迴向，這三個必須得具足的，每天都要做，早晨起來發願，晚上懺悔，懺悔完了迴向，這樣清淨業力才能夠生起。

久遠親近善知識　同修善業皆清淨
慈悲廣大徧眾生　以此莊嚴諸剎海
一切法門三昧等　禪定解脫方便地
於諸佛所悉淨治　以此出生諸剎海
發生無量決定解　能解如來等無異
忍海方便已修治　故能嚴淨無邊剎

這句話是說「凡夫能解具佛等」，我們現在是凡夫，但是我們的理解力，依著佛的教授，我們所解的，心裡明白的，跟佛齊等，凡夫能解佛齊等。但是做可就不行了，做就沒有了。因爲「久遠親近善知識」，善知識的善業，我們都具足了，說業力都清淨了，慈悲的廣大度一切衆生，拿這個來莊嚴國土，來莊嚴剎海，來莊嚴你的處所。這法門所說的無量三昧，都說的正受正定正慧，禪定解脫，一切方便地。佛非方便不能入，根本是不能入的，有方便才能進入，必須得有方便善巧。

像我們受戒，每一條戒都有開緣，開緣是什麼呢？就是方便善巧，知道你持是不容易持的，給幾個開緣。大家很重視「過午不食」，但是不注意「數數食」。「過午不食」，反正我沒超過十二點，一天見到點心也吃，見到什麼都吃，「數數食」，這個不管了，大家都不注意。很多的事情，同樣的戒，滋長貪心的。波羅提提舍尼，就叫「向彼悔」，要捨物，現在我們哪個人，每個人多得很，「日用所資，無非穢物，箱囊所積，並是犯財」，箱子裡裝的都是髒的不乾淨的，這是蕅益大師說的。說我說淨了，說淨了也不成，已經不清淨了還說淨，一件兩件三件四件，那就怎麼的？方便善巧，「向彼悔」，跟別人說一說，我這個衣服本來不該蓄留的，或者假藉很多托詞，「汝知事」、「汝看是」，說你知道這個，我一說淨就可以了。這叫什麼？方便善巧，每條戒都如是。

如果研究，看《南山三大部》、《十誦廣律》、《一切有部律》，你看一切有部律怎麼說的。多學廣學，只是我們的東土多數以南山大師，他做的《南山三大部》，我們學戒、受戒，都以這個爲主。《十誦廣律》，《一切有部律》，西藏的受戒是依《一切有部律》，不依《四分律》。我們學的太少了，腦子力量也太少了，有時候我們認爲是持戒，恰恰相反的。你們有你們〈比丘尼戒相表記〉，是通願老法師依著弘一法師做的〈戒相表記〉、依比丘戒本，而做了一個比丘尼戒相表記，那裡頭每一條下去，幾緣成犯，犯戒也得緣，幾個緣成犯。還有好多開緣，有的開緣有九個，最多的我數了有九個開緣。過午不食戒，說走長路了趕不上了，說我們走到那人家常住，過堂過完了。沐浴時，或者天上下雨，一下雨，你在外頭住的山林裡頭，冷的就受不了，那得方便吃一點，吃一點肚子飽了就不冷了。

佛是一切智者，絕不給弟子增加枷鎖。戒是別別解脫，學一條解脫一條，我們則是別別束縛。所以你學習淨土，學習華嚴法門，必須得有智慧，有智慧才有判斷力，否則你的判斷力不夠。比如說〈百眾學〉，現在我們這裡頭有五六百人，看看〈百眾學〉，法師說法的時候，不給什麼人說？「不為覆頭人說法，除病應當學」，「不為捉革屣人說法，除病應當學」，穿襪子，穿鞋的人你給他說法，說法犯一條，一條好多呢？下地獄。下地獄好久？九百萬年。如果你們在座穿襪子的，六百個九百萬年，那我就得受，受了就不說了，不說了這個罪過更大，斷佛種性。怎麼辦？下地獄還得下，說還是得說，說的功德也很大，但是兩個不抵銷的。不是我們說的大乘佛法，或者學了義經，除非你證得了，證得了一切沒有了，一切諸法皆空了。但是緣起還在，緣起諸法，緣起無自性，歸於性空，關於這個道理不是三言兩語能說盡的。

我曾在新加坡光明山普覺禪寺講「性空緣起」，一切法都是緣起的，緣起沒有實體，是性空的。從這些種種的道理，你理解了國土淨，先得淨心，「心淨則國土淨」，心不淨國土不清淨。這個叫什麼呢？這從方便願力生的，說你久遠親近善知識，跟善知識同修，善業多惡業少，惡業是沒有了，只是善有大有小。如果度眾生，慈悲廣大，沒有一個眾生不度的。你們說度眾生，是度好人？是度壞人？我們這個腦子裡頭，這個調皮搗蛋的壞人，我們度不了他，滾蛋吧！這不合佛意。佛的意思，說法度眾生是度壞的，把壞的變成好的，就沒有壞的了，世界不就清淨了。說有一個搗蛋鬼，把他度了，沒有搗蛋的了，大家都清淨。但是我們有時候沒體會佛意，說這個慈悲廣大，怎麼叫慈悲廣大？怎麼叫慈悲？怎麼叫慈悲？好人要你慈悲嗎？他自己就會度了，他要你去度，無簡擇的度眾生，慈悲廣大徧眾生，不捨一個眾生。

這個眾生可不是指人說的，光指人說不行，被蚊子咬了，你別發瞋恨心，我一定度你，你別當蚊子，你轉變成蚊子，人人討厭。老鼠蟑螂也如是，你怎麼辦？發願度他，讓他別變這類畜生，這類畜生不好，讓一切畜生都變成佛，一切有情都能成佛。拿這個度眾生來莊嚴佛國土。還有一切的法門，拿三昧正受，正知正見，正觀，都是加個「正」字的。「八正道」大家都背得，「三昧」就是「正受」，也叫「三摩提」，名字很多了，禪定解脫的方便地，「於諸佛所悉淨治，以此出生諸剎海」。拿這個來生的國土，這個國土就清淨了。

「發生無量決定解」，「決定解」不是猶豫的，那個解釋清清楚楚，合乎佛意的解。「能解如來等無異」，說你的解釋跟如來所說的法，沒有兩樣，凡夫解與佛等，就是這樣。

為利眾生修勝行　福德廣大常增長
譬如雲布等虛空　一切剎海皆成就
諸度無量等剎塵　悉已修行令具足
願波羅蜜無有盡　清淨剎海從此生

「清淨剎海」就是願波羅蜜，發願到彼岸，願一切眾生都能到彼岸。大家天天念，不曉得理解不理解，「揭諦揭諦。波羅揭諦。波羅僧揭諦。菩提薩婆訶。」有的大德，像能海法師解釋爲「成佛！成佛！大家都成佛。」一般的解釋是「到彼岸！到彼岸！一切眾生都到彼岸。」

**淨修無等一切法　生起無邊出要行**
**種種方便化羣生　如是莊嚴國土海**

「出要行」，在西藏講是「三要道」，三要道是什麼呢？就是發菩提心，發菩提心有三個涵義，厭離、慈悲、般若，先對這個世界生厭離心，發大慈悲，讓一切眾生都生厭離心，般若智慧，指導大悲來利益眾生，這叫要道。要想出生死，入涅槃，這三種一個也離不開；光這三種不夠，還有種種的方便善巧，「化羣生」。「如是莊嚴國土海」，這樣莊嚴的佛國土，非常清淨。

**修習莊嚴方便地　入佛功德法門海**
**普使眾生竭苦源　廣大淨剎皆成就**
**力海廣大無與等　普使眾生種善根**
**供養一切諸如來　國土無邊悉清淨**

什麼力量最大？供養一切諸如來。普賢菩薩十大願王，第一大願供養諸佛，這是最大的供佛及供僧。我們供千僧齋的時候，掛上佛像，先供佛，供完佛才及僧，這個淨佛國土，我們供了一天，第二天就取消了，佛就沒有了，就不供了。這供養在我們心裡，常時如是供，每天早上一睜眼，供佛讚佛，完了禮佛。禮佛不一定是磕頭，憶念禮，你拜一拜，拜百拜，憶念拜萬拜，一拜就是一萬拜，你怎麼發揮？一拜是一萬拜，去參一參！一句阿彌陀佛，無量無邊，我們作數字說一萬聲，這叫什麼呢？這叫塵剎念、塵剎拜，塵剎的懺悔。這一個頭磕下去，盡虛空徧法界的微塵剎海，都有我在拜佛，都是我在拜佛！樹也跟你在拜，山河也跟你在拜，一切都在拜，看你的心量有好大。我們的心量太小，一點點小心眼，我們叫小心眼，嫉妒障礙，貪瞋癡；我們都用那個小心眼，換句話說很自私的，器量很小，大器量就能容很多。我們現在講「剎海」，能容好多，我們的心量就把他擴大，心能容剎。

## 佛出差別

爾時普賢菩薩復告大眾言。諸佛子。應知一一世界海。有世界海微塵數佛出現差別。所謂或現小身。或現大身。或現短壽。或現長壽。或唯嚴淨一佛國土。或有嚴淨無量佛土。或唯顯示一乘法輪。或有顯示不可思議諸乘法輪。或現調伏少分眾生。或示調伏無邊眾生。如是等有世界海微塵數。

這就是一切種，一切差別，隨衆生的根機，隨緣，但是隨緣是無盡的。爲什麼無盡呢？性空無障礙，隨一切緣。還沒有信佛，沒有成熟的，還不能進入的，讓他成熟，光皈依三寶，還是外護，必須變成內護，眞正護持佛法的。

爾時普賢菩薩欲重宣其義。承佛威力。觀察十方。而說頌言。

諸佛種種方便門　出興一切諸剎海
皆隨眾生心所樂　此是如來善權力
諸佛法身不思議　無色無形無影像
能為眾生現眾相　隨其心樂悉令見
或為眾生現短壽　或現住壽無量劫
法身十方普現前　隨宜出現於世間
或有嚴淨不思議　十方所有諸剎海
或唯嚴淨一國土　於一示現悉無餘
或隨眾生心所樂　示現難思種種乘
或有唯宣一乘法　一中方便現無量

或有自然成正覺　令少眾生住於道
或有能於一念中　開悟羣迷無有數
或於毛孔出化雲　示現無量無邊佛
一切世間皆現覩　種種方便度羣生
或有言音普周徧　隨其心樂而說法
不可思議大劫中　調伏無量眾生海
或有無量莊嚴國　眾會清淨儼然坐
佛如雲布在其中　十方剎海靡不充
諸佛方便不思議　隨眾生心悉現前
普住種種莊嚴剎　一切國土皆周徧

## 劫住不同

以下是第八段，劫住不同。

爾時普賢菩薩復告大眾言。諸佛子。應知世界海。有世界海微塵數劫住。所謂或有阿僧祇劫住。或有無量劫住。或有無邊劫住。或有無等劫住。或有不可數劫住。或有不可稱劫住。或有不可思劫住。或有不可量劫住。或有不可說劫住。或有不可說不可說劫住。如是等有世界海微塵數。

剎是佛剎，剎住就是住這個剎海，經過好長時間，有長的有短的，這個剎海有大的也有小的。剎就指佛剎，最大的叫剎；劫，最長的阿僧祇，無量劫，不可說，不可說不可說轉劫。「劫」是什麼意思？「劫波」是印度話，是時分，時分沒有長短，定長就是長、定短就是短，無量劫可以縮爲一念，一念延伸的無量劫，那佛住世，釋迦牟尼佛住世，非常的短，八十年。在阿彌陀佛，成佛已經十劫，在這個長短不依，但是釋迦牟尼佛只是化身。毗盧遮那呢？永遠不會入滅的，法身不滅，這些偈頌都不再加以解釋，前面講的都是重複。

劫住不同，這個是講劫住不同的，劫跟住的不同。「爾時普賢菩薩復告大眾言，諸佛子。」你應知道世界海有微塵數那麼多劫住，劫住很長的時間。住劫，壞劫很短，住劫。劫，不一定的，就是時分，時分必包處所；時空，時間一定有處所。劫建立什麼上呢？建立世界上，是這個樣子，所以說有阿僧祇劫，有無量劫。各個住的時間大小長短都不同，有世界很大的大剎，有世界很小的小剎，世間的國土也是這個樣子，有大國、有小國。小國甚至幾十萬人口，幾萬人口也是個國家，土地面積很小的，你走到少數民族地區，他才幾千人，他認為他是個國家，我們叫他酋長，他們自稱為國王，各自所見不同。

爾時普賢菩薩欲重宣其義。承佛威力。觀察十方。而說頌言。

世界海中種種劫　廣大方便所莊嚴
十方國土咸觀見　數量差別悉明了
我見十方世界海　劫數無量等眾生
或長或短或無邊　以佛音聲今演說
我見十方諸剎海　或住國土微塵劫
或有一劫或無數　以願種種各不同

「劫」是單指時間說的，劫就是「時分」，但是時分有長有短，我們把一晝夜定為二十四小時。在畜生就不同了，像蜉蝣，二十四小時就是一輩子，朝生暮死。在天人看，就是跟我們最近的，四王天，人天經常交流的，四王天的天人跟人間經常交流的。我們人間的五百年是天人的一晝夜，這個時間是沒法定的，知道這個義理就行了。有的世界是純淨的，有的世界是染淨的。

這個剎海不同，所住的國土經過很長的時間才毀滅，元朝最短，不到一百年，周朝最長，也才八百年。但是在佛經上看，八百年是兜率天一晝夜多一點。說這個時間，法無定體，時間也如是。世界海有種種劫，方便所緣的國土也如是，所以在這個國土，你能見到數量的差別，都很清楚的。普賢菩薩說，「我見十方世界海，劫數無量等眾生」。世界海有好多，眾生有好多，世界海就有好多，劫數就有好多，或長或短都不一定。現在我以佛的音聲，演說這種道理的，「我見十方諸剎海，或住國土微塵劫」。

或有純淨或純染　或復染淨二俱雜
願海安立種種殊　住於眾生心想中
往昔修行剎塵劫　獲大清淨世界海
諸佛境界具莊嚴　永住無邊廣大劫
有名種種寶光明　或名等音燄眼藏
離塵光明及賢劫　此清淨劫攝一切
有清淨劫一佛興　或一劫中無量現
無盡方便大願力　入於一切種種劫

願海是什麼？就是眾生的心，他想什麼、願什麼。「賢劫」就是指我們現在，賢劫有一千尊佛，現在我們才過了四佛。由於劫清淨，佛也就是一個佛。現在已經十劫了，經無量劫就是阿彌陀佛，或有一個劫中無量佛，一佛入世一佛生滅，一佛入世一佛生滅，相續不斷的佛出興，那是無盡的方便大願力。

佛的出興，佛佛道同，但是佛佛的願力各個不同。這是我們衆生的想，每個人想法都不同，因爲他有種種義，種種思惟。

或無量劫入一劫　或復一劫入多劫
一切劫海種種門　十方國土皆明現
或一切劫莊嚴事　於一劫中皆現覩
或一劫內所莊嚴　普入一切無邊劫
始從一念終成劫　悉依衆生心想生
一切剎海劫無邊　以一方便皆清淨

劫復入劫，這個時分入那個時分，那個時分入這個時分。「始從一念終成劫，悉依衆生心想生」，我們講的時空隧道，時間跟空間一混淆，沒有什麼長短。

在一個劫中，把一切劫都現了。或在一劫內他所莊嚴的，普入無邊劫，始從一念終成劫，最初是一念，時間最短，到了無量劫，時間最長了。怎麼建立的？是依著衆生的心想生，這個道理很清楚的，就是衆生心裡所想的，從衆生的心中想像而生，說「一切刹海劫無邊，以一方便皆清淨」。劫念這個道理，如果我們看電視，特別是看小說，看的很入神！我自己非常有這個感覺，看小說看的非要把這段看完，越看越不完，好幾個鐘頭過去了，感覺時間不長；可是你厭煩做的事，自己不願意，厭煩的不得了，感覺的時間非常長。人人都如是，時無定體，都依著我們的心來立的。

## 劫轉變差別

**爾時普賢菩薩復告大眾言。諸佛子。應知世界海。有世界海微塵數劫轉變差別。**

「劫轉變差別」，大致分爲兩種，第一種叫成住壞空劫，第二種在住劫當中轉變差別很多，普賢菩薩對大衆的大菩薩說，說世界海，那個劫的轉變差別太多了，有世界海微塵數差別。

現在我們在住劫當中，因爲人在這個依報當中，所住這個世界，有善有惡，惡就是染，善就是淨。染淨的轉變，使我們的住處就轉變了。如果世界上所有住的人，都能心地善良，心裡純善了，這個世界變成很清淨的，災亂也少，自然災害也少。如果心惡，那個世界轉變的就變壞了。這種轉變有好多呢？普賢菩薩說，世界海有世界海微塵數劫的轉變，「劫」本來就翻「時分」，時轉變了。我們把它擴充一點，「時分」就是氣象，在這個時候氣象轉變，住在這個世界上的人，有一個菩薩他把這個算的很清楚，〈教乘法數〉上都有。

《華嚴經》的解釋不在數字，它是一念，一念間，刹塵心念，說世界海為什麼要轉變。剛才我們講說居住的人，善惡來引起你所居住處所的變化，染淨的交叉。我們不說這麼大，就說我們所住的房子。當運氣好、經濟條件好，那你住處就很清淨的，你這樓房裡頭很清淨的。但是經濟怎麼來的？有善有惡，惡來的是不久的，馬上就變。我們看見那社會上的各各國家都有，那個財來的不正當，非義之財。拿這個非義之財，你構築的房舍建築，周圍的環境，很快就變化，變化什麼呢？變化的失掉了，失掉就變壞了。染污的一切人，來之不義的財，現在暫時好像是得到清淨，這個清淨馬上又變成污染，這個富貴是不長久的。

**所謂法如是故。世界海無量成壞劫轉變。染污眾生住故。世界海成染污劫轉變。修廣大福眾生住故。世界海成染淨劫轉變。信解菩薩住故。世界海成染淨劫轉變。無量眾生發菩提心故。世界海純清淨劫轉變。**

「法如是故」，就是應知世界海微塵數劫的轉變差別，是自然的，「法如是故」。有成劫有壞劫，居住的人有變化，居住的人有善惡，所以無量的成劫壞劫，互相轉變，法爾如是。什麼叫「法爾」呢？就是業。你所造的業，所有不同的起居因緣，主要是在因，說「因地不眞，果招紆曲」，轉變的意思；說你因心異故而法異，法異故而境異。說你的心，善惡的轉變就在一念之間，善心所成就的淨業，惡心所成就的染業。因爲這個世界無量成壞的轉變，染污的衆生，他所住的世界一定是染污的世界。但是他或者向佛，皈依三寶，他意念轉變，轉變就是轉染成淨。善因緣能轉染成淨，惡緣能轉淨成染。遇著惡因緣，把清淨變成染污。爲什麼現在泉乾涸、河流乾涸？要是碰到這個季節發大水，好多人受水災，水災一過去，水沒有了，這叫業水。

在《七十二經》上說，「往昔此城邑，大王未出時，一切不可樂。」把清淨世界變成餓鬼所住，衆生互相殺害，這是《七十二經》講的故事。是經說的這個過去，這個國土非常不清淨。凡是非人所擾，非人都現了，說這個國土已經非常不清淨，淨土沒有這些現相。爲什麼這樣呢？衆生互相殘殺，竊盜、瘟疫、兩舌、惡口，粗言粗語，貪別人的財物，懷瞋恨心，邪知邪見，現在邪知邪見特別多。人的知見不清淨，看問題的看法不清淨，命盡的時候都是墮惡道的。這類衆生能居著淨土嗎？因爲有無明覆蓋。我們經常講自性是佛，但是被這些染污蓋住，他所住的都是顚倒之見，是惡緣。惡緣感什麼？感的天旱，下雨不及時，這時候下大雨發水災，需要水的時候，在糧食成長的時候，它又不下，沒有雨。因此百穀悉不生，糧食也不長，草木也枯槁，泉流斷流乾涸，惡世的現相。我們好多河都乾涸了。以前說的園林風景變化，劫變。「劫」是指著「時分」，這個時分變化，什麼時分？惡緣增勝，善緣沒有了，把個清淨的淨土變成染污。如果是修善的人，修廣大福，衆生所居住的住處，那些世界海把這個染劫又變成淨，但是這種只是修人天福報。人天福報使這個世界染污的多，淨法少。先說染、後說淨，染怎麼樣的轉變成淨。

這也是《七十二經》說的，大王昇寶位廣濟諸羣生，油雲被八方，普雨皆充洽。過去的衆生光造業，因爲造業故，越貪越沒有，所以「貪」近於「貧」。中國造字象形的，「貪」字一變就變成「貧」，越貪越貧。這是衆生住處，染淨常時變。在衆生當中有一些信解的菩薩，信解的菩薩就是信法、信佛，最主要是相信自己本具的佛性，本來沒有染，它就轉變。解就是對佛所教授的，他能夠甚深理解，相信又能理解。這是沒入位的菩薩，沒有到三賢位也沒有登地。但是這個菩薩所住的，在這裡頭淨染，染淨是變化當中的。如果信解菩薩住的多，把那個染劫又轉變成淨劫。爲什麼說變呢？這是因爲二障煩惱，他沒斷，不是純淨的，還有染。信解菩薩住的是染淨雜居，染淨雜居，如果信解菩薩多，佔多數，那就淨多染少。如果信解菩薩少，染多淨少，他有淨。經上多說的染和淨，不是染法就是淨法。信是初發，初發心。解，三賢位都叫解，勝解現前。解就是明白，明白染淨的原因，明白世界成就的原因。凡一說勝解就是行位住位的菩薩，雖然沒有證眞如、沒有證眞理，沒有證到自己的本性佛性，但是他能解到了。理解的性跟沒有理解的性兩個完全不一樣，解悟到了，他能發菩提心，能夠利益衆生，能夠行菩薩道，也成的解性菩薩。但是他雖然沒證到眞如，他能依他的理解力而能去進行修。修就是行，行一定能證，這就是說無量衆生，發菩提心，世界海就向純淨劫轉變，那個劫就清淨了。

**諸菩薩各各遊諸世界故。世界海無邊莊嚴劫轉變。十方一切世界海諸菩薩雲集故。世界海無量大莊嚴劫轉變。**

因爲諸菩薩各各遊諸世界，使世界的無邊莊嚴刹海轉變了，漸漸的轉變成淨。這就是普賢菩薩說，說這個世界染淨的轉變，以下就解釋這個。這叫莊嚴佛國土，是以淨莊嚴的。所以十方一切菩薩，他們這個世界海無量的大莊嚴劫轉變，把世界海無量劫轉變了。大莊嚴，嚴是用什麼嚴的呢？信解力，完了就要證，證就證得普賢位，所有微塵數刹都轉變了。轉變成什麼？大莊嚴世界，這是菩薩住處的轉變。

**諸佛世尊入涅槃故。世界海莊嚴滅劫轉變。**

在他入涅槃的時候，使世界莊嚴，莊嚴什麼呢？滅莊嚴。滅莊嚴就是佛一入滅之後，善緣就少了，善緣少了惡緣就現前了。佛一入滅，很多的善緣隨著佛一入滅而入滅。佛滅度一百年，牛奶就沒有水的味道好。只是一百年的時間，說乳不及水，說牛乳還不如喝一杯水。佛在世的時候那個水，佛所喝的水，比百年之後的牛乳好，什麼原因呢？那個草，牛要吃草的，草變了，草的力量不夠，地力沒有了。這個我可以證明，在西藏的時候，那些牛他在放牧的，在西藏山上吃，山上的草有很多是藥材，牛奶就不同了。你到漢地，在那個牛奶廠買牛奶吃，他餵的那個草可就不同，原料不同。原料不同，牛奶的味道也變了。

「人奸地薄，貨物抽條。」說人心太奸，做些假藥賣，現在盡是假貨，現在我們國家打假藥打假貨，報紙天天登。他自然就假了，味道都不同。這只是說牛奶。以前小孩時候在東北，高粱米煮出來，那飯一揭鍋蓋噴香；現在我回去想吃吃高粱米飯，什麼味道都沒了，根本就不想吃。不止高粱米，大米也不行，人奸地薄，貨物都變，充斥假的。

我到東北，就刨那個土看！過去我們那個土是黑油油的，深達一尺。現在沒有了，地氣地力，地的生長力量沒有了。〈華嚴疏鈔〉引證，佛滅後一百年的《阿育王經》，佛後一百年阿育王出世，阿育王長時供養大衆聖僧，聖僧證得阿羅漢果的。上座喝牛奶，他喝的很多，阿育王就跟他說：「大師，您喝牛奶喝太多了，恐怕生疾病。」上座就跟他說：「這個牛奶沒有力量，爲什麼？還不如佛在世時候的水。佛滅度之後，這個牛奶沒有力量。」阿育王說：「我不相信，我想見見佛在世的水。」這個大阿羅漢這個神通還是有，我給你取佛在世的水，你嚐一嚐。上座就在那把手探到地下，讓阿育王嚐嚐佛在世的水，阿育王一嚐他說實在不錯，這個水勝於乳。有福德之人滅了，他所能做的事，所有的顯現也就滅了。一百年尚且這個樣子，現在佛滅後已經快三千年了。過去是講金子，現在我們把鐵做成種種莊嚴具，佛在世的時候一切供具都是金子，現在我們都是鐵做成種種莊嚴具，就是這樣子莊嚴物也不同了。這才是三千年。說一人有福，駄在滿屋。說我們一家裡頭有個有福的人，這一家裡頭有個有福的人，這一家子都很幸福。有福的人一死，這個家就敗了。爲什麼我們過去尊敬老人呢？這個家庭很幸福，家庭就是老人福報帶來的。

很多人看過《紅樓夢》，賈母一死，賈府全變。說一人有福，做小說也如是作，社會上事實也如是。現在不是現在，爲什麼不是？沒有個三代人同居、五代人同堂，這個話聽到討厭的很。現在還講這個嗎？不講。怎麼驗證有福沒福？大家可以看到，就是我們一個寺廟、一個家庭、一個縣城、一個國家，大至於整個地球，都如是。福薄命賤，生命簡直不值錢。過去的命，生命都重千斤，現在人的生命把他看成非常輕，隨便就殺死幾個人，隨便死很多人，一個炸彈炸死三十多個人。這是說世界海的劫。世界海是處，劫是時分，這個時候不對，處所也變化；衣食住行，這四種滋養你生命的全部變化了。

**諸佛出現於世故。一切世界海廣博嚴淨劫轉變。如來神通變化故。世界海普清淨劫轉變。如是等有世界海微塵數。**

時候不同了，劫的轉變就是這樣變的。我們講成住壞空，成劫之中變壞，那壞的變的快一點，快一點。在《彌勒菩薩下生經》，佛告訴舍利弗，四大海水漸漸減減了，減減好多呢？減減三十由旬。那個時候的閻浮提地，十千由旬，廣是八千由旬，平坦如鏡，草木很軟，很多的都是名華，再加種種的樹木，華果茂盛，樹高三十旬。城邑次比，次比就是一個城挨一個城，一個城邑挨一個。村子裡頭的是雞犬相聞，很安靜的。那個時候人壽命最高的是八萬歲，智慧威德，色力具足，安穩的快樂。形容那個勝的時候。彌勒菩薩要來的時候，世界就變成那個樣子，那個時候沒有衰惱，沒有水火刀兵之患，沒有毒害，園林、池沼都是八功德水、珍禽異獸，現在不是這樣子的。

對著這部經上來比哪，這些都是什麼原因呢？神通變化。一種是神通變化，一種是眾生業力所感。我們自己被這個業力所感，這個業的力量非常之大。說造業，造的什麼業？到壞劫的時候，拈起草來就殺人，現在比那還厲害，化學物品，化學武器，從這些提煉出來的。我們經常說草木皆兵，草木都變成了兵器。在《維摩詰經》〈佛國品〉說：「心淨則佛土淨。」舍利弗就作這個念頭，說若是佛，菩薩心淨佛土淨，釋迦牟尼佛本尊，他的意念應該是不淨了，因為娑婆世界就是我們現在所住的這個國土，為什麼這麼不清淨？佛在世的時候，印度也是不清淨的，他的懷疑，那不是我的老師意念不淨，這個國土才不淨這麼不淨。他這個念佛就知道。佛跟他說，我這個佛土是淨的，是你不淨，你沒見，我可以現淨的給你看。佛以足趾點大地三千大千世界，千百千萬的莊飾嚴眾八寶七珍，這個世界就變了，都是寶莊嚴，

## 世界成就品 第四

### ○釋 文

土也變成了寶莊嚴土。所有在會的大衆，這眞是奇特，每人都看見自己坐的是蓮華座。大家要是念《法華經》的，佛是三變淨土，把我們這個娑婆世界三次變的。〈寶塔品〉，多寶如來出現，類似的經論裡頭都如是說。

引這個意思是說，你的心淨，所住的處所就乾淨，心安才理得。你的心裡不乾淨，或者你住五星級的賓館，你那時候也沒管五星級三星級，你要趕路回家坐飛機，臨時住到五星賓館裡頭，它再乾淨，你心裡也不清淨，你心裡有事就發煩，看什麼都不順眼。你心裡是快樂的，是安靜的，看什麼都如意，看什麼都好。心煩意亂的時候，看什麼都不好，「心淨故則佛土淨」。我們現在處的是什麼時候呢？不淨。

這一段意思是普賢菩薩向大菩薩說的。我這裡的解釋加上很多染法，普賢菩薩沒說染法，大致這麼說著，說這個世界染淨的變化。因爲我們現在所處的環境，跟普賢菩薩是對不上號的，普賢菩薩說的都是淨的，都是大菩薩。大菩薩來看是即染還淨，我剛才說的釋迦牟尼佛用足趾一點大地，大地變。這叫即染還淨，凡夫，染就是染，變不了，變不了也有變的時候。怎麼樣變呢？我們心裡所住的處所，或者一天地學佛法，現在我們在普壽寺，感覺這兒很清淨，這也是變哪，但是這個變是小變，不是大變。因爲你的心淨也得緣，你在這兒才住得住。你住的時候，周圍的環境比外邊的客觀現實，節省好多熱惱。現在都是三十五六度，三十七八度，熱的不得了，如果你們太原的家裡，問問他們現在是什麼樣氣候，特別我們東北哈爾濱、吉林，全國各地好多都是三十五度以上，全國都熱。熱的人頭發昏，眞的發昏。我們在這裡頭好清涼，這叫清涼山。我們到清涼山都到五臺山來吧！有那個福份嗎？這還要清福，他來這兒住不了，像我們那些在家弟子給我打電話說，來這兒很清涼，回去很熱惱。我說：「為什麼不在這兒多住幾天哪？」辦不到。他要上班哪，掙錢哪，家庭需要他，他想多住一天也辦不到。不知道什麼叫業，這就叫業，知道吧？業力催你，辦不到。

普賢菩薩講這個都是大菩薩勝境，拿現實生活來對比，你在北京很熱惱三十八度，在太原很熱惱三十六度，坐車上了五臺山，馬上就清涼，就轉了，到了五臺山轉清涼，能來得到嗎？來了也是慌慌張張的朝朝聖，完了又下去，馬上又回到熱惱裡頭。我經常說，看破放下就自在，放不下，怎麼容易放得下？如來的神變，所有的世界海使它都清淨的，時間轉變了，劫轉變了，一切世界海都轉變了。

**爾時普賢菩薩欲重宣其義。承佛威力。觀察十方。而說頌言。**

**一切諸國土　皆隨業力生　汝等應觀察　轉變相如是**

一切的國土都是眾生業力所生的。有什麼業，就生到什麼環境，沒有那個業，你生不到的。「汝等應觀察」，普賢說囑咐在會的大眾觀察，為什麼要轉變？「轉變相如是」，是業力所生的。

**染污諸眾生　業惑纏可怖　彼心令剎海　一切成染汙**
**若有清淨心　修諸福德行　彼心令剎海　雜染及清淨**

起惑造業把它纏住，非常可怕。怖是怖畏，就是怕的意思。「彼心令剎海，一切成染污」，因爲心不清淨、盡造惡業，所作的一切全是染污的。

初發心，剛有個清淨心，只能轉變一點點，轉變不很大，他修的福德行，他所修的行門是福德的行爲。所以他的心清淨，不能轉變全清淨，就是他的心，時而清淨，時而又染污。這是有清淨心，不是證得的清淨心，修福德行，福德行的果報還沒有完全成就，他這個心能令剎海雜染清淨都有。當這個世界雜染和清淨相互混淆的時候，就是有惡有善。善心所造成小環境清淨，惡心所造成大環境的不清淨，這個叫雜染世界，有清淨的、有雜染的。

**信解諸菩薩　於彼劫中生　隨其心所有　雜染清淨者**

有信解的、發菩提心的菩薩，這些劫他生，這個劫生到這個時候。隨他心所有的雜染清淨見，特別注重是見，見就是知。他所知道的，就是知見。有時候雜染心生，有時候他的知見是正知正見，就是清淨心生的。假使信解菩薩生到這個地方，雜染清淨，但是他的知見清淨的漸漸就轉化，把雜染變成清淨。

**無量諸眾生　悉發菩提心　彼心令剎海　住劫恆清淨**

「住」是指依報，住的住所；「劫」是指著「時分」，空間跟時間都是清淨的。這指是無量衆生悉發菩提心，一個兩個十個八，那不行，轉變不動。

**無量億菩薩　往詣於十方　莊嚴無有殊　劫中差別見**

莊嚴佛世界，平等的；但是見地不同，有差別。在這個劫就當時候講，說那個時候的知見哪有差別，有正見的、有邪見的，衆生太多了，有差別見。

**一一微塵內　佛剎如塵數　菩薩共雲集　國土皆清淨**

世界太多了，一個微塵裡有無量世界，都有佛剎一個微塵就變成一個佛剎。「菩薩共雲集，國土皆清淨」，清淨佛國土很多很多，但是都是住的菩薩，都是善，而且都是純善。

**世尊入涅槃　彼土莊嚴滅　眾生無法器　世界成雜染**

佛一不住世，入了涅槃，這個土的莊嚴境相也隨著滅。在衆生之中，受法的法器沒有，可以說法也就隨著滅。「衆生無法器」，想找個法器的，發菩提心的、發大心的、宣揚正教的、弘揚佛法的，都沒有了。「世界成雜染」，世界就變了雜染世界。

**若有佛興世　一切悉珍好　隨其心清淨　莊嚴皆具足**
**諸佛神通力　示現不思議　是時諸剎海　一切普清淨**

我們經常說：「心生故種種法生，心滅故種種法滅。」說這個時間，人家處這個時是雜染的，你住這個時間是清淨的，因爲你的心清淨故。諸佛的神通力示現一切國土不可思議，一切都能夠清淨。

這是隨文略說世界成就。在方山長者李通玄的〈合論〉，華藏世界解釋的很少，〈疏鈔〉還略加解釋。這段經文是佛境界，略給衆生示現一下，世界成就、華藏世界是佛所依住處，諸佛所依住處，清淨的，無有言說。這個言說是拿雜染來對比，說我們現實生活、我們所處的環境，跟佛所說的來對比，證明我們是雜染的，所以我們心不清淨。你有一份的菩提心，利益衆生心，有一戒，持戒的心，修定的心，修慧的心，你就得報。不管怎麼雜染，你的心是清淨的，你的處所是清淨的。我們有些師父住在山林裡頭、住到山洞裡頭，五臺山也不少。現在五臺山、終南山、四川峨嵋山，還有些行菩薩道的，住在山洞裡。他那個小山洞就是一個小世界，他感覺著很清淨，耳不聞、眼不見。我們經常有些話，眼不見，心不煩哪！眼不見，心就清淨，這不是大菩薩，只是發心自己修清淨行的。世間的污染，我躲開不行嗎？就是我們經常有句話，「惹不起，躲得起」。發菩提心的大菩薩，他不躲。他認為這個正是他大好時機，什麼好時機？度眾生。眾生在苦難當中，但是有個大的問題，我們看他很苦，你想救度他很難哪，菩薩道不是一句話，度眾很難哪。

有個小故事，一九八幾年的時候，我在北京法源寺，一個老道友在菜市口，他碰一個老太太帶一個小孫孫在那討口，他看著很困難。他跟那個老太太說：「老婆婆，可不可以讓妳的小孫子跟我出家，我有房子還空著，妳跟妳小孫子在那兒住，妳小孫子到廟裡跟我學佛。」這老婆婆答覆說：「我們討口子已經夠苦的了，還去當和尚。」在她心目中，當和尚比討口子還苦，這叫業。現在眾生的業，業力最大，業力勝於佛力。業力勝於佛力，善心所很難得發，發起來很難得堅固，在這個善心所堅固而能向前進修，更難。

我們諸位道友，出家二眾，你那一念發心、落髮那念頭，就這一個念已經不容易。完了你出家了之後，一進寺廟，三千威儀八萬細行，一舉一動都有清規戒律。若講這個，出家人恐怕就沒有了。三千威儀八萬細行，一舉一動都得有一定的威儀。假使你沒成的阿羅漢果，沒證果、沒斷見思煩惱，你是沒辦法做得到的。我們看見二百五十戒，三百四十八戒，認為很多了，還沒有給你加威儀細行，只是戒條。你在廟裡所住的，應該按古來制度、按威儀細行講起來，但是假使你的心一清淨，你都能做得到。因爲你的心是主導，主導你的身口七支。普賢菩薩都說地上的大菩薩，從講《華嚴經》一開始，我則是用對照的方法，講的都是現實生活，對照那個大菩薩，你去比吧，你比比現在我們的境界相。我們的所作、我們的意識形態、我們的思惟，我們想些什麼哪，一天做些什麼哪？多數跟經上對不上號，不能拿那個，一定要我們照那上去做，做不到的。怎麼辦？漸漸的來，把它運用到佛所教授的，運用到日常生活當中。轉變客觀的現實，轉變你的思惟，轉變你的知見，把華藏世界海的因，種到你的腦海裡頭，這個因會結果的。現在我們是種因，像聞法而證道的、過去宿世的善根力、現實的智慧力、能斷煩惱的斷力，沒有！明知道不對，還要去做。什麼原因？這叫業力。我們經常知道業力，造業那個力量非常的大，向善方面發展的力量非常之微，打不贏，善心所打不贏惡心所。現在我們培養善心所，讓善心所把惡心所打滅，這叫斷煩惱，完了才能證菩提。普賢菩薩所說這個偈頌是我們的嚮往，拿這作例子。

## 無差別

爾時普賢菩薩復告大眾言。諸佛子。應知世界海。有世界海微塵數無差別。

前面是辨別世界海的差別，隨著染淨業而有所轉變。因爲衆生有差別，所以說法上也有差別，有染有淨。如果就理上講，就心體上來講，無差別，世界海微塵無差別。若如實說，「實」就是約一眞法界理體上說，一切無差別。這就是煩惱即菩提，生死即涅槃，染污即是清淨，沒有相對法，獨一的，現在講的都是相對法。我們講的是權法，方便善巧，權法有差別，實法呢？實是理體，沒有差別的。就華嚴教義上講權是事，方便就是世間相一切事，實是理體，理體無差別。說《華嚴經》的時候，我們上面所說的不是華嚴義，就華嚴義來講一切無差別。一切衆生都是諸佛，這是融攝，用理來融於事。大家記住，現在開始講理法界，理法界是無差別的，事法界是有差別的。完了理成於事，把理運用到事中，無差別運用有差別中，把差別都變成無差別，把那些差別法全變成無差別，理徧於事。每一件事都具足理體，事事無礙。說一微塵裡就能轉大輪，說大菩薩地上的菩薩，到任何世界他都無所畏，他要度衆生，示現跟衆生一樣，這第十個就講無差別。無差別就是相即相融。講起來，開闊了，一切皆眞，周徧含容。

所謂一一世界海中。有世界海微塵數世界無差別。一一世界海中。諸佛出現。所有威力無差別。一一世界海中。一切道場徧十方法界無差別。一一世界海中。一切如來道場衆會無差別。一一世界海中。一切佛光明徧法界無差別。一一世界海中。一切佛變化名號無差別。一一世界海中。一切佛音聲普徧世界海。無邊劫住無差別。一一世界海中。法輪方便無差別。一一世界海中。一切世界海。普入一塵無差別。一一世界海中。一一微塵。一切三世諸佛世尊。廣大境界。皆於中現無差別。諸佛子。世界海無差別。略說如是。若廣說者。有世界海微塵數無差別。

前面是講差別、講清淨、講染污，這個是無差別，沒有清淨可得也沒有染污可說，無染無淨。剎海微塵數，涵義無邊。一切諸佛出現的威力，無差別平等平等。爲什麼我們在這個世界求生極樂世界？有差別。我們前面講染，染淨有差別，現在佛從這個你體會到阿彌陀佛極樂世界，跟我們所住的娑婆世界南贍部洲，無差別。一切世界佛道同沒有差別。這是普賢境界，大菩薩境界，一切諸佛出現平等平等。一切世界海、一切道場，徧滿十方無差別。道場也同一眞法界，沒有二。這就是說一切無不從此法界流，流出去的時候有差別。一切諸法無不還歸此法界，回來的時候，一塵一剎無差別，懂得這個涵義就行了。

「一一世界海中，一切佛光明徧法界無差別。」光明是無差別的，釋迦牟尼佛放的光跟阿彌陀佛所光明徧照的，毗盧遮那佛的光明，阿彌陀佛叫無量光、無量壽，毗盧遮那佛光明徧照一樣的，沒有差別的。一切世界海，一切佛的變化，儘管名號不同，沒有差別。千佛萬佛，如來十號都是同的。不但跟十方諸佛同，跟我們都是同，這是在理上，這才是《華嚴經》的本義。《華嚴經》的本義就是如是，就是隨緣利益眾生而起的變化。佛就是「佛陀耶」，不但諸佛沒差別，我們跟諸佛都無差別。就是我們最初開始講，你若想學《華嚴經》，得先把無差別掌握到，什麼呢？我們自己本具的那個佛性。「佛陀耶」是印度話，就翻個覺悟的覺，知見的知，「覺知」，在覺上講我們是本具的，佛是修成的，所以是無差別。本具的跟修成的，平等平等；但是欠修，一修就好。一切佛的變化，佛在這個世界要度這一類的眾生，是示現的，叫釋迦牟尼。在極樂世界要度另一類的眾生，那叫阿彌陀佛，無差別，依德彰名。「一一世界海中，一切佛變化名號無差別。一一世界海中，一切佛音聲普徧世界海，無邊劫住無差別。一一世界海中，法輪方便無差別。一一世界海中，一切世界海普入一塵無差別。一一世界海中，一一微塵。」這叫塵容佛境。一微塵都容納下，沒有廣，沒有狹，《華嚴經》的廣狹自在無礙門。

爾時普賢菩薩欲重宣其義。承佛威力。觀察十方。而說頌言。

一微塵中多剎海　處所各別悉嚴淨
如是無量入一中　一一區分無雜越

## 世界成就品 第四

〇釋 文

一一塵內難思佛　隨眾生心普現前
一切剎海靡不周　如是方便無差別
一一塵中諸樹王　種種莊嚴悉垂布
十方國土皆同現　如是一切無差別
一一塵內微塵眾　悉共圍繞人中主
出過一切徧世間　亦不迫隘相雜亂
一一塵中無量光　普徧十方諸國土
悉現諸佛菩提行　一切剎海無差別
一一塵中無量身　變化如雲普周徧
以佛神通導羣品　十方國土亦無別
一一塵中說眾法　其法清淨如輪轉
種種方便自在門　一切皆演無差別
一塵普演諸佛音　充滿法器諸眾生
徧住剎海無央劫　如是音聲亦無異
剎海無量妙莊嚴　於一塵中無不入
如是諸佛神通力　一切皆由業性起

**一一塵中三世佛　隨其所樂悉令見**
**體性無來亦無去　以願力故徧世間**

一個微塵裡有無多無邊無盡的佛剎海，所有的處所、弘法的道場都是嚴淨的，沒有差別。

這些都是演說者，前面是說異，現在是說同；以前是說別，現在是說總。總一切法即是一法，總一切義即是一義，一個微塵中裡，過去現在未來諸佛都出現，隨著衆生所要見的都能見。你修成了，於一微塵中見阿彌陀佛、見藥師佛、見琉璃光如來、見那釋迦牟尼佛，不動如來，於一微塵裡頭都顯現，因爲諸佛的願力如是。上面所說的都是體性，體性是無來無去。體性是以願力來示現不同，那叫示現，不是本體。衆生儘管這麼多，一性，是人，人總有人性。人性就具足覺，覺就是佛性，人性即是佛性，佛性就變成人性，示現什麼示現什麼性。

〈世界成就品〉是答前面如來放光出現，那些大菩薩集會問，問不是用口問，用意念問，心裡一動意，不但佛都了解，普賢菩薩都了解。普賢菩薩這些答，〈世界成就品〉從三昧起，所說的諸法就答覆前面所請問的三十七問。還有令未來的一切衆生，而現在未來一切衆生發了菩提心，認識認識諸佛，了解了解諸佛的行處。如何行的？衆生的業障是無邊無際的，種種的願、種種的思惟、種種的思想。現在我們大概有五六百人，那個心哪，無量億數，每一個人的想法、看法、認識，今天這樣想明天他變，他又那樣想，這一天不曉得要變好多變。佛悉知悉見，普賢菩薩也是悉知悉見。因此他運用大願大悲、大智大慈攝受眾生，他們在理上證得究竟，他們的智慧也是究竟，理智無礙。度眾生？了解眾生心，也是無礙的。《金剛經》上這樣講，佛對須菩提說過去現在未來，十方一切諸佛國土的一切眾生心，佛都能悉知悉見。怎麼見的呢？過去心不可得，現在心不可得，未來心不可得。在不可得處，知道眾生心念的差別。

又者，佛證得的平等性智，平等性智隨一切眾生平等平等，普皆隨入，能入一切眾生心念。從我們眾生所具的法體，本具的法體跟佛同體的，法體跟諸佛所證得究竟的無二無別，一個是修成，又還源了。我們是在迷障當中，還沒有還源。但是體是相同，一切法，一切法常如是，絕對不乖謬。

這一品是總說「世界成就」，下一品是專說「華藏世界」，別說，把華藏世界說一說，我們就知道我們所住的處所，我們所住的世界是什麼樣子，顯現我們所住的世界眞實相。現在我們所認知的世界是假相，無盡的變化；前面講變化，現在講實際。世界如是，是依報，是心，我們的正報也如是，依正二報是相同的。但是這個認知很難。

現在我們講世界成就，總的可以這樣說，「心生故種種法生」。這個世界都是眾生心成就的，普壽寺也是大家心成就的。這個法堂是我們心成就的，未來的大殿是我們心成就的，「心生故種種法生」，就是這個涵義。或者我們有些道友說，從來沒想過，這個干我什麼事！這是你個別想。因爲你住在這個環境裡，這個環境跟你有一定因緣的，看著別人造的，別人修的，別人發心的，就是有你的一份，因爲你有緣故；這就是緣起諸法，它的體性是空的無障礙，大家平等平等。如果體性不空有障礙，緣起也不成，因爲空，有緣才能成立，這個緣是從哪兒來的呢？從性體上來的，性空緣起；如果沒有空的性體，緣不能成的。性體建立在什麼上呢？怎麼顯呢？怎麼才能表顯這個性體呢？緣成故，假緣才能顯，沒有緣怎麼能顯！比如說我們講解《華嚴經》，你得有緣，先得有這麼大一個處所，還得有人請你說，沒人請你說，你拿個本，我給你講《華嚴經》，誰聽你的！你到了北京或到哪個商場，我給你講講《華嚴經》，理都沒人理你，沒有那個緣哪。

法說有緣人，假緣才能顯現，沒緣不成。緣只能緣起，怎麼起的？緣起建立在性空上的。佛所說的教義，如果是用「緣起性空」都能解釋，都能通，總共包括了四個字，「緣起性空」，無論什麼法都是「緣起性空」。再翻回來，性空才能緣起，相、作用是建立在體上。凡夫能夠修成佛，發菩提心、行菩薩道，成就究竟的佛果，這是從緣起而成就的，達到性空。諸佛菩薩度衆生得有緣，沒緣不行的。他跟你無緣，你給他說佛法，他不聽不信入。因爲現在是末法，跟佛有緣的少，六十多億人口，有緣的有好多？聞法而能修行入觀，最起碼要達到如理思惟。如理思惟，那個說的是語言，語言是有道理的，不要思惟語言，要思惟那個道理。

思惟是什麼呢？前一品講的是〈普賢三昧品〉，思惟就是觀，觀是修，修就是三昧，觀想就是三昧。「三昧」又叫「正受」，領受的是正法，如來所教的最了義最究竟。還有迴入般若義，《心經》大家都熟，《心經》的第一個字教我們「觀」，觀就是三昧，你也可以說是普賢三昧也有觀自在的三昧。觀是什麼？就是想，觀、三昧、修定、思慮、靜慮，名詞很多，就是你坐著兒想，可不是冥想，也不是寂定，要思惟修。太深的你想不到，先從現相上想，說這個世界上事物，先觀它是假的，沒有眞實的；觀你自己的身體假的，四大所合成的，缺一大你活不成，就地水火風。我們現在看我們肚子好像是一個整體，各各不同的，這裡頭空間非常大。胃跟腸子，腸子跟肝，心肝脾肺腎，這裡頭空間非常大，每一個部位都有一個部位，它都有空間。沒有空間粘到一起，你還活得成，必須得有空間。從你身體想，地水火風缺一大也不成，和合體。這個無常！今天我們活著，說出門摔個跟頭就死，哪有這麼容易，就有這麼容易，到你死的時候非常容易。一口氣不來死了。不說你出車禍，你在屋裡坐著什麼事也沒有；像最近在伊拉克，他在那家裡坐著，一家人沒什麼事，空中掉下來，飛機失事，飛機恰好掉到你的房子裡頭，一家全死。這是形容無常，你這樣觀想，生命是無常的、危脆的，不是堅固的。

心呢？數數的變，一天從早晨到晚上，你想了好多問題，你這樣觀、你這樣修，世間上還有什麼貪戀的？ 把它看破，看破了你不執著，看破了再不執著。你不執著了，就是自在，就得了解脫。但是這個觀裡頭產生就是智慧，智慧就是把無明滅了，滅一分無明，證一分法身。所以觀世音菩薩觀修成了，所以自在。他在一切法上自在，叫法自在。自在之後，你再去運用，一個微塵裡頭轉大法輪，轉動了一切，能把一切都轉變。

那是你那個心，不是現在你的心，那不叫妄想，叫智慧，把妄想轉變成智慧！說煩惱即菩提，生死即涅槃，前面講世界染，後面講佛世界的淨，等你證到法身的理，一點錯誤都沒有了，所作的都是聖事，都是利生的眾事。〈世界成就品〉，今天就講完了，下面講〈華藏世界品〉。

**世界成就品竟**

# 華藏世界品

# ○來意 釋名 宗趣

前面講「世界成就」，那是說一切諸佛的剎海，現在這一品〈華藏世界品〉是說本師釋迦牟尼佛（毗盧遮那），答世界海的問。在〈世主妙嚴品〉，諸大菩薩意念當中一共有三十七問，這一品也是答三十七問的。前面是說諸佛的剎海，現在是說毗盧遮那佛所依的果報，依報，叫華藏世界。

〈華藏世界品〉這一品一共有三卷經文，第八卷、第九卷、第十卷。這部經所說的涵義，啓發我們生信，讓你生起信心；還沒有說修行，先把信心生好，屬於你所信的因果。初會菩提場，這個法會的會主是普賢菩薩，普賢菩薩介紹毗盧遮那佛的莊嚴依正果報，現在都是依報。

前面答菩薩所問的是一切諸佛的剎海，這品專說毗盧遮那的依報，叫華藏世界。我們現在所居住的就是華藏世界，具足說是〈華藏莊嚴嚴具世界海之徧清淨功德海光明品〉，簡略說是〈華藏世界品〉。這個世界裡頭所有的境界相有剎海微塵數清淨功德，以這些爲莊嚴。世界是依於海，所以把海的名字加入。又者，世界建立是建立在海當中，所以世界依海，以海立的名，華藏世界海。這個名字說起來二十多個字，把它簡略了。我們這個國土衆生嫌繁，把二十多個字就減成「華藏世界」，所以叫華藏莊嚴世界海。

華藏莊嚴世界建立在什麼處？建立在蓮華上，由蓮華所含著，所以叫藏。華是因，含著果德，成就了才有這個華藏世界海；這裡面所說的一切境界相，每一個境界相都有剎海微塵數的清淨功德，所以叫莊嚴。有時候說華藏世界佛剎種，「剎種」梵語叫「剎摩」，剎摩的華嚴涵義就是土田。

這個世界海攝著二十重佛剎微塵數世界，一重一重有二十重華藏世界，乃至於不可說不可說佛剎微塵數世界。能嚴的是什麼？是講莊嚴，華藏莊嚴，能嚴的是佛所修的清淨功德，徧於這個世界種；這僅僅是約佛的體，約理上來說的。約事來說，就很多了，有兩種因，一者約眾生說，二者約佛說。約眾生說，我們自己本具的如來藏識，就是海的本體，叫香海。香海就是法性海，法性海住在什麼地方？依什麼而立名？說到法性，法性就是我們心的本體，心的本體是因，所以「心即是華」。因必含果，含藏著什麼呢？藏識所含藏著自性的體性，這個都約自性的相分來說的，半爲外邊的器具，沒有執著，沒有受，一半爲自身，自身是自己體性生起來覺悟、生起來受，所以叫含藏識，如來藏識。

性的空義是由緣引起的，什麼緣呢？佛所作的業。佛的業就是修行的業，利益眾生的業。在經論上說的，性本具足，自性所得的；依照四教所說的叫德，自修的功德，行道有得於心，心所顯現的，這是指佛說的。我們眾生本來具足的、自然具足的，但是沒有修的力量，被染污了。諸佛是假他修行的功力，把染都除掉了，因此在修行的功力中，這叫修德。我們是具德，具德沒有修，沒有修等於沒有。修的是得於功，功夫到家了，行道有得於心，說你修道的心裡明顯了，那就叫德；說你修行，心裡證得了，就叫德。這是約眾生說，他有五根，五根就有五種境界，執受的意思，執持他性體永具的；那就是一切的苦、樂等一切境界相，產生覺，覺就是執持而受。受是領納爲義，我們經常講受蘊，受是領納爲義。

若是約諸佛，他是大願，以大願風、大悲海生起來無邊修行的因，叫華。所含藏的利益眾生的染淨，一切果德上的法，重疊無礙，重重無盡，所感的刹土就叫華藏世界。在〈如來出現品〉，是表示佛修行的功德，對我們眾生說，我們所感受的，你住的世界，就是你現在住這個地球上，你的房子，你是居處，那是你果報所感的。這個地方不講眾生，單講佛，他所感的刹，說華藏世界的相狀。

在〈如來出現品〉，說世界就是說佛的德，佛德如何，世界也如何。他要達到什麼目的？國土是說法的，說法有個趣向，趣向於什麼？宗旨是什麼？講的是三世間，「界」就是講三世間，是圓融的，重重相攝無盡。令一切菩薩生起相信，現在我們都是菩薩，就是初發意的菩薩，初發菩提心、信佛的四眾弟子，令他生起相信。相信沒得解，信佛了，不曉得佛所說的道理是什麼？那必須得學，學完了生起解。這個解有深有淺，有悟得了，信解了，信了之後能悟得了，悟得了要去做，要發願。那就是趣向，發願去做就是想成佛。

賢首宗立華嚴法界三觀，眞空絕相觀、理事無礙觀、周偏含容觀，觀就是你思惟修，你怎麼修。華嚴法界三觀有一本單行本，賢首宗立的華藏觀意就是這個三觀，觀裡頭有十種德。在《華嚴經》有本單行本叫〈探玄記〉，〈探玄記〉把世間分爲三種，一是器世間，這個世界就是這個器世間，有情所依的叫器世間。二是衆生世間，在正報，除了佛之外，一切衆生都屬於衆生世間，這叫佛所化的同生衆，還有異生衆。三是智正覺世間，智正覺世間專指著佛說的，佛的化身、報身、法身。

但是修華藏觀要觀十種德。第一是智身德，觀華藏世界所有的香樹，樹是表佛的智身之德。第二是轉法輪度衆生德，轉法輪是度衆生的德。第三是事理無礙，世界屬於事，屬於事就是這個世界都說的有形有相，有所攀緣，有所思惟；無形無相的就是理德了，有事有理，理能成於事，事是顯理的。理成於事，事能成理，事即是理，理偏於事，事能顯理，所以叫理事無礙德。第四是悲智德，大悲必須得有智慧，沒智慧不叫大悲，悲智德。諸佛的境界是不可思議的，不是我們所想像的，不是妄心所能攀緣得到的，那是第五叫難思德。

佛的體跟佛的用，佛的體就是大，佛的用就是廣，我們這個題目就是「大方廣」，就是體用無礙。在用上是顯體的，體偏用，在體上是能攝用的，第六是體用無礙德。第七是定亂無礙德，世界是不定的，是佛的妙用，佛入涅槃，回歸於體，佛示現度生，那是大用，定和用無礙的；有佛威儀顯現的，像〈如來現相品〉。第八是微細德，第九是佛境界德。諸法依緣起而性空的，性空就是法身，緣起就是佛的妙用。用即是體，體徧於用，第十叫緣起無礙德。

這是三世間華嚴觀十德，講佛的十德，從佛的智身德到佛的緣起無礙德，叫十德。器世間、衆生世間、智正覺世間，這叫三世間。前面是說諸佛的世界成就，現在專解釋華藏世界，華藏世界是報得的依報，這個依報是從你發心、發願、智慧度生所感得的。

其次，解釋華藏世界依什麼形狀？怎麼安立的？安立的意思就是現在我們這是法堂，那是淨土部，那是戒研部，這都叫種種安立。這是安立的形狀，配合華藏世界安立的，這屬於因，解釋華藏世界海純雜無礙的，純雜無礙就是果。解釋華藏世界圓說三世，就是三世間，三世間各有各的業，就是各有各的作用，作用所現的一切境界相。華藏世界本空，因爲佛證的果德是空的，是法性身住在法性土，但是由於衆生世間的緣起，出生所緣的境界；所以性空而產生緣起，緣起回歸性空，這是「性空緣起」的涵義。明華藏世界出生所緣，華藏世界本空，因緣而生起的華藏世界不空。

華藏世界時而隱、時而現，現在華藏世界隱了，現的是什麼呢？娑婆世界，娑婆世界隱了，那現的是華藏世界，隱顯自在。隱就是顯，顯即是隱，隱顯自在，這是隨眾生的緣了。一共是十科，最後隨這部經的文來顯示經的義理，這是舉十個題目。

這一品爲什麼要說〈華藏世界品〉？因爲在三十七問中，佛的世界海，眾生海，波羅蜜海，問的問號很多了，這就答覆了。答覆什麼呢？信、住、行、向、地五位，五位都屬於行，行所以造業，行的時候是因，所感果報，得到的是果。因爲什麼因，得什麼佛果；所以在三十七問中有這些問答，有這一個問，普賢菩薩就在這裡答。

前面〈世界成就品〉是普賢菩薩爲會主，現在華藏世界也是普賢菩薩做會主。這個華藏世界是毗盧遮那佛所報得的，所依持的依報。

這個依報是蓮華所執持，含藏著一定的淨慧境界。華是因，含藏著這一切因所生的果。華藏世界，因何報得呢？解釋他報得華藏世界。說你最初聞了法了，生起信心，信完了是解，解完了行，行完了又證，叫信解行證。信了之後要學，先得了解了解，你所信的境界是什麼境界，了解這個就叫解，信了發了菩提心，那先了解，發了菩提心，是因。發了菩提心要做什麼才能符合，證得菩提果，發了心了，就是有信心。

這個信心不是一般的信心。還沒有講《華嚴經》之前，我們先講〈大乘起信論〉，相信你自己的身就具足毗盧遮那。信心是佛，你現在的心是佛，跟佛平等平等。光信不行，還得去做，做怎麼做呢？做有方法的，那個方法就叫解。學習做的方法又叫行。像我們在世間上，無論做什麼事，你先得了解，有當泥水工，有當土木工。現在我們看這些工人，他先當徒工，得先去學，學就是行，那老師就教他，瓦怎麼上，讓我們去做，連個架子都搭不起來，還不用說上房了，安瓦你更辦不到了。必須得學，學完了解，解就是有方法。

從初發心到八地菩薩，不動地菩薩，在這個中間必須得發大願，借願的力量支持你，你持受這個願力，發菩提心行菩提道才能證得菩提果。恆以大願的力量支持你，做事得有人支持，靠什麼呢？靠大願力支持。我們做一件事，你最初思考的要去做，想去做，這個就叫願。我們經常跟我們的道友講，一個發願，一個懺悔，一個迴向，這三個你絕對不能缺一。每天都得如是思惟，這叫願持。從你剛一入佛門，有了信心了，你得發願，沒有願力你會斷的。願力不眞，馬馬虎虎，成佛了道，得解脫，那就根本得不到。眞正的發大願，完了你行起來，就是做起來，願要眞，你做起來就非常懇切，就很用力，不會懈怠的。願是督促你，我們講誓願，誓是督促願的。發誓要想怎麼做，怎麼做，想怎麼做那是願，那個事督促你去做，不然你做的功能不大，做著就退了。

知道這個地球是什麼執持的嗎？風輪。地水火風，風是最後一輪，風來執持的；壞也如是，壞劫到了風輪的時候，把這一吹什麼都沒有了。這個風輪怎麼生的？是願風，大願風生起的。這個時候才能達到波羅蜜，波羅蜜是成就，究竟成就了。在我們眾生世間是虛妄的想像，每個人生存活著他有他的一個想像，是想像力來支持他。這個風叫業風，業風就是妄想的業所執持的；如來是大願力，利益眾生的，慈悲喜捨、六度萬行來執持的。眾生是業風所持，如來是以大願力的智風所持，智慧境界來支持一切境界的。這個智慧隨著願力，我們這個業力也隨著願力，包括殺人放火，他都有個計劃的，都有願的，想殺誰，心裡先想，都如是。但是你要想成佛，想有智慧，先得發願；願能成就你的智慧力量，你這個大願力的時候，成就你本具的法身的大智力量，完了做一些事，這叫因，做了這些事所感的果報。

眾生業力所持的，是所謂的風輪之體。最初這個世界主持是風輪，風輪之體。若是不體會到法身，不體會法身理，那你所做的、所行的，全是有爲的，這是有爲之法。如果你所做的，依著法身而起的，依著我們本具法身的力量而生起的大願智慧，這叫有志願；或者無志願，無志願就不能成道的，沒有智慧的。因爲在一切世間，以大願力智慧這個風支持一切境，這叫風輪之體；風輪之體是空相，是與法身相合的。一切眾生總爲有爲，總是有爲法，若是沒有志願，法身性體不能顯現，法身就無性，自己都不能成就，還能去度眾生嗎？根本不能成就眾生。

器世間、有情世間、智正覺世間，這三世就是外緣。有這種諸緣力量才能度眾生，既不執著空也不執著有。執著空，沒有智慧的空，有頑空；執著有，沒有智慧的執著，叫妄有。妄有非有，眞空是不空的，法身無性，法身無性不能自成，自己都不能成就還能成就其他人嗎？將用功的時候，或者做任何事情，鍛煉的不夠，功力不成熟，那你會運用的不得當。

我看見我們這個砌磚的泥水工，他的功成熟了，拿這個磚隨便一丟，水泥一抹，一安上，做出來非常堅固又漂亮。你的功力沒到，他一個小時做一千塊磚，初學的做十塊磚都麻煩，抹上砌上了完了一看不直，水泥不是多了，就是少了，多了不行，少了也不行。看著很簡單，我學過，就是學不會。他那鏟子一鏟，水泥扒一刷，磚往那一丟，沒事了，拿起來多了也不行少了也不行，往磚上抹上，又往下刮，刮了又抹，熟能生巧。

修行也如是，我們念佛，往往很多道友認爲，念佛誰不會念！「南無阿彌陀佛」，完全不行，你不能跟你的心相結合，心裡緣想是妄想緣想，不能跟眞相契。爲什麼念佛的成千上萬，生極樂世界的很少，只能得點世間的功德，一切法都如是。當你的願力很深、念很切，行的一絲不苟，行眞願切，這才能做得起來。說成佛本具的，很容易，無量劫都辦不成。佛在《華嚴經》說的成佛，從薄地凡夫起一直到成佛是無量億劫的，不是在小乘教義裡的三大阿僧祇劫，時間非常的長。我們是講世界成就，以大願大智去做，拿這個來作風輪的體，若是沒有法身的力量，一切諸行全落到有爲。

有智慧，法身的力量有願，知道法身無性，你做什麼事得什麼報，這個報不是虛的，而是實的，報必感果。假你本具的因、你外在的緣，這才能利益衆生，要不然怎麼能利益衆生呢？既不執於空也不執於有，這樣來修，修到功行圓滿，進修功熟練了，熟悉了，他自然順序而進的。報也不是虛假的，報不虛得，無論什麼報，都不虛得。爲什麼這個小孩三四歲就死了？爲什麼這個人活到八九十歲還不死？這是報，絕對不假的。各有各的報，各有各的因，各有各的果，誰給你也給不了。誰想把你這個報去消，取消不了，必然的了，報不是虛得的，都有一定因。

你必須先知道因，知道因了，因因而修果。這一品講的是道理，說華藏莊嚴世界海是毗盧遮那佛，往昔在無量世界海微塵數的佛前，種了善根，在一一的佛所發了很多的大願，有這些大願而促使他去做，嚴淨佛國土的事。因爲你要做一些事，做的行爲是由你願力所成的，你不願還去做嗎！不願就半途而廢，強迫你做辦不到的。誰強迫誰都辦不到，他心裡不願意，你讓他做，做不好的。普賢菩薩十大願就是十大智慧，十大願你一照那個發，發起莊嚴佛國土，一切香水海，以大慈悲所報得的，那是你修行所得的，做才能得到。

文殊師利菩薩常現於一切大衆之中。文殊師利菩薩表智慧的，常現在大衆之中，使衆生增加智慧，將文殊師利菩薩的大智加持，普賢菩薩的行願，跟願互相結合起來，文殊跟普賢都是表法的。知而後行，行而後使你又知的多，智慧越大，行的越深，兩者就是這樣。我們這個因已經能達到這個佛的佛果，這是《大方廣佛華嚴經》華藏世界的報得。但是，清涼國師特別囑咐說《華嚴經》的經義，不能用其他的經法來相比，不能相應。其他的經說，苦諦、集諦、滅諦、道諦，苦集滅道四諦，你要想滅苦，知道苦怎麼來的嗎？是集諦來的。苦是事，諦是理。苦集滅道叫四諦。其他的經論說的是四諦，《華嚴經》說是十諦，而且說聖諦，四聖諦；同時再廣說起來，在《華嚴經》，把這個四聖諦，講的無量差別。因爲這種緣故，其他經論所說的，跟《華嚴經》的不能相配，因果不同故；《華嚴經》所說的因、所得的果跟其他的經論所得的果，不一樣，以果識因，在果上你就認知因了。現在我們諸位道友五六百人，每個人有每個人的因，每個人所受的果不一樣。現在在這個時間，就是我們學《華嚴經》的這個時間，相同的。

學的因相同，但是你現在心裡想什麼？就在這個時間，每個人想的不是華藏世界海。有的想到華藏世界海，有的想不到華藏世界海，更想不到普賢行願，也想不到文殊師利。爲什麼？因緣法不同。各各的發心，他的願不同。有好多參加法會學《華嚴經》的，想成毗盧遮那，把自己心所含藏的發揮出來，恐怕這樣想的很少。你們來聽《華嚴經》的想成毗盧遮那嗎？因不同，緣也不同。緣是平等的，我說，大家學是平等的。你的因不平等，大家想的不同，因緣不和合，不能得。必須得因緣相契，你思想發的願跟你做起來的行爲相適應，有願必成。在家兩衆，說我聽聽經，佛菩薩加持，讓我家庭平安、生意興隆、身體健康，他想的是這個。有些出家兩衆想的是能得道果，能斷煩惱，證菩提、得解脫、了生死。也有的想要成就毗盧遮那佛，要度盡一切衆生，衆生度盡，方證菩提，這種人恐怕有，但是少。若沒有這種願力，怎麼能成就華藏世界？以這種道理來講因果，同是一樣的種因，還有精進不精進。有的一聞法，就什麼都看得破，放得下，他就得到自在。有的法聞得很多，心裡頭的事太多了，你怎麼能清淨？因地不眞，發心就不眞，果招迂曲，你所得的果不知道要經過好多的波折，好多的彎曲，不是直路的。

知道華藏世界海是什麼樣子？這是以毗盧遮那無盡的大願、大悲所生起的無邊因，這無邊的因怎麼生起的？法性虛空所生起的。法性虛空能容萬境的，心量越大，容量也就越大。衆生心很小，菩薩心非常大。你能容華藏世界，你就是華藏境界。你能容娑婆世界，僅僅是娑婆世界的境界。你看見這個地球已經不小了，六十多億人口，不小了。你拿微塵數來比，怎麼比？你怎麼能在一毛端現寶王刹？必須願大，那就要擴充你的心量大，心容萬境，萬法唯心。你能容一百人，你可以當一百人的頭，能容一千人，可以當一千人的頭，能容無窮無盡的人，那就成佛了。

這個世界是怎麼組成的？什麼形狀？這個好解釋，這個世界是在水上生一個大蓮華。我們知道極樂世界是蓮華，這個世界也是大蓮華。大家看看一個小世界的安立，一個大千世界的安立，你就知道了。這個世界的安立一共有二十佛刹微塵數，一重一重。世界的中心有十一個世界種，種是種子，能生長的意思。世界種生長什麼呢？生長世界。第二十重世界有十一個世界種，十一個世界種都如是。爲什麼說十一呢？我們一般說十地，從初地到十地，就滿了，其他的經論是這樣講的。

《華嚴經》講十一地。十一地所修行的法門，是進修攝化衆生的境界所報得，所以是十一個，也就是十一地所報得的。十一地的上下有二十重，一重一重，漸漸地增廣。十一地的修行法門，每一地都有兩重因果。有因才能感果，地地進修。在進修當中，修的是因，證的是果，果又爲因，因又變果，一直到究竟。一地之中，兩重因果。進修當中，一個正果，一個向果。向果是趣向這個果，還沒有證得果。初果向、初果，二果向、二果，三果向、三果，四果向、四果。所有的佛號都是勝進中的因果佛。所有的世界，在哪一個位置中，就有一個什麼樣的境界相。

同一個世界中的境界相也不同，比如同是出家人，比丘、比丘尼，每一個住的寺廟的境界相不同，是因爲你的修行的因不同，果也不同。妙吉祥寺是普壽寺分出去的，但是到了妙吉祥寺，就不是普壽寺。相不同了，他的發心，跟本廟所做的已經不一樣了，她們聽的課跟我們這裡的不一樣。這說的是自己的心趣向不同，爲什麼叫淨土部、華嚴部、律研部？爲什麼要分這些部？所好不同故。她想住這個部，她想住那個部，這都是自願的。所以這個世界，佛所攝化的機不同，境界相也不同。攝化層次不同，佛果的表現也不同，這是隨位配的。極樂世界如是，娑婆世界也如是。我們現在所住的世界相，有聖人，有凡夫。凡夫多，聖人是來化度衆生的。三賢位菩薩住的淨土是方便有餘土，十地菩薩住的淨土是實報莊嚴土，唯佛居淨土，居清淨佛國土，法性身住法性土。我們生到那住的是凡聖同居土。現在我們法堂是清淨的，法堂之外呢？不一定。只是這個時候，一念、一時、一處，各各不同。

華藏世界是純一的？是雜染的？還是無礙的？就我們現在所住的這個世界──娑婆世界，是華藏世界的一部分。華藏世界徧於法界一切衆生，它的形是徧的，所依的國也是徧的，但是業不相應。所作的業跟哪個相應，就住在哪個地方。這很不可思議，不可思議就是你想不到的。業不相應，所以就不相通。靈、神、還有鬼趣跟我們是同住的，人見不著他們。人也見不著天，可是天能見著人，但他們不跟我們交往的，他們看我們惡得很，髒得很。就像我們不願意到魚市去，你也不願意買魚去，到那裡去熏得你簡直受不了，業不同。比如說生人，人生下來，有兩個天隨著你，他一天都看見你，你有善惡，他馬上記下來。他能記你的現實，他不知道你的起念，他還沒有這個本事。

佛的依正二報是普徧一切處，我們見不到佛。我們跟鬼神是同居的，見不到鬼神，大力鬼神能見到你。依報就是我們所住的處所，正報就是我們的肉體。我們所在的處所是在華藏世界之內的，佛是都徧的，諸佛、菩薩也徧的。我們天天住在五臺山，天天想見文殊菩薩，可是有障礙見不到，什麼障礙呢？你的業。文殊菩薩發願，所有上五臺山的人，不論誰來，接一千，送八百。我們上五臺山來的，誰見著文殊師利菩薩？文殊菩薩接你去了，你知道嗎？走的時候，文殊菩薩送你去了，你知道嗎？我們這個世界現在還是雜、無礙，不妨礙，當你的業盡了，就見到了。還有業，還有染，見不到。跟我們同生的，一叫同生天，二叫同名天。同名就是跟你同一樣的名字，這個天常隨著你的人。你的善惡大小，他都給你記下來。雖然是無礙的，因爲業行不同故，就成了雜，雜了就有礙。

華藏世界圓滿的攝持過去、現在、未來三世，你是什麼業，你做了什麼事，就感什麼境界。華藏世界所說的是佛的教法，教導我們的方法，你怎麼認識依報？在依報當中，你怎麼轉變依報？那得靠你的正報。不是說我們這個房子不願意住了，我們再搬個房子，這個你可能自在。說我這個身體不好，我想換個好的身體，恐怕你就不自由了？我想把這肉體變成菩薩無礙的身體，可以不可以？可以。依著世尊的教授方法去做，你可以轉變。

一念三世，一念中具足過去、現在、未來。從一念達到無念，無念故才能通，通了才無礙。十世古今在一念間哪，你看看中國的歷史，五千年的歷史，這五千年就是你現在的一念心。這都很少，五千年到五萬年到五千萬年，無盡數的萬年。毗盧遮那佛修道的時候，也在你一念間具足。因爲我們這一念是你見到過的境，你才能緣念。沒見到的境，你緣念不到的。

用世間法怎麼解釋這個問題？我在西藏康藏邊區的時候，那些少數民族他們連西藏的達賴都不知道，更不知道北京。他的心量、他的念頭，只是那幾座山，哪個山上水草好了，把馬、牛、羊搖去。他們的家是遊牧民族，沒有房子的，搬起來很方便，牛毛帳篷背起來，往牛身上一搭，把幾個鍋往身上一背，有的連鍋都沒有。他們什麼都不知道，這叫無知。他們會緣念到那些聖境嗎？不可能。

讓我們緣念華藏世界，只是從經本上說的。讓我們想極樂世界，在經本上畫的極樂世界圖，極樂世界是那樣子嗎？我們的緣念是有限的，非常有礙的。爲什麼？是你所作的業，你的業只能見到這些，再遠了你就見不到。業所繫，就是業把你繫束住了。三世的業境，過去、現在、未來，你所造的業都有境界相的。古往今來，你得讀上幾天書，看看歷史。你沒有讀書，沒看歷史，對於過去事你不知道。看了歷史，看了過去，你能知道嗎？在文字上你可以緣念過去，哪個王朝、哪個王朝是什麼樣的情況。這個只能了解一半而已，眞實的情況你是不了解的。所以我們對法身，佛經常講法身、報身、化身這三身，我們對法身的憶念還不怎麼深，如果對法身的憶念深的時候，就是反觀觀自性，觀你的法身。法身無障礙，也沒有什麼業障。業障不到你法身上去，業障只限你的報身。報只能身受，不會讓你的心受，我說的是眞心，眞心是不隨境轉的。如果我們能夠控制，能夠回光返照了，讓我們的眞心顯現，不隨外界環境轉。隨著轉這個是妄，不是眞。本來是無念的，無念的一切妄想都沒有。但是一念不覺，我們講〈大乘起信論〉就是講這個問題，「一念不覺生三細」。一動念，麻煩就大了，越生越粗。不雜，沒有雜染是在無念當中。無念就有大智慧了，無念，你作意到哪就知道哪，無念故，能無礙。所有華藏世界的境界，是諸佛的業。依佛的業力，是智慧業力，把衆生過去、現在、未來，過去還有過去、現在、未來，現在又有過去、現在、未來，三世所作的無量錯綜複雜因果，都於其中顯現。在什麼顯現呢？在一念中顯現。像我們在這兒說話，作的形相，照相機都給你錄進去了，跟這個相似，我們拿這個做比喻。所以佛經上所說的，「智入三世而無來往」，那智慧的心，入於過去、現在、未來，沒有來去相的。

本經說：「佛子汝應觀，剎種威神力，未來諸國土，如夢悉令見。」佛子就是佛的弟子，說你觀一觀，觀就是觀想修，剎種就是大地總成就的種子，現在和未來的國土像作夢一樣的都能見到。乃至再說廣一點，「十方諸世界，過去國土海，咸於一剎中，現相猶如畫。」你觀觀一切剎種，或者未來的一切國土，像作夢一樣的，夢裡所見的境界相，醒了都沒有了。等你悟得法身、覺悟的時候，一切相都沒有了。你觀觀諸剎種的威神力，過去的國土、現在的國土、未來的國土，一念之中顯現，一念現三世。三世，沒有時間的，這是妄念分別。

一切國土，一切剎種，你在一念間都能觀得到。三世是過去、現在、未來，是時間問題，實際上沒有時間問題，而是計度、分別、妄念。「三世無有時，妄計三世法」，三世本來沒有，因爲虛妄執著，所以假個過去、現在、未來。爲什麼？你眞沒有妄，你的眞心如果顯現了，妄念自然就消失了。

一念間能夠現三世，如果你在這作意，停下來什麼都不想，看你的定力如何！定力好，你可能看見釋迦牟尼佛在說《法華經》，現在就在那說。我們沒有這個定力，天臺山智者大師入法華三昧，他親見靈山，法華一會儼然未散。這種境界相，道宣律師在終南山淨業寺的時候，他感得天人給他送飯，他問天人，釋迦牟尼佛入滅了之後，他又到哪去度衆生？天人就問他，你問哪個釋迦牟尼佛？天人看著釋迦牟尼佛很多，不是我們所見的一個釋迦牟尼佛。道宣律師說：「我問在印度降生那個釋迦牟尼佛！」他說：「釋迦牟尼佛沒入滅，還在說《法華經》，我來的時候，看見釋迦牟尼佛還在說《法華經》。」

這兩個證實釋迦牟尼佛沒有入滅，這是在一念間，三世無時的。現實生活中有很多也可以說明，假使你看電視看得高興了，已經十二點都過了，或者看小說，看故事，非要看完，看到一個階段爲止，你看了兩三個鐘頭，沒感覺到什麼，也不睏。要做正事，可不行了，早睏了。或者誰叫你做事，你早煩惱了。這得你自己自願了，而且迷了。什麼叫迷？這就叫迷。十幾歲的小孩到電腦室，或者玩遊戲的時候，兩三天不回家，他也不知道肚子餓。時無定體，心念。這種現相，是一念現三世，三世無實者。一念現三世，過去、現在、未來，三世間都不定的，沒有定體。時無定體，依法上立，這是你自己心定的。

其次解釋佛國本空，說佛國沒有，怎麼有華藏世界？緣起所生，一切從緣起。什麼叫緣？緣怎麼解釋？解釋這個緣哪，千經萬論解釋太多了。我們依著方山長者李通玄的〈合論〉，分作四段來解釋。

佛國本空，華藏世界出生是從緣起的，緣何事呢？緣有四種。第一、明二乘雖得到解脫，他解脫的是三業的粗業，很粗，很淺，業所感召。他沒有佛的智慧，又因為他不利益眾生，他得到空寂了，也說是證涅槃了，不生不滅。二乘人為什麼不發大心呢？他說我跟佛一樣的，佛不也是證得這個嗎？但是佛的利生事業，他不理解。這是就二乘人，他們得到無我，證得無我的眞理，他空了。但不能達到法無我，而只能達到人無我，所以不能夠自在。《心經》講觀自在，不但人無我，法也無我。雖然知道人無我，法無我，空了，他而不捨利益眾生，他在一切法上都能自在。不滯於涅槃而去利益眾生，利益眾生而不執著眾生相，終日度眾生，無生可度。這個意思不是一般的解釋能解釋清楚的，這靠你悟得的。

有些人說，地藏菩薩永遠也成不了佛，不一定要信他，信他也成不了佛。為什麼？他的願太大了，「地獄未空，誓不成佛；眾生度盡，方證菩提。」眾生度不盡，為什麼？我就不讓他度！他沒把我度了，他還能成佛？我跟他說，地藏菩薩看見你沒有！我明明有，怎麼沒有？沒有，地藏菩薩看眾生，不見眾生相。你所執著的眾生，是相，不是性。地獄本來沒有，還有什麼空不空？我們講這個世界安立，就這個涵義，地獄沒有。地獄沒有，爲什麼地藏菩薩說了那麼多地獄？那是說的眾生業，眾生有業了，眾生就入那個地獄了。眾生沒業了，那個地獄也沒有。業是眞的嗎？業也是假的，是你執著，你執著就有。誰讓你受的？你自己受的，這個非常微細的。

一切法都如是理解，染土跟淨土，淨相跟染相，所見的不同。情感、情執，情所見到的染和淨，跟聖人所見到的染和淨完全不一樣。等將來讀到《華嚴經》的第十一品，你就知道什麼是淨、什麼是染？這就是你心裡所想的。文殊師利菩薩告訴我們，「善用其心」。二乘人認爲出了三界，空了，證得三界本空，但是他沒有佛的智慧，是粗淺的成就。他感覺度眾生是罣礙，是苦，度眾生就要墮落，他不敢度眾生，他入了空寂、涅槃，不生也不死。但是不度眾生，因爲沒有智慧。

三乘菩薩有一個要想生淨土的觀想，有這麼個願；所以他看的是淨佛國土，淨相常存。因爲他還沒有證得法性的眞如理，他還有染和淨的執著，這屬於情的知見，還不能普偏。情存淨土，得不到自在，不能轉染成淨，不能隱顯自在。

觀自在菩薩本來是在極樂世界，助阿彌陀佛化度的。他爲什麼從很清淨的地方到娑婆世界來？這個大家知道，他沒有分別心，沒有妄想心，在一切法上得自在了。他雖然生娑婆世界，極樂世界他還在，這是徧的，他沒有離開極樂世界。到娑婆世界都是他的化身，隱顯自在。他本來是男性，但我們都把他塑成女性，觀自在菩薩慈悲，這些都是我們觀想的時候，該想的。你可以觀想是什麼道理，為什麼？隱和現。我們現在看諸大菩薩，諸大菩薩隱了，是我們的業障障了。菩薩沒隱，是我們的業障障住了，你應當見到而見不到，善根被障所障住了。

總之，諸佛菩薩為了利益眾生顯現的福德相、功德相，有無量的差別。為什麼？眾生無量。你能見到什麼相，他就現什麼相。有些你根本見不到，什麼相也不見。不曉得諸位道友讀經的時候，見到沒見到普賢菩薩的法身？見到沒見到文殊菩薩的法身？不要在相上執著，見他的法身，法身即是自身，不要去起執著，一切如幻，像那雲一層一層。雲層散了，天晴氣朗，現在雲彩太厚了，見不到。沒有一物存在的，所修的沒有一物所得，得到無得，這就是究竟。就像《金剛經》所說，「應無所住而生其心」，應無所得而得，得即無得；無住生心，生即無生。但，無生可是生，無生不是斷滅。無生而生，無見而見。你讀《地藏經》，你自己就化身是地藏菩薩，你讀〈普賢行願品〉，自身就是普賢菩薩，跟普賢菩薩合了，讀他所說的法，就跟他合了，你作如是觀想。想多了，你就成了，想煩惱，你就是煩惱人。想這個，你就解脫自在。

佛的國土是指毗盧遮那佛的國土，毗盧遮那佛的國土是空的，解釋佛國土本空，因為緣起而出生了華藏世界。緣是什麼事物呢？「法界本空因境有」，世界本空因緣有，緣生諸法。

在華藏世界的成就，有四種緣。第一種明聲聞緣覺乘，他能解脫了三界一切粗重的業惑，因爲他沒有佛的智慧，不利衆生，滯於空寂。

第二種是爲了三乘的菩薩想求生淨土，所以佛就示現佛的國土，也就是華藏世界。三乘菩薩他們沒能徹底地證得法性的理體，他的情知情見不能普徧，利益一切衆生，他的情感上有個淨土跟穢土的差別，他在淨穢土之間，在所依報的依報，他不能得到自在，不能得到自在就沒有受用。不能了知諸法之實相，不能證得他的本體；但是爲了利益衆生，顯他福德的殊勝，這個福德的相種種差別不同。人家說「心淨故則國土淨」，心不淨到哪都不清淨，但是這裡頭顯現的不同，爲了令一切衆生沒有執著，沒有取捨；就像空中的雲，一會兒變化了，一會兒變化了，如果你淨心觀，空中的雲變化萬千。

第三是爲怖一切法空的衆生，知道法空無相的道理。有好多衆生一聽說空了，他就落於斷見，空了什麼都沒有，他作如是想。他不知道空而不空的道理，佛教一講空，就像我們出家，到出家道場裡，遁入空門，他不理解空門是不空的，還有好多事要做。社會上有句俗話，「饞當廚師懶出家」，要想睡大覺的，出家就好了，出家一天睡大覺。你們出了家是一天睡大覺？只有一類衆生他怖畏，怖畏什麼呢？一說空，他以爲法空什麼都沒有；他不知道法空是無相，無相之相無不相，空是說法性的理體，法性理體要隨一切諸緣，緣生故有。因緣所生的法，沒有實質性的，

「因緣所生法，我說即是空」；但是空者是空執著，我們說空了並不是把一切事物都毀了才叫空。在一切事物之上演空理，不是落於斷見，什麼都沒有了，這是斷見；若一切法是常存的，這是常見。出家就不要落二邊，既不落於斷，也不落於常。

諸佛的果德，一切善惡因果的報應，你是空不掉的。隨緣還舊業，切莫造新殃，別再犯罪了。令你觀是空的法，讓你空的是無明，無明空了就成就德業，德業是不空的，但是你不能起執著，若一執著落於有，因爲這種因緣，佛才成立華藏世界。

第四種緣起，爲這個三乘的人，爲了一切凡夫，現廣大願、行福智境界，我們經常拜佛，說福慧兩足尊。兩足尊不要形容到兩個腳上去，而是說福慧兩足尊，福足慧足，不能偏執。印度有句俗話：「修福不修慧，香象掛瓔珞，修慧不修福，羅漢托空鉢。」證得阿羅漢果，那麼大的福德，向人家乞食去，沒人給他，經常挨餓，沒有福。他過去不利益眾生，不跟眾生結緣，眾生就不供養他，因爲他自己去修了，所以要仿效佛的福足慧足，不要偏執一面。因此佛說一切國土像虛空一樣的，無等無生無有相，但是爲了一切眾生故，要利益眾生，普嚴淨。佛以本願力故，住在華藏世界。華藏世界有它的因，修因的時候所得的果有時候隱，有時候現，隱把殊勝境界隱起來。我們看見這華藏世界是什麼樣子？就是這樣子，這是華藏世界嗎？是，佛的殊勝的境界隱了，不現了，所現的都是眾生的境界，眾生的業報，在這個隱顯，佛是自在的。

世間相當中有龍有鬼，龍鬼貪瞋癡是具足的，但是他有神通，有變化，具足貪瞋癡三毒。三毒是形容詞，這個三毒是指著他具足了，還沒斷惑，還沒有修行。有的龍鬼聞到佛法，有的龍鬼沒聞到佛法，他得證得法空，把三毒空掉，三毒空就斷了貪瞋癡，這時就得到戒定慧，純淨的智慧，所以能隱顯自在。龍鬼都能隱顯自在，但是煩惱都具足的。

李通玄長者引證善財童子五十三參，善財童子五十三參參到彌勒菩薩，入彌勒菩薩的大寶樓閣，在五十三參當中的第四十七參，參到彌勒菩薩。彌勒菩薩以三昧力現大寶樓閣，大寶樓閣是莊嚴的，那是彌勒菩薩入三昧現的大寶樓閣，善財童子到大寶樓閣一參，從初發心到究竟成佛，到等覺位菩薩。彌勒菩薩以三昧力讓善財童子在裡頭看，從發心到究竟佛果爲止。

就像我們現在講普賢菩薩從三昧起說的世界成就，然後又說華藏世界。彌勒菩薩從三昧起，什麼都沒有了，彌勒菩薩入三昧中大寶樓閣無量無邊的，大家看《華嚴經》經文就知道。他從三昧起一切相都隱了，入三昧了見眾寶莊嚴，從三昧起一相都沒有。善財童子就問彌勒菩薩，這些莊嚴怎麼都沒有了？何處去？彌勒菩薩告訴他，從來處去！從哪來的又到哪地方去了。我們現在的貪瞋煩惱很多，苦沒有了，那你就成道了。在你成道時煩惱忽然斷盡，煩惱到什麼地方？這個就是悟得的地方。

像善財童子問，說這些莊嚴具怎麼突然不見了？從什麼地方來？到什麼地方去？來無住處，去無所指。彌勒菩薩答他，從來處來，向去處而去。從何處來？從菩薩的智慧神通來的，住呢？依菩薩的神通智慧而住，華藏世界是依著毗盧遮那的智慧而住。知道這種道理，就像魔術師有好多的奇蹟，你問他從何來的？哪也沒有，他是變化的，就是無所從來，亦無所去。

這要參的，就靠你的思惟修，思惟修是觀力，就是往昔大願所成的，顯現的華藏世界。其他的大菩薩，諸方的大菩薩到這來看華藏世界莊嚴無比，我們住在華藏世界當中，我看華藏世界是什麼樣子，華藏世界的娑婆世界就是我們所受的、所住的。在諸佛往昔是大願修成的華藏世界，在我們是業，業力所成的。隨著業的隱現，見好環境，見壞環境，見你的肉體，見你的依報，你的依正二報是隨你的業而生的，也隨你的業而滅。那你轉了，你得到清淨；你沒轉，沒轉就是煩惱，就是污濁，五濁惡世。

## ◯釋文

上面講的是〈華藏世界品〉的玄義，在進入經文之前，先講講大意。我們昨天跟今天所談的就是華藏世界的大意，現在隨《華嚴經》的經文學習，依清涼國師的解釋。《華嚴經》的經文也分幾大段。

第一個是「華藏因果自體」，說華藏世界的因果，說自體的因果。第二是「明藏海安布莊嚴」，第三個是「明所持剎網差別」。以如是的文來解釋華藏莊嚴世界這個名詞，因此先解釋名詞。這裡頭有長行，有偈頌。凡是舉果的地方又屬於修因的時候，是指人說的，這是修因深廣難測。第二段彰果的體相，來辨別華藏世界。

### ◎明華藏因果自體

爾時普賢菩薩復告大眾言。諸佛子。此華藏莊嚴世界海。是毗盧遮那如來。往昔於世界海微塵數劫修菩薩行時。一一劫中。親近世界海微塵數佛。一一佛所。淨修世界海微塵數大願之所嚴淨。

這個是舉「剎海」。剎是剎土，剎是最大的，不是像一個國土一個國土，剎裡頭包括了無數剎，每處剎都是包括無量無邊的世界。這個華藏世界海是毗盧遮那佛最初修行處所，所得的淨佛國土。先講修因，修因的時間長得很，把佛剎抹成了微塵，每一微塵又作一剎。

過去在三乘教義裡頭說三大阿僧祇劫，三個沒法計算數字的數字，成就佛果了。《華嚴經》可不是，《華嚴經》一說時間，沒有時間，無央數的時間。無央數是不可知數，到華藏世界說數字的話，《華嚴經》單有一品專說數字，〈阿僧祇品〉有一百二十多個大數，那不是凡夫所能算得出來的，也不是二乘聖人所能知道的。怎麼辦呢？我們把它縮短。無量劫的時分就是一時，經過無量數的時分就行了，不計數。多劫是一念，一念是剎海微塵數劫，無量劫就是時分，經過很長的時分就是了。在多劫當中，遇到很多殊勝的因緣，親近了很多諸佛。我們現在是親近毗盧遮那佛的化身佛釋迦牟尼，釋迦牟尼即是毗盧遮那，毗盧遮那就是釋迦牟尼，說用的時候是釋迦牟尼，說體的時候是毗盧遮那。

說到經過長時間的修行，經過好長時間呢？於多劫遇到殊勝因緣，遇見諸佛，在多佛的當中，他都發了清淨的大願，願成就一個清淨佛國土。我們每一位道友出了家之後，都想找一個好的處所；也等於找個清淨的修行的地方，學習的地方，能夠斷煩惱的地方，了生死的地方。在這個當中，到這個常住或者這個廟，住一段時間。在那個廟住一段時間，總感覺不合適，不合適就是跟你的意念、身所受的、心裡所想的不相應。不相應，住不下去了，不是一生兩生，經過無量生。

為什麼我們生下來就想出家，這是繼續前因，今生做比丘比丘尼死了，死了又流轉來了，來了還想前頭，我是和尚，我是比丘尼，還要出家，這是前因不昧。這種力量，你說不出來。每個人回憶一下，特別是出家二眾師父，你回憶一下你的過程，一心想出家。出了家了，都想斷煩惱，殊不知煩惱是越斷越多，誰給你的煩惱呢？你自己生的，沒有誰給你了。在這住住不合適，到那住住不合適。你的心若能夠適應物，心能夠轉境，不要被環境轉，心能轉境就同佛一樣，心能同佛。若是你的心被境轉，總被環境轉，就是這個心被環境轉，煩煩惱惱的，在這住著也不合適，到那住著也不合適，這個世界上沒有合適的。有沒有出家又還俗的呢？很多，現在也很多，還了俗了更不合適，那個煩惱更多了。怎麼辦呢？再出家，比丘尼是不行了，比丘還可以。如果再出家，第一個條件先得懺悔。說再想增戒再想受戒，把前面的罪懺完了再說，沒有懺完，不能再受比丘戒，懺盡前業，再能重受。那不是這個條件，什麼條件？不是現在這個剎海之中的條件，毗盧遮佛不是這樣，他在每一個劫裡頭，就每個時分當中，梵語「劫波」，此云「時分」，時是最長者，「阿僧祇」，時是最短者，「剎那」，是一剎那之間，也就是一念之間。

毗盧遮那佛在靜修，要想有個處所，那就自己創一個。若是住誰的都不合適，那我自己建一個。住這個廟不合適，住那個廟不合適，我自己建一個，自己修個廟，自己修的該合適！這個房子不合適，買房子搬家到處挑地方住，想找一個住處的相應。說經過很長很長的時分，發了很久很久的清淨大願，修行了很多很多的功行，才成就華藏世界。

這一品的來意就是這個樣子。像我們最初發心，遇到釋迦牟尼佛了，沒看見佛，這是佛的末法。你不看見佛像、不看見佛經，怎麼發願？這是從你最初發心，要成佛，要度眾生。成佛了，得有一個處所，那長大成人了，離開父母，自己得有間房子，不論是租的或是買的，自己得有個處所，也如是。發願的時候，我成佛的時候，令這個世界如何如何，阿彌陀佛也是這樣發願的，四十八願成就這個極樂世界，攝受眾生。我們把釋迦牟尼佛也就是毗盧遮那佛的法，分做三段，一個正法時期，一個像法時期，一個末法時期。我們現在是末法時期，逢到釋迦牟尼佛了，而且逢到的是末法，我們也發願成佛，像毗盧遮那這個樣子的，自己發願莊嚴一個佛世界。

在釋迦牟尼佛的末法當中，來到人間也發心信佛修道，因爲在學法當中觀，觀就是思惟，觀就是心裡想；在學習當中，想像毗盧遮那，他經過很長的時間，在然燈佛、寶積佛二個時期就是供養很多很多的佛，在三個時期，又經過供養很多很多的佛，總數大概有好多呢？供養三十六恆河沙，一恆河沙有好多的沙子呢？以我們的智慧是算不出來的，恆河沙比長江沙細的多，恆河有五千多里這麼長，那河裡的沙子有好多呢？以我們的智慧是不知道了，在佛的智慧，一個恆河沙數字不夠，大概是經過三十六個恆河沙，這麼長。有的經上說是經過三十八恆河沙，不從數字去計較，單說修行的成果，經過這麼長的時間，才能夠供養諸佛，以什麼供養呢？證得了無生法忍，「無生法忍」把他顚倒過來解釋，「忍一切法無生」，這叫「無生法忍」，成就一切諸法不自生不他生，無生無不生。這樣去觀念一切諸法，思惟一切諸法。

在〈大智度論〉上說，那個時候釋迦牟尼也就是毗盧遮那，用五華供養然燈佛！《金剛經》上說，是不是然燈佛與我授記？沒有！他不與我授記，就是無法可得，沒有授記之法也沒有學習之法，是什麼法呢？無生法，無相可住，說沒有還等什麼？等其餘其他的一切法門。大悲普施，有大悲心，心裡從來不起忿念，連對一切衆生，對一切事物，起個不高興，起個忿念，連這個念都沒有。讚歎恆河沙數諸佛的功德，修無上菩提，修六波羅蜜。這樣只是說華藏世界的成就，皆從發心而來的。現在修行經過六度萬行，修滿了，《華嚴經》講十度圓滿。在一一的佛所，有世界微塵數海的大願，我們不是經常跟我們的道友說發大願，那個願可太多了，見什麼發什麼願。普賢菩薩十大願，我們從〈淨行品〉開始就發大願，願是無窮無盡的，到佛感果呢？也是無窮無盡的。在其他的經論裡頭，都說六度萬行，在《華嚴經》裡頭一說就是十，十數圓滿，十大願。因爲這些不是三乘的教義，是一乘圓滿的教義，顯佛的果德，顯佛的法身的本體，顯方廣的相用。因深果繁，因越深、果越繁，證得的越多。所以依報與剎，一剎依報所依止的處所，他的量是無量，小乘的單講一個娑婆世界，三乘的大小之分的，以色究竟天的十境界，色究竟是無色的，就是別與他方的佛國土。現在是演的《華嚴經》，一乘十佛的境界。大小無礙，無礙就是不障礙，淨穢平等，時而現淨世界，時而現染世界，是染淨相容。是淨？是染？不是淨也不染，非染非淨，都是一實境界。有時候是無邊相，相多得很，世界相多得很，這叫世界相，就是把他收攏來，無盡的相就是一相。有時候在表法當中，說一切諸法安立，等回歸心境的時候，一法不立，迷一切色相。

《梵網經》上說，「一華百億國，一國一釋迦」，說盧舍那佛報身佛所住的那個千華臺上，有千葉蓮華座，這個符合《華嚴經》上所說的，佛的寶座出現那些菩薩，就像盧舍那佛出現的是報身佛，他的千葉蓮華就現的千釋迦佛，是大化。每一釋迦牟尼佛又化一百億國土，一百億釋迦，所化百億國一國一釋迦，這叫小化。大化是指這個世界總的世界，這不是指華藏世界，這個世界是他所做釋迦國土。大化的時候，娑婆世界是十報佛所化度的眾生的環境，他這一華百億國，一國一釋迦，一個釋迦牟尼佛化百億的釋迦，這百億釋迦一個釋迦一個化度，四大的部洲，就是我們所說的這個地球。所化一個就有一百億，千釋迦是一千個百億，一千個百億每一個化佛就有一個四大部洲，這是化境。

這是約分析來說，這些相歸於一相，一相是什麼相呢？是義相，不壞一切世間相，這個蓮華之外，還有別的佛剎！蓮華內是盧舍那，蓮華外還有別的，別的佛剎，那就多了，這叫不可思議。但是法界無差別，依著性體來容一切相，這個道理非常深。如果明白就成佛了，你可以這樣想，如你現前境界想，靜下來想，我們不想南贍部洲，光想這個國土，中華人民共和國。光想這個省分來說，山河大地土地，你想的是大概，好多地區你沒有走過，沒有見過，我們認爲新疆、青海、西藏，你打開地圖看，人煙稀少，土地非常廣，不能住人也沒有開發。你再看沿海這幾個省，福建、浙江、江蘇，你在地圖就看到了，每個土地有好多，每個土地有好多，打開地圖看見有好多個國家，很小很小，十幾萬，他就算個國家，小國大國無差別。

這說我們所依處所。一切法從它的相上講，表達的成住壞空。從理上講，一切諸法是稱性的，理是不壞的。所壞的是相是事，事必依理，一切事必依理而能安住，理一定能成事，這叫法界無差別，叫性相圓融。這個世界的「世」怎麼成就的？大地，我們地球整個是在空中。大地要依賴什麼呢？什麼來執持大地的呢？執持大地的是風輪。風輪持大海，大海叫香水海，香水海完了還有七大鹽海，在海裡頭又出蓮華，在蓮華上看不見蓮華，蓮華又持著海，持著剎，剎裡又持著海。那有座山叫輪山，有的加著台，叫台輪山。台的面上是地，地是土地，土地又上有河，就叫香河，海間裡頭有香河，這河間的大地上才有樹木，才有人類，多種合成的。能持著這個大地的是風輪，能持持於所持，所持的叫香海，海上又出蓮華。華上才有這個剎，剎裡頭又有海，土地很少，海很多。

我們這裡說風輪，說香水海，說海裡出蓮華。那蓮華又來持著剎，持著海。在古來大德說，他先分這個土地的因成的，因所成的，那土地是果中因所成的果相。這果的相就如是，這是華藏世界的一小部分，說是總標，以下華藏世界就解釋這些，現在看經文。

**諸佛子。此佛藏世界海。有須彌山微塵數風輪所持。其最下風輪名平等住。能持其上一切寶燄熾然莊嚴。**

我們的手拿什麼東西，就是「持」的意思。華藏世界海是什麼來持世界海的？有須彌山微塵數的風輪。我們認爲這個力量最大的、強有力的是有相的，這個觀念是錯誤的。越強有力的越是無相的，誰能把風抓住？風是什麼樣子？能把風抓住嗎？抓不到的。海水你可以舀一勺，你把風關哪，關一段風你關得住，捉摸不到的，這是說風輪。

「諸佛子，此佛藏世界海，有須彌山微塵數風輪所持」，有須彌山微塵數風輪執持華藏世界海。把須彌山整個的擣成微塵，一微塵一個風輪，這風輪很多，最下的風輪，叫「平等住」。風輪也有名字，名字叫「平等住」，這是普賢菩薩說的。風還有名字？每個風跟每個風不一樣的。我們看見風就這颱風，颱風怎麼感覺呢？

樹動了，樹動了風吹的，才知道有風，風的起處，微風我們不知道，看著樹動。平常有這麼一句話，樹欲靜而風不止，樹本來想靜一下的，那風一直刮，樹靜不下來；再形容到我們的現前，我們本來想靜一下的，他的妄想不止，沒有辦法。

這風輪這麼多，說個最下的風輪，叫平等住。「寶燄」是各種光所發生的燄，燄光就是寶所發生的燄光，那燄光熾然就很大，樹盛茂就熾然。這個風輪是在這些眾寶所莊嚴成就的，這就說風輪，左一個風輪右一個風輪，由風輪所持的。

**次上風輪名出生種種寶莊嚴。能持其上淨光照耀摩尼王幢。**

風輪所持的上頭是什麼呢？不是土地，還是風輪。這個風輪叫淨光照耀摩尼幢，上頭的風輪叫寶威德。

**次上風輪名寶威德。能持其上一切寶鈴。次上風輪名平等燄。能持其上日光明相摩尼王輪。次上風輪名種種普莊嚴。能持其上光明輪華。次上風輪名普清淨。能持其上一切華燄師子座。次上風輪名聲徧十方。能持其上一切珠王幢。次上風輪名一切寶光明。能持其上一切摩尼王樹華。次上風輪名速疾普持。能持其上一切香摩尼須彌雲。次上**

**風輪名種種宮殿遊行。能持其上一切寶色香臺雲。諸佛子。彼須彌山微塵數風輪最在上者。名殊勝威光藏。**

大地的這個輪，誰執持它？有這麼多的風輪，風還有層次，是大菩薩智慧觀察。因爲這個風輪持著那個風輪，一個一個相持。以這個風的力量持那個風，那個風持那個力量，如是者這十種風輪，每一個風輪持一切重的重量。這是有形的。〈如來出現品〉講的十種風輪。它就執持著欲界色界，無色界不要支持，什麼都沒有，無相嗎！因爲這一重一重的才來執持到香水海。

**能持普光摩尼莊嚴香水海。**

「摩尼」是如意，這個如意寶所發出的光明普照一切所莊嚴的海底，從上到下。寶色跟香水以這個立名，就叫摩尼莊嚴香水海。又者，我們每個人所具足的第八識阿賴耶識，叫藏識。藏識就叫海，用海來形容，意思是說既深且廣。我們沒有智慧來解釋海跟風，這些都是妄識所成立的。因爲清涼國師沒有做解釋，我們也沒有這個智慧加以解釋，知道大意就可以。香水海有個大蓮華，叫什麼呢？這個蓮華叫種種光明蘂香幢。

**此香水海。有大蓮華名種種光明蘂香幢。**

「幢」就是像柱頭一樣的幢旛，寶蓋就是幢的意思。種種光明蘂香幢，這個幢上頭有二十重世界，也是加個「海」形容，二十重世界。我們現在所住的華藏世界，十三重。加一個十數，可把它用法來形容。蓮華的蘂，蓮華的心，放出來有殊異的光，這個光就是發出來的光中帶香，光就是香。經常講萬，就說是從菩薩所教授的行菩薩萬行，形容菩薩行。

菩薩在修行當中所成佛果之前都有一個覺悟的覺，叫覺性，覺的體，說這個覺悟的體是光明的，能夠普熏一切。普熏普利益衆生，這就是香的涵義，萬行不離於十德，十十成百，百十成千，千十就成萬，所形容的法門，萬就表示最多了，不再形容了，其實不止一萬。多了，就是以萬爲止。

二者從體性，大蓮華本身是無染清淨的，這個清淨無染表示什麼呢？表示法，表示戒。蓮華開敷的時候鮮豔無比，表示布施，這叫布施度。蓮華自己無染清淨的，表示戒度。香氣芬馥，表忍。四寶莖堅固，蓮華的莖執持蓮華堅固，什麼才堅固呢？就是我們修行人精進才堅固。戒行如是，戒行如是忍度還如是，得要精進。五寶枝葉扶疏，枝壯葉茂表示什麼呢？表示禪定的。六寶蘂香幢，表示智慧的。七相巧成就，表示方便的。八含藏之中的蓮子，蓮華裡頭含藏著蓮子，表示願度。九寶台堅固，執持它堅固不動，表示力度，有力量。十是普放光明，表示智。這就是《華嚴經》的十度。如果記的時候爲了方便記，就念十個字就好了，「施戒忍進禪，慧方願力智」，十度。

施度有三個，財施、法施、無畏施。菩薩修行這個法門是自利自他，度衆生是利他，自利是脫離生死苦海，越煩惱的中流達到涅槃的彼岸。你過河要到中流那力量最大，若是能把它斷了，就能衝過去；說你要想成佛，你先得要斷煩惱。每一度都有這麼三門。菩薩修行的時候要布施，布施要財施、法施、無畏施。

說持戒，持戒就是把這個律儀攝了煩惱就斷了。戒是遮止的意思，也有三個，攝律儀、攝善法、饒益有情，這是戒度。持佛所規定的，不許作的一定要不作，這叫「止持」。佛教你作的一定得作，這叫「作持」。佛教你作威儀細行，佛不教你作的殺盜淫妄，凡你身口意所生的，不是善就是惡，把它都攝成善不要作惡。身口意，身三口四意三，貪瞋癡，完了妄言綺語兩舌惡口，完了殺盜淫。

說的次第，是從身上說的，翻過來制止是從心上說的，攝持使它不乖不謬不錯。這三個當中最難是饒益有情，當你饒益有情衆生的時候，跟攝律儀戒有衝突，跟攝善法戒有衝突，那就靠你的智慧來判斷。比如殺人犯殺戒，不但犯殺戒，還要還命債，你殺他，將來他一定要殺你的。但是菩薩爲了救度衆生，他要殺衆生，或者他殺一百個一千個，或者他下毒藥，那就殺的無數了。你制止他，他不聽，那菩薩就把他殺掉，讓他惡行造不成，這個是饒益眾生的時候，有時候你前頭的戒都能破。為了饒益眾生，自己願意代眾生受苦，殺人要還命債的，不論怎麼殺都得要還命債。你寧可以你的生命還他的命債，不讓他去殺千百萬人，那他要還千百萬人的命債。這就難，大菩薩得具足這種意願。他是饒益有情，只要眾生歡喜，我就去做。饒益有情嗎？讓一切眾生都生歡喜讓他得利益，拔除他的痛苦、施給他快樂。這是戒度。

忍度有三種，耐怨害忍、安受苦忍、諦察法忍。這三忍當中最難的還是法忍，你觀察一切諸法，明明知道諸法體性是虛幻的，本來沒有生滅的，那時你要隨順生滅，安然忍受，安然忍可，這叫忍度。《金剛經》上說歌利王殺佛，把佛肢解一塊一塊切，佛忍受；不但忍受還發願，說我若成佛先度你。佛成佛了先度憍陳如，憍陳如就是歌利大王的後身。

精進度，精進度這些都是形容詞，披甲精進，兩軍對戰時候披甲。現在沒有披甲，防彈衣也等於披甲，修殊勝的法門，修殊勝行，堅持不懈，有時超過人的體力，不是菩薩做不到的。

般舟三昧，九十天不睡不坐不臥不吃不喝，我們能做得到嗎？說九十天，我看十天、七天就死了。有些人說自己行二十周般舟三昧，那是騙人的，般舟三昧是菩薩在定中所做的。煩惱凡夫，你那個心所，一天攀緣的心沒停下來，你怎麼能行般舟三昧？般舟三昧又叫一行三昧，就修一個法門。菩薩在定中無所謂的，他入定了就可以了，不止九十天、九百天也無所謂。凡夫不行，凡夫仿效，那不是凡夫的肉體所能做得到的，這叫披甲精進。

攝善精進法，給眾生方便，不是給自己方便。現在菩薩都是給自己方便，不給眾生方便。這個非常之難。難就是難度非常之大，做不到的。往往為了攝受一個眾生，菩薩追他好多世，捨好多次的生命。我們好多的道友不承認自己是菩薩，發言、身所作、心裡所想不是度眾生，盡是給眾生作障礙。我這話可能過分一點，每位大菩薩好好想一想。我們都不大，小菩薩還沒當呢！大菩薩他確實是這樣子，他不給眾生作障礙，幫助眾生消除障礙。我們現在的師父，心嚮往而不去做，心裡頭有時候學起來心量很大，做起來做不到，有障礙。當你行每一度的時候，中間有很多干擾，不是那麼容易就能成佛。菩薩發菩薩心、行菩薩道的時候，若是那麼容易做，那不都成佛了嗎？從你內心的干擾，發不起願、發不起心，學習的也不夠，定力也不足，深入不到。

我們還認為自己守佛制、守規矩，守常住的法制，却忘了行菩薩道。「我維護常住的利益！」維護常住的利益不是讓你去傷害眾生，你做的是傷害眾生，這個取捨怎麼樣做，得靠大智慧，不是說我忍受了，人家羞辱我不理他，不是那麼容易的。攝一切精進就是修行方便行。三、還有利樂精進，有利益眾生的精進，讓一切眾生得到利樂，勸化眾生讓他修道。

禪度就是禪定，華言就叫靜慮，或者叫思惟修，或者叫三昧。一、安住靜慮，他就是安住靜處使你的思想不亂輕想，不胡思亂想。二、亂想不起了，念不生了，這才能引發靜慮。三、辦事靜慮，靜慮思惟達到深處，這時候才能智慧現前，智慧一現前，生起一切功德。辦什麼事都在靜處，有定力的人他在雜亂不慌，不論什麼干擾都不慌。利益衆生必須得有定力，不受任何干擾。

慧度三行，一種是生空無分別慧，照了一切俗諦的法，也就是一切世間相，一切世間相是生滅的，能夠在生滅上認識他的不生滅。在生滅相上見到不生滅，這只是證得空理的一部分，叫人我空。再有慧解勝進叫法空，這叫法空無分別慧。平等照了自性的眞如，這是開了悟，悟法自性，悟一切法的性體本來就是空的。諸法無自性，性體本來就是空的，人我俱空，這叫俱空無分別慧。無分別慧就叫中道義，中道義超過我空法空，悉皆平等就叫平等空。在俗諦上，爲什麼說諦？諦是理，俗是事，在俗諦上，理事結合了，這樣的才能建立一切法，這叫慧度。

方便度，這是《華嚴經》特殊的，一般是六度萬行，《華嚴經》都是講十度的。在慧裡頭開方便，開願，開力，再開智。

講到方便，方便也有三種，一、進趣果向方便。當你修道，向果上進趣，趣果；趣果就是你所證得要成就，必須假方便，方便就是修一些功德，把一切功德迴向佛果。二、巧會有無方便。方便得有善巧，這叫善巧方便。沒有善巧方便是不得成就的，但是善巧方便非常難，沒有智慧做指導，你去行方便，就把你束縛到裡頭去了。若是有智慧的方便，這回去度一切眾生，有善巧方便，那叫解脫。有慧的方便就叫解脫，沒慧的方便就叫束縛。這個善巧在真諦俗諦之間很難掌握，不是亂行方便。三、一個是不捨不受方便。這個方便救度眾生了達到能所皆空。若是認真的話，真中的方便，這叫方便。

願度，發大願的時候也有三種。一、求菩提願，求菩提願就是發願就成佛。二、利樂他願，就利益一切眾生救度一切眾生。三、外化願，外化有情，這就是自利利他兩利，這是願度的三行。

力度，力是力用，力度有三種。思擇力，這是思想，用思惟簡擇一切善法，得到力量。修習力，修習的功力殊勝了，得到六種三通，各種三昧。變化力，神通不可思議，化度眾生有大神通。

智度有三種，智是無相智，觀一切法空，達到諸法自性本自空。受用法樂智，修行證得的一切種智。自受用，還有他受用，這個說是自受用，自受用的方面得大自在一切無礙。三、成熟有情智，成熟一切有情、化度眾生的時候能夠使眾生成就道果，這叫智三智，三種智。能如是的知道一切道一切種智，這都是佛智。一切道是佛道，一切種智是佛智。

這都是正報，若是莊嚴世界沒有正報，怎麼有國土？沒有剎海如何有道場建立？佛說《華嚴經》得在菩提場，得有道場，沒有道場怎麼能建立？

**華藏莊嚴世界海。住在其中。四方均平。清淨堅固。金剛輪山。周帀圍繞。地海眾樹。各有區別。**

華藏世界海在所持的刹海當中，「四方均平」，顯華藏世界的形相，「清淨堅固」是華藏世界的體性，它的外邊金剛輪山的周帀圍繞，海上有樹，這個樹跟我們所看見的樹不一樣的，各有區別。這是華藏世界海所有的，山、地、海、樹，山地海樹各各區別不同，山、地、海，樹都形容華藏世界的莊嚴。不過在多種莊嚴之中舉這麼四種而已，其他的還有很多，這是形容詞。普賢菩薩說華藏世界莊嚴海是四方均平，清淨堅固，金剛輪山的周帀圍繞，一重兩重，三重四重，大概有七重。每一重的金剛山外都有大地，還有海，這海是香水海，不是鹽水海。海邊上都有樹，各有各的區別。

是時普賢菩薩欲重宣其義。承佛神力。觀察十方。而說頌言。

世尊往昔於諸有　微塵佛所修淨業
故獲種種寶光明　華藏莊嚴世界海

## 廣大悲雲徧一切　捨身無量等剎塵
## 以昔劫海修行力　今此世界無諸垢

華藏世界沒有垢染，離諸垢。這兩個偈讚什麼呢？讚佛過去修行的時候，在微塵數諸佛的面前修清淨業，因此成就這個依報。依報有種種的光明，光明是形容華藏世界海的。過去修行法門無量，一一淨修，所以獲得種種寶光明，每一種寶光明都是毗盧遮那在因地時候所修的諸行，現在獲得這麼一個莊嚴世界，華藏世界。佛的悲心徧一切時，徧一切處，悲心才能度眾生，這個捨身是指分段身說的，捨身受身，捨身無量。

我們把生命看得很寶貴，佛在因地為了度一個眾生他能捨身。捨身有幾種，一個為了救度眾生，一個捨身供佛，一個捨身供法。如果把你的肉體看得很重，得不到你的法身。現在我們是分段身，不要一天太為它操勞了，我們大多數為這個身操勞，穿衣服、吃飯，一切都為了這個身，種種鍛煉，都是為了這個身體。佛把這個身體看成了是什麼呢？是修行成道的一個工具，就當一個器皿一樣的。要了生死，要解脫，你得放下，得看破。所以佛在因地的時候，捨身體就像佛剎微塵數那麼多，修行的時間非常得長，往昔修行的時候，修行得了利，得到什麼利了呢？成就了華藏世界。「今此世界無諸垢」，現在這個世界是清淨的，沒有垢染，是因為佛的宿身清淨，修行時清淨的，現在這個華藏世界是莊嚴的。

我們所處的娑婆世界，我們看到的是垢染的，這個世界本不垢染，是我們的因所感這個果，我們的緣促成這個世界的垢染。例如戰爭，各種疫病瘟疫，各種雜亂的病，這是我們所造的業因成就現在的果相。佛往昔修因的時候，成就的果相是一個清淨的華藏世界，我們在娑婆世界，南閻浮提的南贍部洲，我們所處的環境，那是我們的業因，所以招感這個果。因不同，果也不同。現在我們可以差別著說，好多國土，就我們現在所處的小地球，我們現在所說的這個世界，世界各國，大概有二百多個國家，像我們這樣安靜的還是很少了，到處是瘟疫、刀兵、水火，災害頻繁，這都是因。華藏世界本來是清淨的，隨著衆生的業緣，緣能生起，但是它的體還是清淨的，因爲娑婆世界的體是依著華藏世界的。

堪布卡塔仁波切昨天給我們開示，沒有廢話，講的就是《眞實名經》，或叫《聖妙吉祥眞實名經》，《眞實名經》長行很少，他念的都是頌。他是依著藏文念的，漢文有《眞實名經》，是密宗的教典。妙吉祥菩薩就是文殊師利，它加個「聖」字，「聖妙吉祥」，大聖妙吉祥菩薩所在的五臺山，也叫清涼寶山，黃金成就的。一到這個季節，徧地滿山都是黃花敷，表現一種金黃色。那些地上的菩薩看這五臺山金色世界，黃金成就的，有一萬菩薩每天晝夜不停地繞清涼。

我們打千僧齋，四千多人，感覺很多，若是有一萬個菩薩該好多。我們見到了嗎？另外說你所見到的哪個不是文殊師利，都是妙吉祥菩薩所示現的，一山一石一草一木，你作如是觀都是妙吉祥菩薩。《眞實名經》講文殊大智，般若義空，純粹是般若的密義。《金剛經》講是顯義，《眞實名經》是密義，有很多咒。昨天他念了很多咒，意思是加持與會的大衆，消災免難，把過去所有的宿業，所現的境界，轉爲清淨的智慧，般若的妙智。應該說五臺山的依報是文殊師利菩薩的依報，爲什麼我們到金色世界裡頭看見的還是石頭？我們準備打千僧齋鋪磚的時候，我就想每塊磚都是金磚，把它轉爲黃金爲地，金磚鋪的，眞的金磚大家拿不動，鋪得沒那麼快，那好重！一切法就是意念，遇到什麼境界看你的觀力如何，你怎麼想的。現在我們這幾百人，各個想的不同。在依報上，說我們這個房子我們怎麼講？看見這房子有一個玻璃燈，有些水泥，刷上粉了，很簡單；但是它怎麼成就的？怎麼建立的？怎麼設想的？

華藏世界也如是，當初毗盧遮那佛怎麼發願的？他怎麼發心的？他怎麼做的？我們現在就講他的發心，他怎麼發心才有這個華藏世界的不同形式。研因知果，我們現在是講華藏世界怎麼成就的，都是毗盧遮那，這個境界怎麼形成的？我們是沒辦法說的，而是普賢菩薩說的，這個華藏世界的成就是普賢菩薩講的。普賢菩薩在這個偈頌說的很清楚，說你看的如何是隨你的業。

○釋　文

放大光明徧住空　風力所持無動搖
佛藏摩尼普嚴飾　如來願力令清淨
普散摩尼妙藏華　以昔願力空中住
種種堅固莊嚴海　光雲垂布滿十方
諸摩尼中菩薩雲　普詣十方光熾然
光燄成輪妙華飾　法界周流靡不徧
一切寶中放淨光　其光普照眾生海
十方國土皆周徧　咸令出苦向菩提

這個世界是光明的，是徧住的，光明是沒有實體的，能夠徧住一切處是因爲它是空的，性體上是空的。

因爲毗盧遮那的因所修成的，加上毗盧遮那世界上諸大菩薩的緣，因緣和合。性空，因爲緣起而建立的，但是感召的是風力，最底下是由風力持的。怎麼持的？風沒有實體的，而風的力量特別大。四大種，風是在底下持的，因爲風力持，風輪上頭是火輪，火輪上頭是水輪，水輪上頭才是地輪，風力無動搖，這是它底下執持的力量。地表上所有的都是佛藏摩尼普徧嚴飾莊嚴的，因爲佛在因地修行的時候，他的願力是清淨的，感這個華藏世界的果德也是清淨的，所有的花草樹木都是摩尼寶妙莊嚴所嚴飾的。怎麼有這些莊嚴品呢？佛願力故，往昔毗盧遮那的願力所成就的，這個願力沒有實體的。我們發個願，想要做什麼，這是願力，是空的。等你願力所成就的東西，以空成就的現相，空成就的現相是緣起的，它的體是空的。「緣起性空」、「性空緣起」，就是這個涵義。

越是虛的東西力量越大！以我們的認識，認爲空的就是沒有，沒有力量，這是錯誤的。你發的願，心裡所想的沒有實體的，但是它能支持你這個肉體，你發了什麼願，讓你這個身體做什麼，身體就聽你心裡的指揮，它隨你的願力去做，隨你的想像去做，華藏世界成就也如是。說這些種種莊嚴海是堅固的，光像雲一樣的滿十方，這個莊嚴海是徧滿的。在這個世界內還有些跟佛學習的菩薩，毗盧遮那的弟子。這是常在佛身邊的親子，這些菩薩的數字像雲那麼多，能夠在這個世界處處化度衆生，就像佛的光明徧照似的，徧照十方世界。

寶中佛數等衆生　從其毛孔出化形
梵主帝釋輪王等　一切衆生及諸佛
化現光明等法界　光中演說諸佛名
種種方便示調伏　普應羣心無不盡

寶中現的諸佛跟眾生數相等的。「從其毛孔出化形」，每一個毛孔都是佛的化身形相。還有周圍護法，那些護法梵王天的天王、帝釋天的天王、人間的輪王，還有一切聞法的眾生，還有諸佛讚助。光中所化現的，像法界那麼多，法界沒界限，心意念所成就的。「光中演說諸佛名」，光中說法。

「種種方便示調伏，普應羣心無不盡」，所說的法要調伏眾生的煩惱，現無窮無盡的方便法，對每一個眾生說的法都不同。「如來一音演說法，眾生隨類各得解。」佛說的法是一音，沒有差別的，每個眾生心裡都無量的歡喜，佛說法的涵義是無盡義，也對著一切眾生，眾生無盡故，佛說法也是無盡的。「寶中佛數等眾生，從其毛孔出化形」，寶中現的諸佛，跟眾生數相等的。

**華藏世界所有塵　一一塵中見法界**
**寶光現佛如雲集　此是如來剎自在**

佛的國土、佛所的依報，是自在的。凡是華藏世界，所有一個微塵，舉一微塵，就是全體的法界。法是心，界是界限，界又是生起義，界生起諸法。心生一切諸法，心生的諸法沒得界限的，這個道理深的我們不知道，或者不能理解，你想想你的這個妄心，你得想很多的妄想，這個妄想跟妄想裡頭有界限嗎？你今天想家了，想到北京去了，五臺山跟北京沒有界限的，你一想就想到了。若有界限，你想不到的。意念無記相故，諸佛、一切諸法無界限。這個是形容，因爲是大願力所成的，願海說願雲，他是周徧法界的，他在一切劫、一切時候，任何時都在化衆生，因緣成熟了那一時，化度衆生，因緣成熟了，就是那個時候。劫就是時分，把那個劫，以後就把他叫成時分，就是一時。

普賢菩薩對於毗盧遮那佛所有化導衆生的，所有成就這個依報莊嚴的，普賢菩薩的智慧，都能成就了。普賢次第行，到了普賢這個位置，他修行所得到的、行門所成就的，與佛無二無別的。

**廣大願雲周法界　於一切劫化羣生**
**普賢智地行悉成　所有莊嚴從此出**

這是從普賢行門出。這說到普賢本身，尤其是普賢說的華藏世界，他是演說佛因地，修行所成就的依報莊嚴的華藏世界，普賢菩薩都證得了，所以他才能演說。

## ◎明藏海安布莊嚴

這個世界莊嚴海所安布的莊嚴，都是些什麼呢？四周輪山、寶地、香海、香河、樹林，這都是莊嚴。大概用這六種解釋，一個用輪圍山，周圍的輪圍山、一個是寶地、一個是普海，普海當中有香河、海中的香河、樹林，總結這一切莊嚴。

**爾時普賢菩薩復告大眾言。諸佛子。此華藏莊嚴世界海。大輪圍山。住日珠王蓮華之上。栴檀摩尼以為其身。威德寶王以為其峯。妙香摩尼而作其輪。燄藏金剛。所共成立。一切香水流注其間。眾寶為林。妙華開敷。香草布地。明珠間飾。種種香華。處處盈滿。摩尼為網。周帀垂覆。如是等有世界海微塵數眾妙莊嚴。**

華藏世界海這個大輪圍山，他住在什麼地方呢？住到一個蓮華，這個蓮華叫日珠王，住在這個日珠王上。「栴檀摩尼以爲其身。」身是指蓮華，蓮華的身，我們看蓮華瓣全體，多少瓣所成就的，叫蓮華身。「威德寶王以爲其峯」，就是蓮華的高處。「妙香摩尼而作其輪」，蓮華諸瓣的輪轉。

「如是等」，就是上面所說這個莊嚴具，有好多呢？「有世界海微塵數衆妙莊嚴。」這個形容詞所形容的世界海莊嚴是我們沒法想到的。以我們的觀想力，這種境界相，我們從來沒見過。不是今生沒見過，無量劫也沒見過。等到你成佛了，成的跟普賢菩薩相等了，你才能見到。地面四周呢？就是徧覆著日珠王，日珠王是大地，是所依的處所。依〈晉譯華嚴〉，叫蓮華日寶王地，這個地的名字叫蓮華日寶王，這個大地的名字叫蓮華日寶王。爲什麼？我們先說的是朵蓮華，這都在蓮華裡頭，這個蓮華比你生到極樂世界的蓮華大的多得多。這是華藏世界，後面講這朵蓮華太大了，是我們意念所想像不到的。我們就按經上說的、按普賢菩薩說的，那我們就去觀想。

除了蓮華的大花，上頭還有些蓮華，這個蓮華就是爲這個作他所依的。這個蓮華叫什麼呢？種種光明蘂。他的光燄成輪，我們的光線少了還沒成輪，光有個輪環，叫光環。我們經常說光環，光環就叫輪。種種光明蘂香幢，在一切寶中所放的淨光明，他都以花爲寶的，以華爲作他的實體。足輪之上的那些諸王又復成爲蓮華。盧舍那佛住的大蓮華比這個蓮華就小了，因爲他在華藏世界裡頭，他的蓮華一千葉，一葉就是一個釋迦牟尼佛。大化叫應身，我們聽說過應化，應身跟化身不同的，報身所示現的，叫應身。而娑婆世界，釋迦牟尼佛就叫化身。大家讀《梵網經》就知道，一朵蓮華分了一千葉，一千葉就是應釋迦牟尼佛，一個應佛有千百億化身，應化化身的釋迦牟尼，千百億釋迦，一華百億國，一國一釋迦。那就再收回來華藏世界的這個蓮華。華就是寶，所以蓮華的花都是寶。所有蓮華日寶王，就像輪王的珠子一樣的，這是蓮華的總名。爲什麼叫「金剛」呢？這是佛的德。

這兩個加起來，說佛的自體圓滿了，外邊所顯的六相圓滿了，莊嚴的，這是法身，不是肉體，是法身的總行，是摩尼圓明，檀香芬馥，旃檀香放的。是佛修行的時候持戒清淨，佛的戒德。蓮華有些山形，這些山形就是降伏一切惡。山輪，山有彎曲的地方，山有獨峯，這個成就山之緣，那是山所依止的。這是形容華藏世界。華藏世界就是這個樣子，形容他的體。另外，這些山不是像這些山，大雨一沖就跨了，山體滑變，這些是金剛的，不會滑變，內裡頭含著光燄，整個山的光燄。「如世土石雜而成山」，世間的土是雜亂的，這是金剛的，所以叫「金輪」。

**爾時普賢菩薩欲重宣其義。承佛神力。觀察十方。而說頌言。**

**世界大海無有邊　寶輪清淨種種色**
**所有莊嚴盡奇妙　此由如來神力起**

這是說山體相的莊嚴，說山妙用自在，顯佛的依正二報無礙，依報就是正報，正報就是依報，依正二報。我們不同，依是依、正是正。我們住的處所，我們所依的一切工具，資生的工具不是身體，身體也不是資生的工具，佛依正亦如是，這些依報是佛的神力所成就的，佛的正報是法身，法身無體，無體故徧一切依正二報。華藏世界有邊沒有邊呢？沒有邊，無邊之邊，還有別的世界。別的世界在體上說、在理上說，沒有差別，都是一個，在事上說，各是各的。我們現在五六百人，這五六千人、五六萬人、五六十萬、五六百萬，無窮無盡，就是一個人，就總體說，沒有分別，各是各，這裡還有男相、女相、老相、少相，黑種人、白種人、紅種人，還有花種人；人類特別多，但是說到人都是人，這是總體。別體就多了，為什麼有這麼多差別？因為佛德無盡。佛當初修道的時候，所修的功德，他行道的時候得到的心，就是我們最初開始講的一眞法界，又叫實相，又叫妙明眞心，各個經都說，只是名字不同。

《聖妙吉祥眞實名經》，就是眞實，聖妙吉祥的眞實。聖妙吉祥的眞實是說毗盧遮那的法體，眞實；也是大家的法體，眞實。再說西方極樂世界、藥師琉璃光世界、不動世界、不空世界，體上是一個，就是佛。所以覺林菩薩讚佛的偈子說：「若人欲了知，三世一切佛，應觀法界性，一切唯心造。」也就是你現前的一念心，這就是總體，這就是佛的神力。在佛說是不可思議的，在我們是本具的，我們在這個神力上產生什麼呢？產生無窮無盡的業力。你所造的業，這個業力沒有妙用，有業用，造業都有業用，這兩個是絕對不同的，但是體是一個，不同是用，是相。業用不同，業相不同，這個道理是非常深的。深的不能理解，你在淺處理解。我們的妙用是什麼呢？打妄想。我們經常說想入非非、非非想，想入非非、非非想，也妙。你本來沒事，忽然一念，想到你到過的地方，享受回憶過去，你到過的地方，那就想入非非。有時候想想，有時候做了極美妙的好夢，好像在做夢時候到了一個世界，這個世界的美妙不可思議了，醒了什麼都沒有。這非常的微妙，不可思議。

有些人精神錯亂，大家都說精神錯亂是病。這是幻想到極點，發瘋了，怎麼也達不到。幻想都是假的辦不到，他就瘋了，這叫精神錯亂。諸佛菩薩把這些變成神力了，他不是幻想，以他的願力都把他成爲事實。我們看《華嚴經》，這才是開始，才是依報，等講到正報上，那是佛的願力神力，跟我們的幻想力、你的業力對照一下，你就知道了，確實不可思議。不可思議就是我們的想像力達不到，把我們衆多的智慧集中到一起也達不到。

我們把諸佛的神力，變成衆生的業力。諸佛是神力，我們衆生的業力微妙的很，那一堆人那樣想；那一個國土的人，那樣想；那個團體，那樣想，所想的五花八門的微妙。想什麼呢？怎樣把這個世界整亂，沒有想好。大家都想成華藏世界，那不就很好了。不，他就要造業。所以，我們只說正方面的，說佛力。普賢菩薩想把這種道理再說給衆生聽，給所有在會菩薩聽，他假佛的神力加持，觀察十方。

「世界大海無有邊，寶輪清淨種種色，所有莊嚴盡奇妙，此由如來神力起。」

不是我們有相的海，我們這海還得歸海，海還入海。我有時候，從大西洋的彼岸回到大西洋的此岸，我經常站在廈門想舊金山，在舊金山想廈門。此岸彼岸，都是人間的，還不是聖景。這個海有邊，我們這個業海是無邊的。佛說這個世界大海，整個的世界都在大海當中，那個海是無邊的。這個是成就，是海的中心。後文還要分析世界大海，這個華藏世界的大海，沒有邊的。這個海是種種寶輪所成的，是清淨的，還有種種的色相。這個莊嚴的奇妙不是人力所想像得到的，唯佛與佛乃能究竟，是如來神力所起的。

**摩尼寶輪妙香輪　及以真珠燈燄輪**
**種種妙寶為嚴飾　清淨輪圍所安住**

摩尼寶的輪，還有妙香輪，還有眞珠燈燄輪。就這燈的燄，還有輪，我們意識不到，不是我們智力所能達得到的。中間有種種妙寶嚴飾，這個清淨輪圍，安住剎海之中。剎海都是輪，輪又安住剎海之中。

**堅固摩尼以為藏　閻浮檀金作嚴飾**
**舒光發燄徧十方　內外映徹皆清淨**

以堅固的摩尼寶來嚴飾，閻浮提最好的金子叫閻浮檀金。這個金子的輪又發生光，嚴飾的諸品也發生光，這光是內外映徹。微妙清淨的，都是清淨的，這是形容詞，形容華藏世界。普賢菩薩就說華藏世界怎麼成的？成完了，上面有裝飾具，裝飾具都是光明的，光光互攝，重重無盡。

金剛摩尼所集成　復雨摩尼諸妙寶
其寶精奇非一種　放淨光明普嚴麗
香水分流無量色　散諸華寶及栴檀
眾蓮競發如衣布　珍草羅生悉芬馥
無量寶樹普莊嚴　開華發蘂色熾然
種種名衣在其內　光雲四照常圓滿

寶樹發生的光，光中花又發蘂，蘂裡頭的色相，在這個色相裡頭，生了種種穿的衣服。「在其內」，在哪裡呢？在這華發蘂色熾然當中。有種種的衣服，那你就不要上商店去買，拿一件穿上就是了，看哪個好你穿哪個。你能到得了嗎？若能到得了，你也用不著了。

無量無邊大菩薩　執蓋焚香充法界
悉發一切妙音聲　普轉如來正法輪

大菩薩都是指十地滿心的。有的拿著蓋的，有的拿著香的。「充法界」，法界之內都是這些大菩薩，拿著幢旛寶蓋。最妙的是在這幢旛寶蓋裡又發出美妙的音聲，依報變成正報。這音聲說什麼呢？「普轉如來正法輪」，說的都是《華嚴經》。

**諸摩尼樹寶末成　一一寶末現光明**
**毗盧遮那清淨身　悉入其中普令見**

這些摩尼樹不是植物樹，是寶末所成的，諸寶所成的樹，這些寶末又放光，又現光明，光明之中又現毗盧遮那清淨的身。凡是見到這個光明的，見到毗盧遮那身的，就跟毗盧遮那佛相等，都是十地滿心的大菩薩。

**諸莊嚴中現佛身　無邊色相無央數**
**悉往十方無不徧　所化眾生亦無限**

一切莊嚴具裡都現佛身。每一個佛身都是莊嚴的，不可思議的，以我們人間所見的相來形容佛相，是形容不到的，在人間是見不到的。諸佛在十方依報當中，徧化一切。處所無量，所化的眾生也沒有限量。這都是莊嚴具裡頭現的。

**一切莊嚴出妙音　演說如來本願輪**
**十方所有淨剎海　佛自在力咸令徧**

莊嚴裡發生著微妙的法音，演說如來最初怎麼發的願，華藏世界就由如來的願力所成的。發什麼願是因，就感什麼果，果就是華藏世界。這個華藏世界，所有的方域，十方所有的清淨剎海。佛的神力、佛的法力、佛的自在力，令它普徧。

總結上文，普賢菩薩所讚歎的這一段經文，是佛的妙用自在，是不可思議的用。華藏世界是佛願力所成的，佛所化現的，都可以說。

**爾時普賢菩薩復告大眾言。諸佛子。此世界海大輪圍山內。所有大地。一切皆以金剛所成。堅固莊嚴。不可沮壞。清淨平坦。無有高下。摩尼為輪。眾寶為藏。一切眾生種種形狀。諸摩尼寶以為間錯。散眾寶末。布以蓮華。香藏摩尼。分置其間。諸莊嚴具。充徧如雲。三世一切諸佛國土所有莊嚴而為校飾。摩尼妙寶以為其網。普現如來所有境界。如天帝網。於中布列。諸佛子。此世界海地。有如是等世界海微塵數莊嚴。**

此世界海在大輪圍山內，大輪圍山以內，所有的大地是金剛所成的，堅固莊嚴，不可沮壞。清淨平坦，沒有高下。你朝毗盧遮那佛，是在平坦華藏世界朝。可是我們在五臺山要朝文殊菩薩，必須爬五個台，黛螺頂小一點，那也不容易走。華藏世界是平坦的，不用這樣爬坡也沒有下坡。但是也需要纜車，纜車是什麼呢？就是你的心，以你的心爲車，發願行普賢行就到了。

普賢菩薩告訴大眾說，輪圍山所有的大地都是以金剛所成的，堅固莊嚴，是不壞的。爲什麼不壞？空的，空的還能壞嗎？清淨平坦沒有高下，說心哪，心地平坦，沒有高下。怎麼表示這個心呢？

摩尼爲輪，眾寶所成，一切眾生，種種形狀。諸摩尼寶，做華藏世界的間錯所散的寶末，變成蓮華。「香藏摩尼，分置其間，諸莊嚴具，充徧如雲。三世一切諸佛國土所有莊嚴而爲校飾。」過去現在一切諸佛的國土，所有的莊嚴，都集中到華藏世界。「摩尼妙寶以爲其網，普現如來所有境界，如天帝網，於中布列。」這種境界不容易見，普賢菩薩舉個例子，如天帝網，帝釋天有個網，把整個天都罩上了，拿這個做顯示。

「諸佛子」，這是普賢菩薩，尊稱一切在會的大眾菩薩。「此世界海地，有如是等世界海微塵數莊嚴。」這個莊嚴具，有世界海微塵數那麼多。

**爾時普賢菩薩欲重宣其義。承佛神力。觀察十方。而說頌言。**

大菩薩說法的時候都加一個「承佛神力」，也就是佛加持力。我們佛弟子，乃至佛學院的學生，一切法師，很少用這句話。這句話在一切時、一切處，都應當加入。自己稍有進步，稍有覺悟，都加一個「承佛神力」。那些等覺菩薩說法，他都說，「承佛神力」。我們一舉一拜，一飲一啄，一動一靜，經常觀念，佛力所加。大家看每個經論裡，每個大菩薩要演說法的時候，先說承佛神力，佛加持我。每位上臺說法的法師，他最初都觀想佛力加持，每位上臺說法的法師他最初都觀想佛力加持，在五臺山觀想文殊師利加持。表示他所說的有所本，有所本是根據佛加持力才有所說，如果佛不加持，就說不出來了。

這看來很普通，當我們拜懺想到是佛加持力，才能拜懺。到齋堂吃飯，當你迴向的時候得想佛加持力，一舉一動你能想到佛加持，佛就隨時加持你，你沒想到，佛就沒有。爲什麼？是你的心，吃飯時你的心把佛忘了，當修行的時候你很少想到是因爲佛加持力，我才能聞法、才能拜懺、才能知道修行。如是想才能感到佛加持，不然你感不到佛加持。什麼涵義呢？佛就是你自己的心。在我們開始講《華嚴經》之前，先講〈大乘起信論〉，相信自己是毗盧遮那，佛加持力就是你的心明了，心明了就開智慧了，開了悟了，眼睛就亮了。

剛才有一位弟子問我，如何修行耳根圓通？耳根圓通就是心圓通，心不圓通耳根能圓通了嗎！《楞嚴經》說二十五圓通，總說起來就是心明了，大勢至菩薩憶佛念佛必定見佛，都是如是的，也就是佛力加持。

其地平坦極清淨　安住堅固無能壞
摩尼處處以為嚴　眾寶於中相間錯

娑婆世界，平坦清淨。「安住堅固無能壞」，沒有誰能把華藏世界壞了。「摩尼處處以爲嚴，衆寶於中相間錯」，「間錯」就是次第的意思，像我們擺花籃，互相間錯交叉供養，就是這個意思。

金剛為地甚可悅　寶輪寶網具莊嚴
蓮華布上皆圓滿　妙衣彌覆悉周徧
菩薩天冠寶瓔珞　悉布其地為嚴好
栴檀摩尼普散中　咸舒離垢妙光明
寶華發燄出妙光　光燄如雲照一切
散此妙華及眾寶　普覆於地為嚴飾
密雲興布滿十方　廣大光明無有盡
普至十方一切土　演說如來甘露法
一切佛願摩尼內　普現無邊廣大劫
最勝智者昔所行　於此寶中無不見

這裡說「最勝智者」就是佛，往昔修行在華藏世界的寶中都能見著佛怎麼修行的。每位道友拜懺誦經，等到成佛的時候，在寶光明中就現你往昔在普壽寺中拜懺上殿，一切法都如是。

**其地所有摩尼寶　一切佛剎咸來入**
**彼諸佛剎一一塵　一切國土亦入中**

一切佛國土的所有寶，所有的莊嚴都在華藏世界的大地顯現。「彼諸佛剎一一塵，一切國土亦入中」，就是一一中現一切寶、一切寶偏滿一切中，說天的帝釋網，從這個光明到那個光明，從那個光明到這個光明，我們這個燈亮了，我們這個法堂的光明，你說哪個燈的光明？你在光裡頭分不出來。截然的說這個燈光是這個燈光，那個燈光是那個燈光，這是世俗的，你還可以分，天帝釋，你就分不出來，因爲我們這個光不太亮。那個迴向的、護法的燈，燈光小，光發不出來，光跟光不同的，光光互攝，光光互徧，這都是如來的神變力，還得假如來的神變力。

**妙寶莊嚴華藏界　菩薩遊行徧十方**
**演說大士諸弘願　此是道場自在力**

摩尼妙寶莊嚴地　放淨光明備眾飾
充滿法界等虛空　佛力自然如是現
諸有修治普賢願　入佛境界大智人
能知於此剎海中　如是一切諸神變

所有莊嚴的飾好，「充滿法界等虛空，佛力自然如是現」，佛的神力自然而顯現的。這是解，解什麼呢？所有演說莊嚴的這些妙寶、這些光明，就是這些華藏世界。華藏世界就是這個道場，也可以說是菩提道場。我們這個法堂的道場，都是佛的神力加持，信嗎？華藏世界我們可能信，說現在我們這個法堂，現在我們在說《華嚴經》，說這是佛力加持的，在五濁惡世，在末法當中，在這個世界刀兵水火災害橫行，我們在這個地方說《華嚴經》，在這兒學習《華嚴經》，相信這是佛力加持嗎？應當有這個信仰，要相信這是佛力加持，沒有佛力加持是不可能的。

我們經常說大海，都拿大海做比喻，但是大家不要想到大海，要想到什麼呢？想到你的心，這是我們自心的顯現。我們八識心的八識，不是染淨的種子嗎？我們現在所說的華藏世界是淨種子，我們現在處的環境是染種子。含藏識，含藏著染淨一切。現在我們雖然處的染，但是可是淨的成分，我們把這個染變成淨，以下普賢菩薩就告訴我們。

爾時普賢菩薩復告大眾言。諸佛子。此世界海大地中。有十不可說佛剎微塵數香水海。一切妙寶莊嚴其底。妙香摩尼莊嚴其岸。毗盧遮那摩尼寶王。以為其網。香水映徹。具眾寶色。充滿其中。種種寶華旋布其上。栴檀細末。澄垽其下。演佛言音。放寶光明。無邊菩薩。持種種蓋。現神通力。一切世界。所有莊嚴。悉於中現。

沈澱物可不是髒的，這是「栴檀細末，澄垽其下。」這是沈澱物，什麼物？就是栴檀的細末。「演佛言音，放寶光明，無邊菩薩，持種種蓋。」幢旛寶蓋，我們上回給佛打著寶蓋，就是那個蓋。「現神通力，一切世界，所有莊嚴，悉於中現。」所有莊嚴具都在這裡顯現。

十寶階陛。行列分布。十寶欄楯。周帀圍繞。四天下微塵數。一切寶莊嚴芬陀利華。敷榮水中。不可說百千億那由他數十寶尸羅幢。恆河沙數。一切寶衣鈴網幢。恆河沙數無邊色相。寶華樓閣。百千億那由他數十寶蓮華城。

每個城都是十種莊嚴成的，多少個城？百千億那由他，一個那由他是不可知數叫「無央數」，百千億不可知數，因爲對衆生說不可知數，對那些大菩薩是可知數的上頭，還得加一個百千億。

**四天下微塵數衆寶樹林。寶燄摩尼以為其網。恆河沙數栴檀香諸佛言音光燄摩尼。不可說百千億那由他數衆寶垣牆。悉共圍繞。周徧嚴飾。**

這個樹林跟那個樹林，都有網絡照著。先從海底說起，完了又說到海岸，海岸又說到網，網又說到水，水又說到華，華又說到沈澱物，沈澱物又說到聲，佛說法的音聲，音聲完了又說光明又放光。又說到人，這些重重無盡，此中有彼彼中有此。岸即是彼，彼即是岸，網即是岸也是彼，十個是交互融洽的，種種莊嚴。但是白蓮華當於水中，那是大蓮華眞正的世界，餘皆是岸，其他的都不是的。

這裡頭所說的金、銀、琉璃、瑪瑙、硨磲、琥珀、珊瑚、珍珠、玫瑰、琴瑟，有十種寶。這大白蓮華，前面不是說的芬陀利花嗎？芬陀利就是大白蓮華。有的地方說，「嗡嘛呢叭咪吽」就是大白蓮華。這個大白蓮華是什麼意思？大白蓮華可微妙了，清淨無染。其他經上講，大白蓮華出於污泥當中，不是清淨當中。形容蓮華在娑婆世界裡清淨無染，處染而常淨，又翻「如意」。大家誦〈白度母法〉，〈白度母法〉就是大蓮華。在《大日如來經》裡，說蓮華白得像出礦的銀，光亮奪目，其香無比。這朵蓮華非常的大，我們這裡說就是華藏世界。這種蓮華在人間是沒有的，除了天池，阿耨達池裡。它的莖長有一尺多，形狀像睡蓮。花是生於淤泥當中的，形容在娑婆世界眾生染垢當中能夠成佛，在塵而不染。那些大菩薩在這裡頭度眾生，他也是跟眾生一樣，但是他不受染污，清淨無染，卻生長在污染當中。一切諸佛成就，是成就在眾生中，沒有眾生成不了佛。十大願王迴向報眾生恩，爲什麼？沒有眾生，佛成不了佛。菩提根是眾生，菩提樹上結的果是諸佛，沒有根的滋潤，菩提果是成不到的。因能成果，這個果是怎麼來的呢？是利益眾生來的。

爲什麼大白蓮華講這麼多？許多經上用它來形容佛性，特別是《妙法蓮華經》上也是用它來形容無上妙法。它有成長的時候，也有謝的時候。過去祖師說我們佛教興隆的時候，花開得非常茂盛，佛教衰微了，花也謝了。花謝了，形容法不盛了。

白蓮華形容美玉無暇，說持戒持得清淨，毫無違犯。懺悔，犯了戒了，對首懺，那是洗刷，不是原來的清淨。我們注重的是比丘戒，大乘教義注重菩薩戒。比丘戒制身，犯了，還可以把它洗刷。菩薩戒是制心，怎麼懺呢？一切罪是由心造的，還得用心懺。必須到了開悟，證得了法身，才能懺清淨，懂得這個涵義就行了。尸羅幢就是戒律幢的意思，涵義是通的。

**爾時普賢菩薩欲重宣其義。承佛神力。觀察十方而說頌言。**

**此世界中大地上　有香水海摩尼嚴**

清淨妙寶布其底　安住金剛不可壞
香藏摩尼積成岸　日燄珠輪布若雲
蓮華妙寶為瓔珞　處處莊嚴淨無垢
香水澄渟具眾色　寶華旋布放光明
普震音聲聞遠近　以佛威神演妙法
階陛莊嚴具眾寶　復以摩尼為間飾
周迴欄楯悉寶成　蓮華珠網如雲布
摩尼寶樹列成行　華蘂敷榮光赫奕
種種樂音恆競奏　佛神通力令如是
種種妙寶芬陀利　敷布莊嚴香水海
香燄光明無暫停　廣大圓滿皆充徧
明珠寶幢恆熾盛　妙衣垂布為嚴飾
摩尼鈴網演法音　令其聞者趣佛智
妙寶蓮華作城廓　眾彩摩尼所嚴瑩
真珠雲影布四隅　如是莊嚴香水海
垣墻繚繞皆周帀　樓閣相望布其上

無量光明恆熾然　種種莊嚴清淨海
毗盧遮那於往昔　種種剎海皆嚴淨
如是廣大無有邊　悉是如來自在力

這段文字就把前面所說的，總結說一下。讚頌什麼呢？臺階、欄楯、樹林，花蘂開敷，幢旛寶蓋的相，頌城、頌珠，頌垣墻繚繞。這都是佛在往昔之因所現的妙用之力，這都是佛的力用。

爾時普賢菩薩復告大眾言。諸佛子。一一香水海。各有四天下微塵數香水河。右旋圍繞。一切皆以金剛為岸。淨光摩尼以為嚴飾。常現諸佛寶色光雲。及諸眾生所有言音。其河所有漩澓之處。一切諸佛所修因行。種種形相。皆從中出。摩尼為網。眾寶鈴鐸。諸世界海所有莊嚴。悉於中現。摩尼寶雲。以覆其上。其雲普現華藏世界。毗盧遮那十方化佛。及一切佛神通之事。復出妙音。稱揚三世佛菩薩名。其香水中。常出一切寶燄光雲。相續不絕。若廣說者。一一河各有世界海微塵數莊嚴。

普賢菩薩跟所有參加法會的大菩薩，說華藏世界莊嚴的事。但是，人間所最尊貴的寶，沒有；這上所說的寶，我們從來也沒有看見過，只是佛經上這樣說。這是天上最莊嚴的，怎麼樣理解呢？功德。你的福報感到什麼樣的莊嚴？我們看那個農村到小城市，從小城市到都市，從都市到北京，各個莊嚴具就不同了，以及建築就不同了。因此，對這些所說的莊嚴具，只能用你的意念。那些諸大菩薩他們所遊集的，這是聖迹，都用光用雲來形容著。這個我們只能夠種種善根，聽一聽，沒有什麼解釋的，不是像講義理，義理我們可以多說一些。

莊嚴具，我們是不知道的，我們看見河，看見海，我們看只是水，岸邊除了石頭泥巴之外。這水不是水，岸上是諸寶所合成的，諸寶都是他意念所化現的，超過我們凡夫的境界。這個是普賢菩薩跟十地滿了的大菩薩所說的，不止是在這一個世界，而是無量的世界，大菩薩他們所見到的境界。

我們就根據這個文，觀想佛的境界，華藏世界是指著毗盧遮那佛所住的境界。義理，我們可從心上說，這些都是我們的心識所變。但是，我們心識所變是迷的變，變的沒有這種境界相，開了悟，證得大菩薩境界。其他經論所說的菩薩，到不了華藏世界。華藏世界所說的這種境界，前面講如來出現，座上的菩薩，佛的眉間所出的菩薩大衆。因爲他證得究竟，悟得深，所有的莊嚴具不同了，這個國土都是這樣的國土，大家如文作觀想而已。是不是事實呢？是事實，但不是我們的事實。像人間該用經濟，我住五星級飯店，乃至更高一點的飯店，一夜幾千塊錢美金那個，只要有錢你可以能住。我們現在講的可不行，華藏世界不是經濟力量所能達到的，得福德智慧。福德得到什麼樣的福德？得到等覺菩薩，觀音、普賢、文殊，得到這樣菩薩的境界，才能見到這些境界。這是普賢菩薩說的。

爾時普賢菩薩欲重宣其義。承佛神力。觀察十方。而說頌言。

清淨香流滿大河　金剛妙寶為其岸
寶末為輪布其地　種種嚴飾皆珍好
寶階行列妙莊嚴　欄楯周迴悉殊麗
真珠為藏眾華飾　種種瓔鬘共垂下
香水寶光清淨色　恆吐摩尼競疾流
眾華隨浪皆搖動　悉奏樂音宣妙法
細末栴檀作泥垽　一切妙寶同洄澓
香藏氛氳布在中　發焰流芬普周徧

這些河水是香的，河上的岸是寶所成的，岸是金剛體。那個水流的聲音，都是說的微妙法，說《華嚴經》。處所不同，演說者不同，這是普賢菩薩演說的。「垽」字是什麼呢？是泥的渣滓，都是栴檀末所作成的。河的岸邊，河的底，我們認爲是泥，不是泥了，是什麼？是栴檀末。

河中出生諸妙寶　悉放光明色熾然
其光布影成臺座　華蓋珠瓔皆具足
摩尼王中現佛身　光明普照十方剎
以此為輪嚴飾地　香水映徹常盈滿
摩尼為網金為鐸　偏覆香河演佛音
克宣一切菩提道　及以普賢之妙行
寶岸摩尼極清淨　恆出如來本願音
一切諸佛曩所行　其音普演皆令見
其河所有漩流處　菩薩如雲常踊出
悉往廣大剎土中　乃至法界咸充滿

這是說佛的依正二報。由於過去，佛在因地當中，所作的業，什麼業呢？救度眾生，修菩提道，這是佛的正報。他身心所依止的這一切世間的事物，那就叫依報。依報就是世間所形容的國土，身體所依止的住處，資生生命存在的所有衣食住行。這叫依報。正報呢？就是五蘊，色、受、想、行、識，佛的不是識，是智，正智。但是，他們的依報跟我們的依報，變化了，在佛的自受用中用，他化現的化身釋迦牟尼，我們的肉眼看，跟我們是一樣的，也是我們現實的世界當中。以智慧眼觀察，不是的了，變化了。有的隨他所證得的，他所證得的就是他所證得的智慧，智慧是關鍵的。有的是大應身大釋迦，有的是實報莊嚴盧舍那。至於法身佛毗盧遮那，就是前面所說的那些境界相。還不是說法，只是說的功德，法身就無相了。〈普賢行願品〉講的是略說，不是像華藏世界說的這麼廣。

華藏世界顯示的不是法身，也不是法身土。法身土是沒可說的，不可以形相來形容的，這都是實報莊嚴土，佛功德所感的。他所住的依報不同了，凡聖同居土，佛是示現到這個土，佛是聖人，那我們都是凡夫，這個土就是凡聖同居。有清淨的，有污染的，那就不同了。這個講的沒有污染，純淨無染。所以，現在我們所居這個土，依著我們的身報，身報就是正報，所感我們的依報，在家的、出家的，外道、鬼神，最高的是菩薩及佛。這個不是拿它來對稱的，這個純是佛菩薩，而且菩薩不是一般的菩薩。因爲這是事，不是理，事就現實說，像理，我們可以解釋深一點，可以解釋淺一點，可以拿人間做比喻，這個事沒法比喻。我們買一顆鑽石，買一顆珠寶，就這麼一小點點，在美國要幾千美金，在大陸恐怕上十萬以上了，幾十萬了。一般人能買嗎？買也買不起。我們這裡所說的大地，乃至河流、海、宮殿都是這個嚴飾的，而且不是人間這個寶，而是天上摩尼的。但是，這是眞實的，我們見不到，我們的業報障住了。普賢菩薩形容的這個法會，華藏世界怎麼成就的？是這麼樣成就的，是諸寶所成就的，而且不是人間所見到的寶。

這個問題是福報的問題，我們可以講一講，依報福報的問題。有時候有福的人，福報大，如人間國王，唐朝唐太宗，唐朝盛世的那幾個皇帝。又如周朝的周文王、周武王，他們的福報大，鬼神會給他進寶。等福報失掉了，寶貝沒有了。你有福它就現前，你沒福，它就失掉，就隱了，寶亦如是。

現在我們看到歷史上所說的寶，一九三零年前後到北京故宮看到的寶，現在二零零幾年再到北京故宮去看，那寶沒了。你小時侯看到的跟現在看到的不一樣，你當時所看到的世界，跟現在看見的世界不一樣了。例如北京原來是二十七萬戶，現在每天過路的，飛機場，火車站過路的，在北京不住的，就是過個路都一兩百萬人。北京現在二千萬多人，跟二十多萬戶怎麼來比！

建國初期的時候，我三十六歲，中國人口是好多呢？四億五千萬。現在翻了一翻又再翻一翻，十三億多人口了，那時候是四億五千萬，多少倍了。整個的世界人口，現在六十多億，所修建的完全都變化了。

我小時侯的松花江，銅幫鐵底，泥土非常堅固，不會倒塌的，水也不漲也不乾。現在松花江，有時候乾了，看見那隨時兩岸往下垮，不是銅幫了，底下是泥沙了。變了，為什麼變呢？人奸了，心眼太多了，想些壞點子；假貨太多了，會做假了，過去連假都不會做，這叫「人奸地薄，貨物抽條。」抽條的意思就是，從此世界上眞貨變假貨了。誰又知道我們那青蒿，現在能治瘧疾，能救幾百萬的生命。就像那蒿子，它是藥材。這個國土，跟這個世界的形相，它是變化的。有福報它就成長了，就莊嚴了。沒有福德了，沒有智慧了，它變了。

本來髒亂，一修起來又莊嚴了，但是要跟華藏世界來比，沒法比了。等到未來時間，什麼時間呢？等你成佛，我們要成佛得等到哪時候，不曉得要經過無量劫，不要想得很遠，無量劫就是現前一念。《華嚴經》講，現前一念，時空交錯，時間跟空間合到一體了，叫你用《華嚴經》的觀點，修華嚴的三昧法，看這一切事物，學習普賢的行願，這個地方是普賢說華藏世界。〈普賢行願品〉，普賢菩薩說的是他怎麼樣修行，怎麼樣發願，完了是成就的，我們現在念這個，種種善根而已，不是自利。

華藏世界好像是形相，又不是形相，功德所成的是不壞的，誰的功德呢？毗盧遮那。毗盧遮那是誰呢？每個人都能承認自己是毗盧遮那，你也可以承認華藏世界就是你的，但是你沒受用，什麼受用都沒有，因爲你沒證得，毗盧遮那就是你自己。他是修成了，你這個毗盧遮那還在迷裡頭，你那黃金還埋在沙子裡頭，還沒把你淘煉出來。懂得這個道理，當你念誦《華嚴經》的時候不要去分別，用你現前的識心分別是沒辦法進入的，得用什麼心呢？得用你那個無相、無作、空，用這個心來觀，你就進入了。這裡說一條河，這條河所經流的地點，菩薩常時出入，湧現出來的摩尼寶清淨，常出如來的音聲。一切諸佛過去所修行地點，那些河流流動的處所，菩薩如雲一樣的那麼多，常時湧現住在華藏世界廣大刹土之中，法界之內悉充滿。這種境界，我們觀黛螺頂是個小土山，跟這個高山比，它只是中間一個小土山，但是有一萬菩薩每天繞清涼，我們誰看見了？等你見到的時候，你就是菩薩，因爲你見不到，見不到你就苦惱。

懂得這個涵義，一迷一悟，就是迷悟之間。正報不同，所感的依報也不一樣了。正報有什麼德，你所感到的依報就是什麼境界相。我看《阿含經》，佛在鹿野苑度五比丘，心裡非常有殊勝感，不可思議。等親自到了印度鹿野苑，不是經上所說那樣，也不是自己想像那樣。是什麼樣呢？比我們現在房子都破，破得不得了，一人一個小土房，土裡頭挖的，門口一個小竈，英國人從裡面挖出來的，把五比丘住的原來的房子全挖出來了。聽起來好殊勝，那是意境，在那時是普通的，他證了阿羅漢果就不同。

在《華嚴經》看著菩提場，七處九會，普光明殿，三會普光明殿。愚癡人總是做愚癡事！那我到印度去，跟《華嚴經》一對，到菩提場一看，說普光明殿離菩提場七八里路，哪有普光明殿？沒有。連佛所洗澡的地方，尼連河早就乾了，不曉得幾百年，上千年都沒水了。因此不是這樣對照的，能不能跟《華嚴經》所說的華藏世界對照一下，等你成了華嚴菩薩，到了華嚴境界，那又不同。迷人所見的無處不迷，悟了，《華嚴經》處處都是開悟。要這樣理解，不要以凡情揣度、思惟聖人的境界；我們講的是聖人，超聖，普賢菩薩說的這些境界。那個時候所有岸、所有河，全是摩尼寶，極其清淨的，如來的本願，說法的本願，法的音聲，不止毗盧遮那，一切諸佛所修行的處所。普賢菩薩說，佛的音聲普徧地演說，如果你進入了，相應了，你見到了，不相應見不到的。這個河流水流過的地方，那些菩薩像雲一樣的生起了，都住在廣大的剎土之中。

**清淨珠王布若雲　一切香河悉彌覆**
**其珠等佛眉間相　炳然顯現諸佛影**

「覆」就是覆蓋的意思。「其珠等佛眉間相，炳然顯現諸佛影」，這個珠子現的都是跟佛的眉間相一樣的，「炳然顯現」，正報轉化依報，依報即是正報，這就是佛的妙力不可思議。

爾時普賢菩薩復告大眾言。諸佛子。此諸香水河兩間之地。悉以妙寶種種莊嚴。一一各有四天下微塵數眾寶莊嚴。芬陀利華。周帀徧滿。各有四天下微塵數眾寶樹林。次第行列。一一樹中。恆出一切諸莊嚴

**雲。摩尼寶王。照耀其間。種種華香。處處盈滿。其樹復出微妙音聲。說諸如來一切劫中。所修大願。復散種種摩尼寶王。充徧其地。**

「諸佛子」，這些香水海，香水海裡的香水河，這個河到那個河之間，兩間之地都是種種妙寶莊嚴的，寶有好多呢？一一間錯之間，各有四天下微塵數的眾寶莊嚴。「芬陀利華，周帀徧滿」，水內水外完全是白蓮華，「芬陀利」就翻「白蓮華」。周帀是圓形的，周帀，一帀一帀的，轉一圈是一帀。我們一進大殿，印度的規矩，先得繞佛，或者三帀，或者七帀，或者二十一帀，帀就是從右旋到左邊進，這叫一帀，轉一圈就叫一帀，這個我們可以解釋的。周帀徧滿，在這一轉圈，有好多寶貝變成樹林。

「各有四天下微塵數眾寶樹林，次第行列。」把天下所有的剎都抹成微塵，一微塵一數。寶樹林，無窮無盡的樹林子，這樹林子不是我們說的木頭，而是寶貝，一切寶貝所成的，非常地莊嚴微妙，次第行列，一行一行地排列。「一一樹中，恆出一切諸莊嚴雲，摩尼寶王，照耀其間。」每一個樹，一一樹中又出來一些莊嚴雲，樹裡頭發出一種莊嚴雲，雲裡頭現著摩尼寶王，不是一般的寶，而是寶中之王，這些寶王放出光明，照耀其間。

「種種華香，處處盈滿，其樹復出微妙音聲。」其樹不但是寶所成，而且還出音聲。假使我們要走到樹林子，樹林子若是發出音聲，不把我們嚇跑了才怪，你可能嚇昏過去了，樹林子發出音聲，一定當成魔鬼了，當成妖怪了。這裡不是的，樹本身發出的音聲，形容莊嚴的意思。「說諸如來一切劫中，所修大願。」音聲說什麼？諸佛一切劫中所修的大願。這個樹林怎麼成的？佛的大願所成的。「復散種種摩尼寶王，充徧其地。」又給你散種種的摩尼寶王，散完了又鋪到地上，地下都是摩尼寶王所成的，充徧其地。樹必須長到地上，這個地也是寶所成的，以下就說寶的名字。

**所謂蓮華輪摩尼寶王。香燄光雲摩尼寶王。種種嚴飾摩尼寶王。現不可思議莊嚴色摩尼寶王。日光明衣藏摩尼寶王。周徧十方普垂布光網雲摩尼寶王。現一切諸佛神變摩尼寶王。現一切眾生業報海摩尼寶王。如是等有世界海微塵數。其香水河兩間之地。一切悉具如是莊嚴。**

這兩個是相對的，一個是現佛的神變摩尼寶，一個是現眾生的業障摩尼寶。香水河兩個河流的中間，有這麼多殊勝的境相，這是佛的妙用、佛的神力，這就是業。佛所修的勝業，有出莊嚴雲、寶王照耀、花香盈滿、出佛音聲、演佛妙法，它那下雨，不是下雨，下的都是寶，寶徧地。清涼國師把這段文字，過去、現在、未來，用三世間來形容著，有八種事來顯現，這都是佛的境界。除了現佛的境界，還現眾生的境界，眾生的境界叫什麼呢？叫劍葉林。業報所顯現的叫天意樹，天意就是自然的，自然的樹。男女在這樹林子當中朝生暮落，早晨生、晚上就死了，那個早晨跟晚上比我們這人間一百年還長，這叫業報海。什麼叫劍葉林呢？樹林的葉子、枝幹都像刀和劍一樣的，這是惡業所感的。我們經常比喻如天意樹，天意樹是隨天的意願轉移，就叫天意樹，還有這樹上結的果子，叫菴摩羅果。菴摩羅樹，菴摩羅果，閻浮提樹，閻浮提果，一年要變三次，這年是指人間說的。

什麼意思呢？這些樹並沒有枯死，它的形狀像枯死的樹一樣，乾枯的。樹是不是枯死了呢？在經上，佛跟他說不是的，說諸佛如來亦如是，現三種身，有時現初生身，有時現長大，有時現涅槃，初中後。形容這個意思是什麼呢？就是惡跟善所成就的完全不同，佛法僧隨眾生心而轉化，有時佛法沒有了，佛也入了涅槃了，這個都在《楞伽經》裡頭說的。這是一種劍葉林，它會傷人的。又叫男女林，那個樹林子，男子十六歲，女人十五歲。如果欲念深重的人，見著它起貪戀心，他就墮落了。引證他經來形容此世界，這是妄不是實。發菩提心的人觀察它什麼都沒有，業障重的人觀察它都是死屍，死屍就是鬼。拿這個來對顯佛的殊勝世界，兩個對照。樹與寶雨，樹與刀劍，這是形容著業所感，善業跟惡業，業不同故，所感的依報也就不同。

爾時普賢菩薩欲重宣其義。承佛神力。觀察十方。而說頌言。

其地平坦極清淨　真金摩尼共嚴飾

諸樹行列蔭其中　聳幹垂條萃若雲
枝條妙寶所莊嚴　華燄成輪光四照
摩尼為果如雲布　普使十方常現覩
摩尼布地皆充滿　眾華寶末共莊嚴
復以摩尼作宮殿　悉現眾生諸影像
諸佛影像摩尼王　普散其地靡不周
如是赫奕徧十方　一一塵中咸見佛
妙寶莊嚴善分布　真珠燈網相間錯
處處悉有摩尼輪　一一皆現佛神通
眾寶莊嚴放大光　光中普現諸化佛
一一周行靡不徧　悉以十力廣開演

這是說的十種智力，十八不共法。一般的說，就是十種神力。說如來證得實相，證得究竟的佛果之後，了達一切了，沒有能勝過佛的。這個十力，每部經都在說，大致把這十力說一說。

第一個是「處非處智力」，這得智慧觀察，什麼叫處呢？什麼叫非處呢？一般的講是作處所講，實際上應當作道理講。說如來於一切眾生的因緣果報，能夠審實的知道。所作的善業、所作的惡業，善業應當得善報，說這個眾生作的善業，得到善果生到善的地方去，這是處。

若是作惡業，作惡業而受了報，無有是處。若作了惡業能受樂，受了樂報，這叫非處。如來能知道處非處，因爲我們眾生種種的業，你所做的事情，時而善、時而惡，時而是惡報、時而是善報，善惡交錯！因爲你的業善惡交錯，這個道理佛能如實知，一切的因緣果報能夠審實而知。你作善業，一定得樂的報，這就對了，眞知是處。若作惡業，它又受樂報，無有是處，那也許曇花一現，但是這個不是處，不是他所應得的。因爲眾生在做一件事裡頭有善有惡，有善有惡，凡夫都如是的。從我們出家修道，善事應該得善報，但是你這個中間交叉著錯綜複雜的，時而善、時而惡，時而道心發起來磕頭禮拜，精進的不得了，煩惱來了可就業障發現了，這叫業障發現。這個中間夾雜著很多，等你受報的時候應當受善報，但是裡頭又有很多錯綜複雜，善報當中又有很多的惡報。這得徧知，佛悉徧知。

第二「業異熟智力」，就是知道三世業，叫異熟。像如來於過去現在未來的因緣果報，這個三世的業緣，果報的生處，互相交叉，都知道的。看這個人的一生做的盡是善事，怎麼得個惡報呢？佛就知道了。他現在叫異熟果，他以前作惡業的果報熟了，他這善業的果報還沒熟呢！他得先把那個果報還完了再受這個，這叫異熟果報。

第三「靜慮解脫等持智力」，一切眾生修行的時候，他發起了雜染清淨的智力，衆生一會清淨業，一會又染污業，清淨雜染的。禪解脫的三昧力量，純淨無染垢的，但是在他修禪定當中，就像我們靜坐的時候，你觀照，照佛的教授來觀想，突然間妄想來了，染業又夾雜進來了，這個次第當中，時淨時染。但是你得到解脫三昧，解脫三昧是常時得到的？是證得的？是一時得的？能夠把淨和垢分別清楚，這要靠智慧力量。在你靜慮的時候、思惟修的時候，特別初發意的菩薩染業很容易來，過去的染業來了。我們經常說修行著了魔障了、著了業障了，是非人所擾了，修禪定，還有這麼說法走火入魔了。這就是在你修行當中，在你過去的宿業當中，它來干擾你。這個淺深次第，佛能如實的徧知，也能知道你在禪定當中，一切無礙靜慮解脫等持，佛有這種智慧的力量。

第四「根上下智力」，這個衆生的根是勝、是劣？下根的，你給他傳授上智的法，他會著魔的。上智的人，你給他傳的下智的法，這是不可以的。這叫根上下智力，唯佛才能究竟，這叫衆生的根性的勝和劣。得果的大和小，佛能徧知。

第五「種種樂欲勝解剎那別智力」，種種的勝解智力或者叫種種的解智力，他知道衆生種種的欲，欲就是欲望，我們也可以說是願，他希求達到的，或者還沒有達到，或者錯亂了。智力的欲力，衆生的種種的貪求，在善惡當中不同的念頭，佛能如實的徧知。

第六「種種諸界智力」，一般的說叫「性力」。如來於一切世間衆生種種的界分是不同的，如來的智慧力量能夠全實徧知。分辨眾生的界智力，這是互相間錯的、交雜的。

第七「徧趣行智力」，又知一切的智處道智力，這個叫智處道智力，至處道力，謂於他於六道就是有漏的，他所到的土跟涅槃的無漏，兩個相應了或者不相應，佛能如實的徧知。

第八「宿住隨念智力」，或叫宿住念智力，又叫宿命智力。宿命力，如來了知一切眾生的過去所注重的出世種種力，指他修行的，又叫宿命智力。知道他宿命，給他說法的時候度他，佛在世時候人見著佛，佛一說就證得四果阿羅漢，佛知道他宿命，他修行哪一法，將近成熟了，業障又發現又退墮下去了，又將近成熟了又退墮下去，錯綜複雜的無量生的事，佛都能知道。

第九「死生智力」，死此生彼，死彼生此，哪一生造了很多業，哪一生修了很多福德，就是錯綜複雜的。乃至於生的時候，名姓不同、欲望不同，苦樂的壽命長短也不同，佛能都能清清楚楚。所以佛法難值善知識難遇，若能夠遇到佛法了，漸漸就知道過去自己做什麼，我們苦於不知道自己做什麼的，能有宿命智嗎？

念《地藏經》第十二品，釋迦牟尼佛跟觀世音菩薩說，請觀世音菩薩弘揚地藏法門，在佛跟觀世音菩薩說的文字當中，佛就告訴他如果眾生沒有智慧，沒有宿命智，不知道，什麼都不了解，那可以供地藏水。今天把這個水供到地藏菩薩像前，明天早晨你換一個杯子把它喝了，喝了要發願。喝完水之後三七日內勿殺害，不能犯殺戒，「至心思念大士名」，要專誠懇切的想著地藏菩薩，不能喝酒、不能吃肉、不亂搞男女關係。「酒肉邪淫及妄語，三七日內勿殺害，至心思念大士名」，把這水喝下去了你就能開智慧。你求宿命智求智慧，對經典不理解，開了智慧就理解了，也是把地藏菩薩的加持力、念聖號的力量，光念不行，還得「至心思念大士名」，思念地藏菩薩。

每部佛經裡頭都有修行的方法，《金剛經》告訴我們怎麼樣開悟？怎麼樣觀空？怎麼樣能證得空理？佛跟須菩提說了。須菩提就請問佛，怎麼樣住心？怎麼樣降伏其心？佛就告訴他了。《金剛經》下半部經文全是佛說的方法，得般若智的方法。所以，佛的這個智是佛無量劫修行的。說宿住隨念智力，知道過去無量生的，每個眾生，以佛的無漏智、宿命智，佛都能夠給每個眾生開示、指導，都能認識一世乃至百千萬世乃至一劫百千萬劫，生此死彼，所有種種的一切佛能如實知，這叫宿命隨念智力。

死生智是以天眼觀察到生死的智力，如來能知道一切的眾生，生時死時投生到哪一趣，佛都能清清楚楚的了解；或者你相貌醜，相貌美哪，或者貧富，善惡業緣，佛皆能知。

第十「漏盡智力」，漏盡永斷習氣，我們斷見惑能證到初果，斷思惑證到四果。但是無明煩惱習氣，那就不行了，那得菩薩一地一地一地斷。說斷一分無明證一分法身，斷一分無明證一分法身，但是對佛來說漏盡的。一切衆生乃至於四果阿羅漢他有很多習氣，習氣還沒斷，還得斷。大菩薩乃至到十地菩薩有一分無明沒斷，不能成佛。在這個中間夾雜著說佛的十力，說一切衆生。這就是說一切善果，要認識了就不爲他所害了。你不明白，不明白才受害，受騙上當，受這個業的騙，明白了就沒事了。

普賢菩薩說華藏世界海，沒有這個涵義，清涼國師在解釋的時候，因爲說到十力，單解釋佛的十力。這個地方就顯佛的神力，指導一切衆生，沒有福報，沒有智慧，有福報遇見佛，佛就給你開示，啓發你入道。

摩尼妙寶芬陀利　一切水中咸徧滿
其華種種各不同　悉現光明無盡歇
三世所有諸莊嚴　摩尼果中皆顯現
體性無生不可取　此是如來自在力
此地一切莊嚴中　悉現如來廣大身
彼亦不來亦不去　佛昔願力皆令見
此地一一微塵中　一切佛子修行道

## 各見所記當來剎　隨其意樂悉清淨

這一共是四個偈頌，一個顯器世間就是依報，以下的兩頌是顯正覺世間。佛的自在神力，在這個地方莊嚴這個國土示現的廣大身雲，佛沒有來也沒有去，如如不動的。以佛往昔的力量，使一切眾生有緣的，業障消了才能見到，說這個土地上的一一微塵都是佛修菩提道的處所，如是修也能見到你的未來，「各見所記當來剎」，將來所有的成了佛的，有時候你的佛剎國土也如是嚴淨的。

你發什麼樣的願，喜歡什麼樣的世界，各按願力所成。像藥師琉璃光如來是專門清除眾生病苦，他的國土盡是藥樹，吃了就好，吃了就長生不死。極樂世界就不同，到那裡去根本就不生病，無量壽、無量光，各各的發心不同。因地發心不同，果地所感的果報不同，度眾生的事業也不同。佛佛道同是指佛所證得的理體，但各有各的用。例子很簡單，這裡四、五百人，各有各的作用，人心不同，如其面然。即使是雙胞胎也不同，熟悉久了，各有各的特質。

在經文裡所顯示的，顯佛的平等智力，體和用無礙，體無礙故，大用無礙。佛是常時如的，如是如如不動，來是隨緣，隨緣不變他的本體，還是沒動的。一個是講正覺，佛的智慧，一個是講器世間。佛在器世間怎麼運用他的智慧妙用，來利益眾生。

爾時普賢菩薩復告大眾言。諸佛子。諸佛世尊世界海。莊嚴不可思議。何以故。諸佛子。此華藏莊嚴世界海一切境界。一一皆以世界海微塵數。清淨功德之所莊嚴。爾時普賢菩薩欲重宣其義。承佛神力。觀察十方。而說頌言。

此剎海中一切處　悉以眾寶為嚴飾
發燄騰空布若雲　光明洞徹常彌覆
摩尼吐雲無有盡　十方佛影於中現
神通變化靡暫停　一切菩薩咸來集
一切摩尼演佛音　其音美妙不思議
毗盧遮那昔所行　於此寶內恆聞見
清淨光明徧照尊　莊嚴具中皆現影
變化分身眾圍繞　一切剎海咸周徧
所有化佛皆如幻　求其來處不可得
以佛境界威神力　一切剎中如是現
如來自在神通事　悉徧十方諸國土
以此剎海淨莊嚴　一切皆於寶中見

十方所有諸變化　一切皆如鏡中像
但由如來昔所行　神通願力而出生
若有能修普賢行　入於菩薩勝智海
能於一切微塵中　普現其身淨眾剎
不可思議億大劫　親近一切諸如來
如其一切之所行　一剎那中悉能現
諸佛國土如虛空　無等無生無有相
為利眾生普嚴淨　本願力故住其中

前面說的都是莊嚴，還沒有清淨。清淨功德是果上的果德，用清淨功德莊嚴的。清淨功德怎麼來的？修因契果，是修因功德而生的，修因望果，修的清淨的功德而成就的清淨功德莊嚴，這叫清淨功德。

別把莊嚴具只當成莊嚴具，別看成死的，都是活的。「摩尼吐雲無有盡」，「吐雲」就是說法。十方諸佛的影子都在摩尼雲中顯現，顯現就是說法，都在度眾生。毗盧遮那的神通變化沒有一時停歇的，包括我們現在，毗盧遮那佛還在變化。我們業障消了就見了，業障不消不見。徧五臺山無一處不是文殊師利，無一處不是妙吉祥，我們不見是我們的業，業所障故。十方的佛，他的影子常時顯現的。有佛在，就有一些大菩薩圍繞。這些是摩尼寶說的，摩尼寶是依報，「一切摩尼演佛音」，摩尼吐雲的時候就是演的佛的音聲。「清淨光明徧照尊」，就是指毗盧遮那。「莊嚴具中皆現影」，一切莊嚴具中現影，一切莊嚴具中說妙法。依正二報，你分不清楚了，是佛說呢？還是摩尼寶說呢？

一切化佛求他的來處不可得，也沒有去處，無來無去，如如不動，這是佛境界的威神力。化佛是指如來對十地菩薩示現的種種身，又叫應化佛，或者叫變化佛。但他是隨眾生的緣，緣有了，隨機說法，緣有了，突然現佛的身影。有些大德就見到佛現身，釋迦牟尼佛現身，都是幻化的。

有些道友在修行中，意念不堅定，智慧不增長，把魔當成佛，魔也會化現佛，攪亂你的身心。你把魔當成佛，或者你受了魔害了，完了把化現的佛又當成魔，顛倒。閉關的時候或者當你修行的時候，一定得有智慧力，這個智慧力就是你的判斷力。爲什麼我們此土眾生跟觀自在觀世音菩薩緣深？你拜觀世音菩薩，觀世音菩薩給你除諸魔。拜地藏菩薩，地藏菩薩給你除諸魔。爲什麼？這兩位菩薩管我們的閒事管得太多了，縱使有千百萬億、無窮無盡的事，有求必應。那就看你的修行，你的觀行力，說拜觀世音菩薩著魔不？拜觀世音菩薩、拜地藏菩薩，這個事很少，簡直是沒有。等你自己修般若智慧，那就不容易，禪宗靠自力，那得宿世善根很深厚的。我們一般的就是磕頭、禮拜、消業障、懺悔、發大願，不要認爲願是假的，你發了就眞實了。願力促使你向善，向佛果的方向，都靠願力了，沒有願力不成的。願力是除魔的，懺悔是消業的，迴向是增廣福德智慧的，發願懺悔迴向。一般的凡夫都在苦惱當中，業障很深重的，生在末法亂世，就靠這三種加持力，發願、懺悔、迴向。

「如來自在神通事，悉徧十方諸國土，以此刹海淨莊嚴，一切皆於寶中見。」「寶」就是上來所說的這些寶，摩尼寶珠，樹、山都是寶，都是摩尼所成的。「十方所有諸變化，一切皆如鏡中像，但由如來昔所行，神通願力而出生。」一切變化，就像鏡中的像，影像一樣的，不是眞實的。我們經常說借假修眞，現在我們的身體是假的，一切的形相、一切的諸佛形相，乃至於殿堂，全是夢幻泡影，假的。但是他能在這裡頭修成眞的。能把眞做成假的，假也成眞的。假能成眞，眞能成假。這個道理大家看世間小說，都知道是假的，那假的能變成眞的。什麼原因呢？借假修眞。因爲假的，你認識到了明白了，這要靠智慧。完了再去修，修它是假的。而在假的當中，你有情感、有悲哀、有歡喜，完了才能認識到，借假修眞，就是認識無常。一切法都如是，眞眞假假虛虛實實，就看修道者怎麼認識，就靠你的智慧。

十方所有的一切變化皆如鏡中像，鏡中的影像，是假的。我們說照相的相片，現在大家都愛照相，來看我的，他們跟我照個相。這照相是假的，等肉體消失了，眞的沒有，假的還在，相片還在。哪個是假的？哪個是眞的？假的從眞上引出來的，眞的又從假的生出來的，眞眞假假、虛虛實實，一切法都如是。

如來往昔所修行的，是從神通願力所出生的，是假的，那個假的把所有的煩惱業障給你消除了，把這個假的消除了，他能把那個假變成眞，眞眞假假、虛虛實實，人就不開悟。

我們佛教所說的假，眞就是世間相嗎？世間相是假的是眞的？這一個半鐘頭我們說《華嚴經》，一會兒五點半之後，你們又做什麼了，我就不知道了。我不參加，退出這個眞眞假假。從早到晚都如是，一切法都如是。但是這個順眞，能夠使我們悟到眞理。如果你把這個當成形式，那就是假的，這樣來認識世界，來認識自己的肉身，來認識自己肉身所做的一切，全是假的。

現在四五十歲的道友，想想一二十歲的事，沒有了，都是假的。眞的，眞的不壞，不壞就存在，沒有了，不存在。等你到七八十歲，再看以前的，全是假的。人也沒有，事也沒有。比如說我親近的大德，虛雲老和尚、弘一老法師、慈舟老法師、倓虛老法師，眞的？假的？眞的，我跟他們學的。他們現在人呢？沒有了，假的。眞的就不死，死就不眞哪。壞了就不眞，一切都如是。我那個時候是聽《華嚴經》，現在我來說《華嚴經》，《華嚴經》是假的是眞的？說是眞的，有一段時間，《華嚴經》你想找一品都找不到，想聽一句話也沒有。一切諸法都如是。這叫什麼？借假顯眞，眞作假。眞作假時眞亦假，假作眞時假亦眞。一切法就這麼講的，要如是認識。所以你要修行普賢行，才能夠入到佛的智慧海。

「若有能修普賢行，入於菩薩勝智海，能於一切微塵中，普現其身淨衆刹。」在一微塵裡就把一切佛刹都清淨，一即是多，一塵就是一個佛國土。不可思議的億大劫，把億說到最多數。「不可思議億大劫，親近一切諸如來，如其一切之所行，一刹那中悉能現。」無量大劫所親近的諸佛，在刹塵一念中全都見到了，一念即刹劫，刹劫就是一念，這叫不可思議。「諸佛國土如虛空，無等無生無有相，爲利衆生普嚴淨，本願力故住其中。」淨佛國土的涵義。前半句是智慧的境界，一切諸佛國土像虛空一樣的，無等無生無有相，沒有去來之相。雖然沒有去來之相，但是又很莊嚴，爲利衆生要莊嚴清淨國土。「本願力故住其中」，這個莊嚴即沒有莊嚴，這叫自受用土。佛的自受用土是法身土，住的是常寂光淨土，法身佛住的常寂光淨土，那個土即無土，法身無相，土即非土，要這樣的理解。

## ◎明所持刹網差別

**爾時普賢菩薩復告大眾言。諸佛子。此中有何等世界住。我今當說。**

以下講「刹網」，刹網就是刹土像網路一樣的，重重交錯的。所以普賢菩薩跟與會的大衆菩薩說，這個世界中，何等世界住？住在什麼地方？怎麼住的？以下說的就是這個問題。

**諸佛子。此十不可說佛刹微塵數香水海中。有十不可說佛刹微塵數世界種安住。一一世界種。復有十不可說佛刹微塵數世界。**

這是重疊的，佛刹是住在香水海當中，有好多呢？有十佛刹不可說的微塵數香水海，每個香水海的當中，又有不可說佛刹微塵世界種，在世界海裡頭安住，在香水海安住，香水海之中又有不可說不可說佛刹微塵世界種，世界種就是很多世界。「一一世界種，復有不可說佛刹微塵數世界」，這是說種和刹，刹種是依著海而住的，刹依著刹種住的，這裡頭說世界是重重無盡的無邊世界，很多個世界積聚在一起，就叫種。這個世界種又安立在什麼地方呢？安立在海的當中，因爲世界種很多了，無邊了，每一種類、每一種類不同，但是都在海裡頭住。大海裡頭水族的動物很多，海裡頭所含藏的東西多，爲什麼都入海採寶呢？海裡的寶物多，我們所說的寶石珊瑚都生到海底，海裡除了魚鼈蝦蟹，有很多人間不知道名字的魚類，還有山、泉水、島嶼，海是無窮的。種種的刹海，它是假世界成立的，種種的形相、種種的海、種種的類別。大家看過蜂巢，那蜂巢一個洞一個洞的；但是總體是個蜂巢，世界海就有那麼多，因此種在海中。我們這個世界所依的是世界種，世界種種類很多，種種不同。

下文講到二十種華藏世界，一重一重的，都叫世界種。

**諸佛子。彼諸世界種。於世界海中。各各依住。各各形狀。各各體性。各各方所。各各趣入。各各莊嚴。各各分齊。各各行列。各各無差別。各各力加持。**

世界依著世界種，世界種依著大海。剎種很多，但是沒有離開華藏世界種，所以說在世界海當中所列的、所成就的，有的是不同，有的是相同，就同和異了，但是都是一切海。完了又說海種差別，互相有，互相無，但是它有生起的因，有助成的緣，有的世界種是清淨的，有佛出世。它的時分就是時間，成、住、壞、空，乃至於中間轉變，各有各的處所，各有各的分齊，世界種的形相，它的體相各個不同的，但是在世界種沒差別，在世界的形相各個不同的。大家可以看世界地圖，我們娑婆世界，有的像這個形的，有的像那個形的，它的國界，區分不是那麼整齊的，各有不同的。在這個當中有十八種的功德，有的是圓滿的，在〈佛地經論〉這樣說，顯示十八種圓滿的，這個圓滿是指佛的功德圓滿、所感的依報國土不同。它的顯色，顯色就是有表色的，或者它的形色、分量、方所，這些都在〈佛地經論〉上說的。有的修因，因緣滿了，果也感圓滿了；說法的法主，主是指佛說的，輔翼是指著佛的諸大菩薩眷屬說的。住持這個世界，弘揚佛法的事業，攝益、無畏、住處；還有乘、門；還有依持圓滿。

諸佛的淨土系統由諸佛無量功德所莊嚴的，它具有圓滿的相，諸佛國土的顏色跟它的形狀，跟它所處的分量，超出我們欲界、色界、無色界，這是說它的自然環境非常美好，就是佛國土的自然環境非常美好。因呢？凡是淨土事業的佛世界，都是以修行善法爲因的，都是出世間法爲因的，不是世間法爲因。世間法是因爲苦集滅道的集，積聚了很多的因所成就的業，有過去的宿業，有現在的新業，業不同故，所感的國土不同。還有一個時分的關係，說在這個時候不同。

像我們在五臺山裡頭住著，昨天、前天什麼都沒有感覺到，可是河北省受災人八百萬，八百萬數字有好大？河北省一省才好多人，什麼災呢？冰雹，毀了財產多少呢？三十億，這是前天的事，我們知道嗎？這叫業，共業所感，這八百萬人共業所感，但是沒說人的傷亡好多，爲什麼沒報人的傷亡呢？冰雹，你躲到屋子裡可能沒打到，但是土地面積的莊稼全毀了，這叫因不圓滿，這因就是業，這是惡法，這叫世間相。這是亞洲的中國，其他的國土死傷的，同一個時間出車禍的，火車出軌的，我們所處的世界是這樣一個世界。有的你有這個業，感受到恐怖、不安，你沒有這個業，安安靜靜的。我們在五臺山住著，可能好多道友沒看電視的，根本不知道，連知的業都沒有。果呢？是什麼因就感什麼果，過去這幫人有這個因，所以現在受這個果。我們講的佛淨土，清淨自在的，是以智慧爲體，它不是苦，理所具的是樂。我們上回說的因，以四諦的集諦爲因，感這個苦就是苦諦爲果。佛是以淨業爲因，佛所感的果報是莊嚴淨土，不同了。

這個淨世界的主是佛，如來居其中，舉極樂世界，如來在其中，他的輔翼圓滿的，諸大菩薩就是他的眷屬。你現在念佛生到極樂世界都是阿彌陀佛眷屬，都是修習善法的、清淨的。主圓滿故，所以他眷屬是圓滿的，他所住持的、攝生的，教化眾生的都是圓滿的，都是住於法之中，住於淨樂之中。他那個修道者生到極樂世界，蓮華爲體，就是善業的種子，在你修行的時候沒有疲勞的，沒有苦倦的。我們在這個世界修行可不同了，因爲你這個果報是肉體，不是隨心所欲的。你想拜佛，腰痛拜不下去了，腿痛沒辦法了；你想念佛，打閑岔的事特別多，你煩煩惱惱還能念嗎？能斷了煩惱嗎？所以你事業、攝受的利益，沒有恐怖之感，住處是非常圓滿的。至於你所走的路、所學的乘、所有的門，爲什麼講這些呢？什麼是極樂世界的路，我們拿極樂世界做例子，拿華藏世界做例子，它是以智慧行，以智慧指導你的行動，成什麼呢？成的是妙止觀。妙止觀，一個是慧，一個是止，止是修定的。門呢？每個寺廟的門都是「空、無相、無願」，三解脫門，以這個爲門，進到什麼地方呢？一眞法界。門是趣入的意思，各個趣入離不開這三種，「空、無相、無願」。現在我們要發願、要懺悔，等你進入之後，發願、懺悔是沒入山門之前，入了三解脫門了，這個就沒有了，互相攝入了。現在在這個過程當中，修煉當中，似乎是有，實際是沒有，空有什麼呢？等你入道了，證得了，再回來度衆生時，衆生不空，這叫隨緣。這個隨緣是稱一眞法界的隨緣。空隨有的緣，有即是空了。

因此在建立的修行道上，必須得有依住，說法得有個處所，這是我們凡夫。聖人不是的，他的空即不空，像我們一說到天，沒說到空，我們把天認爲是有。天是空的，天是自然義，這得我們修觀修的成功了，那個空隨緣而顯現的世界，大海一切剎種，都不是我們想像的有形有相的。海是形容詞，不是像我們看的大海，華嚴是把一切因花嚴佛的果德，把一切世間相，變成了眞如一眞法界的境界，每一相都是一眞法界，一眞法界隨緣而現的一切相。一切相是無相的。說的多熱鬧，沒有，若說沒有，你怎麼進入，沒法進入。華藏世界，一切有叫妙有，這裡形容海，形容剎種，形容世界，必須得有個依住。你把三解脫門，觀想好了，叫解脫。一有了就有牽掛了，一有牽掛了解脫不了了，不論是善法惡法，一牽掛你，麻煩了。這個心是妙的不可思議！當你沒悟得之前，說什麼都不對，說有也不對、說空也不對。等你成道的時候，成就了，說有也對，說空也對，一切自在解脫。現在說佛的境界，說佛所依的境界，不要用世間那個知識，你所那個知，能把那個知達到無知，現在我們是求知，不是無知，等把這個知求到究竟了，就到了無知了，無知不是不知道，這個知就變成完全是智慧體，不假作意。

我們必須假作意。我們哪個時間要聽經，哪個時間要拜懺，這是作意。必須證到那個境界，無依無住的境界，完了再說依和住。你這樣來學《華嚴經》就理解，理解了就不被《華嚴經》說的這些相所轉。這完全說的淨世界，佛所居住的境界，佛所立化眾生的事業，這是普賢菩薩從三昧起而說的，先說世界種，說完了再別說，華藏世界，現在我們講華藏世界，華藏世界沒離開世界種，世界種沒有離開大海，那個海叫智慧海。

**諸佛子。此世界種。或有依大蓮華海住。或有依無邊色寶華海住。或有依一切真珠藏寶瓔珞海住。或有依香水海住。或有依一切華海住。或有依摩尼寶網海住。或有依漩流光海住。或有依菩薩寶莊嚴冠海住。或有依種種眾生身海住。或有依一切佛音聲摩尼王海住。如是等若廣說者。有世界海微塵數。**

這是講海的形相，那海像大蓮華。「或有依無邊色寶華海住。」無邊色的寶華，無邊色就是色相無邊，寶所開的華，這就是這個海的名字。「或有依一切眞珠藏寶瓔珞海住。」這就是這個海的名字。

不用說了，有世界海微塵數那麼多名詞，都是形容詞。這個海叫這個名字，那個海叫那個名字。依住是依著什麼住？依著那些海住。海裡頭的蓮華是什麼樣子呢？瓔珞是什麼樣子呢？香水海又是什麼樣子呢？寶網海又是什麼樣子？下面講講海的形狀，前面是依住。

**諸佛子。彼一切世界種。或有作須彌山形。或作江河形。或作迴轉形。或作漩流形。或作輪輞形。或作壇墠形。或作樹林形。或作樓閣形。或作山幢形。或作普方形。或作胎藏形。或作蓮華形。或作佉勒迦形。或作眾生身形。或作雲形。或作諸佛相好形。或作圓滿光明形。或作種種珠網形。或作一切門闥形。或作諸莊嚴具形。如是等若廣說者。有世界海微塵數。**

這一個世界種裡頭，有無量的世界，一切世界種就有無量無量的一切世界，他們是什麼樣子？什麼形狀？彼一切世界種，「或有作須彌山形」，在普賢菩薩說須彌山形，經典經常說須彌山形，對我們凡夫說，我們從來沒看見過須彌山。須彌山是個什麼形？這是想像的一個山形而已，須彌山形。須彌山下頭大，上頭小，像我們看見人坐著就是須彌山形，須彌山就是像人坐相的樣子。「或作江河形」，江河，長江，大河。「或作迴轉形，或作漩流形」，這都形容水的形狀，海的形狀。

「或作輪輞形，或作壇墠形」，「壇墠」就像北京的天壇、地壇，光作祭祀用的，不能住人的。到年底了，到那去拜拜，作祭祀用的。那跟人的住處的形狀，跟房舍的樓房住的形狀不一樣的。「或作樹林形」，世界種，有像樹林那樣的世界種。「或作樓閣形，或作山幢形」，有的山直直的，像幢旛一樣的。「或作普方形，或作胎藏形，或作蓮華形，或作佉勒迦形。」佉勒迦就是像穀子、麥子，像那個形狀似的。「或作衆生身形」，衆生形就是種種樣樣的。我們是衆生，只看見人，畜生呢？螞蟻呢？海螺呢？衆生無窮無盡的形，世界就有無窮無盡的樣，這叫世界形。

這裡共舉了二十種例子，像微塵數那麼多的形狀。形狀是形容詞，形容世界海、世界種、剎種是什麼形狀？就有這麼多的形狀，以什麼爲體呢？山形是以石頭爲體，但是有土山，有各種形狀的體。

**諸佛子。彼一切世界種。或有以十方摩尼雲為體。或有以眾色燄為體。**

各個顏色所放出來的燄，光裡頭所放出來的那個燄。我們把放炮燭所放出來的燄火叫燄，以那個爲體。

**或有以諸光明為體。或有以寶香燄為體。或有以一切寶莊嚴多羅華為體。或有以菩薩影像為體。或有以諸佛光明為體。或有以佛色相為體。**

這個我們沒法理解，因爲沒見到佛的光明。看著畫像上，那個畫的不是，佛的光明是什麼樣子，我們沒見到佛的光明。他是以諸佛光明爲體的。佛的色相爲體，我們從經本上，化身佛釋迦牟尼，三十二相，八十種好，到了報身佛無量相好，無量的光明。這個世界的體就是這個樣子。

或有以一寶光為體。或有以眾寶光為體。或有以一切眾生福德海音聲為體。或有以一切眾生諸業海音聲為體。或有以一切佛境界清淨音聲為體。或有以一切菩薩大願海音聲為體。或有以一切佛方便音聲為體。或有以一切剎莊嚴具成壞音聲為體。或有以無邊佛音聲為體。或有以一切佛變化音聲為體。或有以一切眾生善音聲為體。或有以一切佛功德海清淨音聲為體。如是等若廣說者。有世界海微塵數。

這裡所說的二十種，我們已經分不清楚，沒法說清楚。佛的音聲能作爲體嗎？佛有說法的種種音聲，那又各個不同。

爾時普賢菩薩欲重宣其義。承佛神力。觀察十方。而說頌言。

剎種堅固妙莊嚴　廣大清淨光明藏

依止蓮華寶海住　或有住於香海等
須彌城樹壇墠形　一切剎種遍十方
種種莊嚴形相別　各各布列而安住

說這一切剎種，無窮無盡的，但是剎種都是堅固的，是妙莊嚴的。每一個剎種都是廣大清淨的光明藏，光明藏含的就是光明，都依著蓮華寶海住。「或有住於香海等，須彌城樹壇墠形」。這以下分著依住，把它分成有六段。把上面說的是種種，又分成六段，這一切剎種，徧滿十方的，種種形相各個不同。

安住非常有次序的，不是雜亂的。「布列」就是一行一行的，都有次序的。

或有體是淨光明　或是華藏及寶雲
或有剎種燄所成　安住摩尼不壞藏
燈雲燄彩光明等　種種無邊清淨色
或有言音以為體　是佛所演不思議

「不可思議」，本來不可說不可議，這怎麼能作體？這是我們不能理解的。體就是這樣子的，世界種的體是這樣子的體。

或是願力所出音　神變音聲為體性
一切眾生大福業　佛功德音亦如是
剎種一一差別門　不可思議無有盡
如是十方皆徧滿　廣大莊嚴現神力
十方所有廣大剎　悉來入此世界種
雖見十方普入中　而實無來無所入
以一剎種入一切　一切入一亦無餘
體相如本無差別　無等無量悉周徧

「雖見十方普入中，而實無來無所入」，看見十方的、廣大莊嚴的、徧滿的、威神力的，來成這個世界的種。但是實在而言，沒有來也沒有去，沒有能入也沒有所入。

一切成爲一個，一個又變了無窮無盡的一切，「體相如本無差別，無等無量悉周徧」。以下解釋「諸法緣起」，依著性空而起的、而建立的，緣各個不同。這個緣執著那個緣，那個緣執著這個緣。緣緣相知，互相相知。緣具存而無礙，而不妨礙。我們的生活當中，一天你所遇見的，全是緣。在你的性上沒有，一切法不立。這個緣互相資助，同時具存於無礙。有時候緣起法壞了，緣不成熟也就是緣不具。本來你在普壽寺住，可以住到你臨命終時，能成道業。他緣壞了，緣壞了，或者是你自己作障礙。內心起煩惱，或者外頭別的緣，道業跟你作障礙，家庭六親眷屬跟你作障礙，這叫緣壞。緣壞了，作不成了，迫使你非得離開這個廟不可，到別處那又是另一個緣起。緣起又如何？不得而知。緣壞了，沒有緣，想入入不成。緣沒壞，你想離開，離不成。

有些人想離開世界，很苦惱。有的人不懂得佛法，他自殺，懂得佛法的他不敢自殺，爲什麼不敢呢？他自殺了，比殺他犯的罪還大。自殺非下地獄不可，他殺不見得。這個不同的，緣非常重要。壞的緣起進不了，作不成，緣不具。緣不具，再加上你的因。因施緣住，你這因得靠外緣幫助你，修道也如是。比如我們講《華嚴經》，缺一緣也不可。有時候講講就停一停，這一天緣不具，像昨天，我們要誦戒了，這個時間不能來了，不能講了。停下，另外又來一個什麼事故，來個事情，我們又停下。還有我的緣起，如果我生病了，乃至死了，那完蛋了。那別人來講，別人還有別人的緣，不能都靠我這個緣了。緣具和緣不具，互相資助的。有因無緣不成，光有緣沒有因，你自己不想聽，緣雖然都具足，你不肯入。

我們成佛、修道，一切諸法都是緣起，我們把緣起當成體，這是錯誤的。緣起不是體，隨時是幻滅的。緣具則成，緣散則壞，跟體毫無關係，這是緣起起滅。我們之所以進不到，我們在華藏世界裡頭，而不知道華藏世界。這叫各各緣各各異。因爲我們不能了解，了解什麼呢？了解我們的自性。就被外界的事物所干擾，把你這個自性障住了。如果你能入得無生的理，諸法無生，不是從自己生的，也不是從他生的，也不是共生的，就是緣起。緣無因，沒有這個因，緣幫助不成。我們如果沒有成佛的種子，沒有這個因，什麼緣助成，你也成不了。因爲我們有這個因，再加諸佛菩薩教化的緣，再遇上三寶的緣，所以才能成佛。這個法，緣起性空，說這一個世界，一切成就這個世界，緣起的因緣和合了。所有一切的善緣，再加毗盧遮那，他所積聚的一切善業，成就華藏世界。

**一切國土微塵中　普見如來在其所**
**願海言音若雷震　一切眾生悉調伏**
**佛身周徧一切剎　無數菩薩亦充滿**
**如來自在無等倫　普化一切諸含識**

剛才講的是普徧的義，因爲諸佛證得性空。外邊的緣，一切的緣，我們有這個緣，我們見到每一微塵中都有佛在那裡說法。沒有這個緣，就算佛在那說法，你見到也不知道也不能理解。「願海言音若雷震，一切眾生悉調伏」，說在一切國土微塵中，普見如來在那說法，如來的大願海，是自在無礙的。能化一切諸含識，凡是有識的動物，不止人類，一切動物、有含識的，佛都能教化，使他恢復本來面目，這是《華嚴經》所講的一眞法界。如果實在不懂這個意義，你經常想起兩句話就行，「無不從此法界流」，一眞法界隨緣，出生一切諸法。「無不還歸此法界」，所有緣起諸法又回歸於自心的本性。有時候從緣說就叫緣起，有時候從性空說就叫性空，就是我們的本性本具足的，常時觀想這種涵義，你作這種觀想若是成就了，那不可思議，你到地獄裡頭把地獄也給空了，沒有了。地獄是假相，人間也是假相的，過去就沒有了。知道這個剎依種，種依海，循環迴旋就是香水海依著剎海，那剎種依著香海，這是循環迴旋的。諸剎依著剎種，剎種又依著剎海。

**爾時普賢菩薩復告大眾言。諸佛子。此十不可說佛剎微塵數香水海。在華藏莊嚴世界海中。如天帝網。分布而住。**

十不可說佛剎微塵數這麼多香水海，都在華藏世界莊嚴海中住，就像帝網似的分布，帝網我們沒看見嗎？我們打魚撒那個網所見了，一個孔一外孔的，各各孔是各各孔，但是都是一個網，你分不清楚哪個孔。你看那打魚的魚網，那有好多孔，用那個來形容著天地的帝網，這個都是指忉利天說的。六欲天以上的都是空的，天是自然義，不是像人間，這個城市那個城市的，一到了梵天沒有這些。一到梵天以上了，男女相都沒有了，帝釋天爲什麼有個網？把帝釋天所有居住的處所用這個網罩著，帝網重重。

《地藏經》說的那些鬼神，鬼神能到帝網嗎？佛說《地藏經》是在忉利天說的，忉利天鬼神能去得到嗎？能進得了嗎？外頭有個網的，沒有福德能到天帝網裡頭去嗎？這個華藏世界海，在這裡頭種種的安住，這些香水海，剎種又住到香水海，香水海又住到華藏世界海的當中，顯重重無盡的意思。香水海跟剎海是在地面上住，所以說一切大地是依著它。拿帝網來形容著，大地上一切行列的布置，山和水，一切一切的都井井有條的，不紊的。

以下辨別這些海，從一海向右旋十個海，十個海所管的這個海，各各管不可說不可說佛剎微塵數那麼多海。這麼說把我們的腦殼都說大了，那數字不是我們想像的，我們所看見那些海，就是我們南贍部洲這些海，還沒進入香水海！那些香水海，每個海又出生種種的剎種，所說的剎種，讓你說到不可說那個樣子，一層一層解釋的。

**諸佛子。此最中央香水海。名無邊妙華光。以現一切菩薩形摩尼王幢為底。出大蓮華。名一切香摩尼王莊嚴。有世界種而住其上。名普照十方熾然寶光明。以一切莊嚴具為體。有不可說佛剎微塵數世界。於中布列。**

「名無邊妙華光」，它能夠在香水海裡頭現。「以現一切菩薩形」，這個香水海，「摩尼王幢爲底」，香水海出生一個大蓮華，這個蓮華叫什麼名字呢？「出大蓮華，名一切香摩尼王莊嚴。」妙蓮華是現菩薩的形，摩尼王幢爲底的，這是說蓮華的底，這個大蓮華叫什麼名字呢？叫香摩尼王莊嚴。在這個蓮華上頭，「有世界種而住其上」，這個世界種叫什麼呢？「名普照十方熾然寶光明」，種種的莊嚴具成就了熾然寶光明幢。

「以一切莊嚴具爲體，有不可說佛刹微塵數世界，於中布列。」大蓮華裡頭住著那個世界，不可說不可說微塵數世界，我們經常說兩個不可說，把不可說說到不可說，完了再加個不可說。不可說就沒的說了，不是沒的說，而是你說不出來，就這個涵義，一切衆生是說不出來的。那麼不可說不可說佛刹微塵數世界在這裡頭，次第行布的立於這個蓮華中。

**其最下方有世界名最勝光偏照。以一切金剛莊嚴光耀輪為際。依眾寶摩尼華而住。其狀猶如摩尼寶形。一切寶華莊嚴雲。彌覆其上。佛刹微塵數世界。周帀圍繞。種種安住。種種莊嚴。佛號淨眼離垢燈。**

有世界名最勝光偏照，單說這一具最下方的，在蓮華的底部、最下方的。最勝光偏照這個世界怎麼成的？是以一切金剛莊嚴。「以一切金剛莊嚴光耀輪爲際」，它的國界非常之大，用金剛莊嚴光耀輪這個輪。「依衆寶摩尼華而住」，這個華，就是蓮華裡頭又有華。「其狀猶如摩尼寶形」，如意寶，我們人間沒有如意寶，形容不出來，我們沒有見到過。「一切寶華莊嚴雲」，這形相是什麼呢？是雲，一切寶莊嚴雲。「彌覆其上，佛刹微塵數世界。」這個是中間的佛刹微塵數。「周帀圍繞，種種安住，種種莊嚴。」有佛住世，佛號叫淨眼離垢燈。「佛號淨眼離垢燈」，這個不作解釋，爲什麼？因爲我都沒有理解。我解說了，你們還是不理解；照著清涼國師所說的，他所說的也沒有達到普賢境界。因此不解說，照原文持受就是了。這一層一層的說了，說到十三層才是我們這個世界。

此上過佛刹微塵數世界。有世界名種種香蓮華妙莊嚴。以一切莊嚴具為際。依寶蓮華網而住。其狀猶如師子之座。一切寶色珠帳雲。彌覆其上。二佛刹微塵數世界周帀圍繞。佛號師子光勝照。此上過佛刹微塵數世界。有世界名一切寶莊嚴普照光。以香風輪為際。依種種寶華瓔珞住。其形八隅。妙光摩尼日輪雲而覆其上。三佛刹微塵數世界周帀圍繞。佛號淨光智勝幢。此上過佛刹微塵數世界。有世界名種種光明華莊嚴。以一切寶王為際。依眾色金剛尸羅幢海住。其狀猶如摩尼蓮華。以金剛摩尼寶光雲而覆其上。四佛刹微塵數世界周帀圍繞。純一清淨。佛號金剛光明無量精進力善出現。此上過佛剎微塵數世界。有世界名普放妙華光。以一切寶鈴莊嚴網為際。依一切樹林莊嚴寶輪網海住。其形普方而多有隅角。梵音摩尼王雲以覆其上。五佛剎微塵數世界周帀圍繞。佛號香光喜力海。

此上過佛剎微塵數世界。有世界名淨妙光明。以寶王莊嚴幢為際。依金剛宮殿海住。其形四方。摩尼輪髻帳雲而覆其上。六佛剎微塵數世界周帀圍繞。佛號普光自在幢。此上過佛剎微塵數世界。有世界名眾華燄莊嚴。以種種華莊嚴為際。依一切寶色燄海住。其狀猶如樓閣之形。一切寶色衣真珠欄楯雲而覆其上。七佛剎微塵數世界周帀圍繞。純一清淨。佛號歡喜海功德名稱自在光。此上過佛剎微塵數世界。有世界名出生威力地。以出一切聲摩尼王莊嚴為際。依種種寶色蓮華座虛空海住。其狀猶如因陀羅網。以無邊色華網雲而覆其上。八佛剎微塵數世界周帀圍繞。佛號廣大名稱智海幢。此上過佛剎微塵數世界。有世界名出妙音聲。以心王摩尼莊嚴輪為際。依恆出一切妙音聲莊嚴雲摩尼王海住。其狀猶如梵天身形。無量寶莊嚴師子座雲而覆其上。九佛剎微塵數世界周帀圍繞。佛號清淨月光明相無能摧伏。此上過佛剎微塵數世界。有世界名金剛幢。以無邊莊嚴真珠藏寶瓔珞為際。依一切莊嚴寶師子座摩尼海住。其狀周圓。十須彌山微塵數一切香摩尼華須彌雲彌覆其上。十佛剎微塵數世界周帀圍繞。純一清淨。佛號一切法海最勝王。此上過佛剎微塵數世界。有世界名恆出現帝青寶光明。以極堅牢不可壞金剛莊嚴為際。依種種殊異華海住。其狀猶如半月之形。諸天寶帳雲而覆其上。十一佛剎微塵數世界周帀圍繞。佛號無量功德法。此上過佛剎微塵數世界。有世界名光明照耀。以普光莊嚴為際。依華旋香水海住。狀如華旋。種種衣雲而覆其上。十二佛剎微塵數世界周帀圍繞。佛號超釋梵。此上過佛剎微塵數世界。至此世界名娑婆。以金剛莊嚴為際。依種種色風輪所持蓮華網住。狀如虛空。以普圓滿天宮殿莊嚴虛空雲而覆其上。十三佛剎微塵數世界周帀圍繞。其佛即是毗盧遮那如來世尊。

這個世界是金剛莊嚴的，我們見到是什麼？沙石瓦礫。因爲我們肉眼所見的不是眞實的。「依種種色，風輪所持。」這個世界是風輪所持的。「蓮華網住」，虛空誰看著虛空什麼樣子嗎？沒看見哪，再看華藏世界。

凡是釋迦牟尼佛所說的法、所說的世界，都是十三佛剎微塵數世界，周帀圍繞的世界。其他的十二、十一乃至到第一，我們不得而知，佛經上沒說。普賢菩薩說這個世界海，只是說這個世界的成就二十重，只說個名詞，並沒有說這個佛怎麼說法，怎麼度衆生。但是在我們所說的經論裡頭，虛空，虛空的體是什麼樣子的？沒有形嗎？沒有相嗎？那是不可見的。這不是有形的，所以不能作有形會，梵本上說「三曼多。第縛皤嚩囊。伽伽那。阿楞迦羅。僧塞怛那。」翻成華言，「三曼多」是周圓，「第縛皤嚩囊」是天宮，「伽伽那」是虛空，「阿楞迦羅」是莊嚴蓋覆，「僧塞怛那」是形狀。佛是說的印度話，咒語所以不翻，爲什麼？「此土無」，我們這個國土都沒有，翻出來，咒語就念不成。你就感覺著沒有意思，它不翻，不翻裡頭含著意思非常的深。我們念「嗡嘛呢叭咪吽」「嗡嘛呢叭咪吽」，這個咒語西藏人都念，他不翻。翻出來什麼呢？「白蓮華」，讓誰去念？他天天念「白蓮華！白蓮華！」誰也不肯念，他念「嗡嘛呢叭咪吽、嗡嘛呢叭咪吽」，念的很起勁，白蓮華他就不起勁了。那個白蓮華就是我們這個娑婆世界十三世界大白蓮華，二十重世界，最初底座，一座大白蓮華，念這個咒就把二十重佛世界都念。那涵義非常深，若給你解釋，一部《華嚴經》也解釋不完的。「嗡嘛呢叭咪吽」，就六個字，一翻譯成「大白蓮華」，那你就不念。整個就是大白蓮華，我們建在蓮華之上。爲什麼都舉蓮華呢？蓮華是清淨無染。普賢菩薩是給那些大菩薩說的，與會大菩薩都能理解，不是給我們說的，他對我們不會說這個法的。普賢菩薩從三昧說，我們是想種善因，既然是流通在我們人間，我們這裡頭也有華嚴菩薩示現的。你這樣理解這個世界，我們現在住的是十三重佛剎微塵數世界周帀圍繞，凡是釋迦牟尼佛所說都沒出了十三重，不管極樂世界，藥師琉璃光世界，不動世界，上方下方周帀圍繞，都是這十三佛剎微塵數世界，各各世界都有佛，每個世界都如是，這叫重重無盡。

**此上過佛剎微塵數世界。有世界名寂靜離塵光。以一切寶莊嚴為際。依種種寶衣海住。其狀猶如執金剛形。無邊色金剛雲而覆其上。十四佛剎微塵數世界周帀圍繞。佛號徧法界勝音。此上過佛剎微塵數世界。有世界名眾妙光明燈。以一切莊嚴帳為際。依淨華網海住。其狀猶如卍字之形。摩尼樹香水海雲而覆其上。十五佛剎微塵數世界周帀圍繞。純一清淨。佛號不可摧伏力普照幢。**

「卍」字是吉祥的字，有時候佛心畫個「卍」字，這個字叫「卍」字。漢譯鳩摩羅什法師和玄奘法師譯爲「德」，道德的德。菩提流支譯的〈十地經論〉，譯成「卍」字。「卍」字是什麼意思呢？吉祥萬德。如果你帶個「卍」字，就表示吉祥萬德所成就的。

此上過佛刹微塵數世界。有世界名清淨光徧照。以無盡寶雲摩尼王為際。依種種香燄蓮華海住。其狀猶如龜甲之形。圓光摩尼輪栴檀雲而覆其上。十六佛刹微塵數世界周帀圍繞。佛號清淨日功德眼。此上過佛刹微塵數世界。有世界名寶莊嚴藏。以一切眾生形摩尼王為際。依光明藏摩尼王海住。其形八隅。以一切輪圍山寶莊嚴華樹網彌覆其上。十七佛刹微塵數世界周帀圍繞。佛號無礙智光明徧照十方。

此上過佛刹微塵數世界。有世界名離塵。以一切殊妙相莊嚴為際。依眾妙華師子座海住。狀如珠瓔。以一切寶香摩尼王圓光雲而覆其上。十八佛刹微塵數世界周帀圍繞。純一清淨。佛號無量方便最勝幢。此上過佛刹微塵數世界。有世界名清淨光普照。以出無盡寶雲摩尼王為際。依無量色香燄須彌山海住。其狀猶如寶華旋布。以無邊色光明摩尼王帝青雲而覆其上。十九佛刹微塵數世界周帀圍繞。佛號普照法界虛空光。此上過佛刹微塵數世界。有世界名妙寶燄。以普光明日月寶為際。依一切諸天形摩尼王海住。其狀猶如寶莊嚴具。以一切寶衣幢雲。及摩尼燈藏網而覆其上。二十佛刹微塵數世界周帀圍繞。純一清淨。佛號福德相光明。

二十重世界海是什麼所集成的？吉祥萬德，包羅萬象的意思。沒有作總結，只是總結它的形類、它的眷屬、它的所在。

諸佛子。此徧照十方熾然寶光明世界種。有如是等不可說佛剎微塵數廣大世界。各各所依住。各各形狀。各各體性。各各方面。各各趣入。各各莊嚴。各各分齊。各各行列。各各無差別。各各力加持。周帀圍遶。所謂十佛剎微塵數迴轉形世界。十佛剎微塵數江河形世界。十佛剎微塵數旋流形世界。十佛剎微塵數輪輞形世界。十佛剎微塵數壇墠形世界。十佛剎微塵數樹林形世界。十佛剎微塵數樓觀形世界。十佛剎微塵數尸羅幢形世界。十佛剎微塵數普方形世界。十佛剎微塵數胎藏形世界。十佛剎微塵數蓮華形世界。十佛剎微塵數佉勒迦形世界。十佛剎微塵數種種眾生形世界。十佛剎微塵數佛相形世界。十佛剎微塵數圓光形世界。十佛剎微塵數雲形世界。十佛剎微塵數網形世界。十佛剎微塵數門闥形世界。如是等有不可說佛剎微塵數。

總結佛刹種種的形狀，前面講十八種，現在這一講起來不止十八種，無窮無盡的。

**妙華光香水海及圍繞此海香水河中。復有如上所說微塵數世界而為眷屬。如是所說一切世界。皆在此無邊此一一世界。各有十佛刹微塵數廣大世界周帀圍繞。此諸世界。一一**

人有六親眷屬，世界也有六親眷屬，每個世界都有十佛刹微塵數世界眷屬圍繞。僅僅是說個妙華光香水海，還有其他的很多香水海，香水海裡頭還有香水海，這就是《華嚴經》講的重重無盡。

這只能意會，不能言說，言說也說不盡的。怎麼觀想呢？只在我一念心中，就是在我現前一念心中。我這一念心是什麼海呢？是性海。性海是圓滿無盡的，一說到性海，性海所發現的一切相，相必有形，你能想像的形狀，把它變成刹海。從自己的性海向外發展，一重、一重、一重。打妄想，能打得了這個妄想嗎？

學著打妄想。以普壽寺爲中心，你閉上眼睛，睜著眼睛不行，我們一打妄想，眼睛要瞇起來。睜著眼睛有干擾，光干擾，形干擾，你想不出來。人若打妄想，就像睡覺做夢似的，你看瞇上眼睛，就在那兒，這叫什麼呢？胡思亂想。我們把一切的胡思亂想，反正要想，那就想華藏世界。它把你一切的雜亂妄想取消了，這個妄想是隨著法界性的。我們只知道一個毗盧遮那，這二十重世界，每一重世界海又有無窮無盡的世界周帀圍繞著。每一個佛又周帀圍繞著無窮無盡的化佛，還有周邊所有的諸剎海，也有無窮無盡的佛。

這個剎海裡沒有極樂世界，也沒有東方藥師琉璃光如來世界，為什麼？都在這個剎種裡頭，都在十三重世界海裡，都在種種光明蘂香幢大蓮華上。一重一重一重，共有二十重，這僅僅說一個蓮華。像這樣的蓮華在妙虛空中還有很多的，普賢菩薩僅僅說這一個剎種，一個香水海，香水海還有很多香水河圍繞。若說須彌山，太陽、月亮，那是無窮無盡的。佛剎微塵數那麼多，太陽、月亮，比這還多得多。等到一說到佛的剎海光明，太陽、月亮不說了，因為它們的光明不行了，太小了。就好像太陽光來了，電燈的作用就很小了，若是夜晚就不同了。

## 第一離垢燄藏海

爾時普賢菩薩復告大眾言。諸佛子。此無邊妙華光香水海東。次有香水海。名離垢燄藏。出大蓮華。名一切香摩尼王妙莊嚴。有世界種而住其上。名徧照剎旋。以菩薩行吼音為體。

此中最下方。有世界名宮殿莊嚴幢。其形四方。依一切寶莊嚴海住。蓮華光網雲彌覆其上。佛剎微塵數世界圍繞。純一清淨。佛號眉間光徧照。

我們現在講的世界種，正宗。現在講這個世界海的世界種，香水海的東邊。如是東南西北，東南西北，西南西北，多了，有十個。這就是華藏世界的重重無盡。普賢菩薩跟在會的大衆菩薩說，在妙華光香水海的東面，還有一個香水海，香水海的名稱叫離垢燄藏。在香水海，出了個大蓮華，叫名一切香摩尼王妙莊嚴。在這個大蓮華之上有世界種，住大蓮華之上，名叫徧照刹旋。這個蓮華以什麼爲體呢？「以菩薩行吼音爲體」，菩薩說法的音聲，行菩薩道的音聲。吼就是聲音非常之大，以這個爲體。這是最上方的，下方還有世界，名叫宮殿莊嚴幢，其形四方。「依一切寶莊嚴海住，蓮華光網雲彌覆其上。佛刹微塵數世界圍繞，純一清淨。」現在住世的佛，號眉間光徧照。這裡頭可以講講菩薩行。什麼叫菩薩行？菩薩具足說，「菩提薩埵」，翻成華言是「覺有情」，一切有情都覺悟。在菩薩行六度萬行的時候，《華嚴經》講十度，一般經講六度，過去行布施度，現在感的依報的果報。菩薩所行的學處，在《華嚴經》是十波羅蜜，一般經論說六度是菩薩行，總的說「菩薩」，翻譯是「菩提薩埵」，要使一切衆生都能覺悟，這才叫做菩薩。

菩薩從最初發菩提心，修行菩薩行，菩薩行就是發心行菩薩道。行菩薩道的時候，就叫菩薩行，行菩薩道的時候，一定要說法，說法就叫吼音。這個香水海，摩尼王妙莊嚴的世界種，都是以菩薩修行所成的、所成就的，那就是菩薩的吼音作這個世界種的體。在這個世界種的下方有世界，叫宮殿莊嚴。在宮殿莊嚴這個世界種，有佛叫眉間光徧照，沒有說法。現在這一品是〈華藏世界品〉，是說毗盧遮那佛的依報。但是我們的看法，以我們現在這個業報身，業報的六根，見不到華藏世界的本體，也見不到華藏世界的清淨相。因爲我們還沒有行菩薩行。我們所修的菩薩行，還在貪瞋癡慢疑、身邊戒見邪，還是在煩惱當中，沒有得到清淨的，因此見不到的。

你要想明了世界的安立，不說這麼深這麼遠的華藏世界，我們現在連這個世界還沒有認識。我們所認識到的，無論美洲、澳洲、歐洲、亞洲、非洲，有的洲你沒有到過，我們也到不了。再者，還有些地方沒有旅遊業，你怎麼到的了？開展旅遊了，我們也沒有經費。南極、北極我們都沒到，那有無量大片土地，但是是零下八十度，我們零下三十度就受不了了，還要到零下四十度？零下五十度，人就活不出來了。能到零下八十度去嗎？但是科學考察船到南極北極，他們有特殊保溫設備，科學家很感興趣，開發的南極北極。我們連我們這個娑婆世界的，就是我們這個小地球，不知道的太多了。

**此上過佛剎微塵數世界。有世界名德華藏。其形周圓。依一切寶華蘂**

**海住。真珠幢師子座雲彌覆其上。**

這種世界種是普賢菩薩說的，一般的菩薩他不知道的。他連這個依報也沒有達到，不論禪宗、教下、淨土宗，都沒有談到這麼廣、這麼深、這麼遠。這是華藏世界的總體。現在我們說的是華藏世界的東邊，那個世界叫德華藏，還有南邊、北邊、西邊、東南、西南、東北、西北、上下。一個世界種，圍繞他的，無窮無盡，這叫虛空建立的。意思就是讓我們把這個心量放大，開闊我們的意，開闊我們的心，都在我們本心當中。這個世界種非常的多。在《華嚴經》，單說華藏世界。前面是世界成就，回想世界是怎麼成就的？在這個世界成就當中，單舉華藏世界，舉了華藏世界。再說華藏世界的周圍世界，僅此而已。我們現在所說的這個世界，這是在華藏世界的東面。東面也跟我們現在的華藏世界一樣的，一重一重一重，我們現在說第一重，還有第二重。

這個海叫一切寶華蘂海。眞珠幢師子座是什麼樣子，我們都不知道。但是是雲，不是獅子座。獅子座雲，這個座像雲一樣的。在這個世界的，德華藏世界上頭覆蓋著。

**二佛剎微塵數世界圍繞。佛號一切無邊法海慧。**

這個世界的佛主，就是佛。哪尊佛呢？一切無邊法海慧。這是第二佛。

**此上過佛剎微塵數世界。有世界名善變化妙香輪。形如金剛。依一切寶莊嚴鈴網海住。種種莊嚴圓光雲彌覆其上。三佛剎微塵數世界圍繞。佛號功德相光明普照。**

這個海的名字叫一切寶莊嚴鈴網。前面說二十佛剎，現在又說二十佛剎。每一佛剎都有無邊的世界微塵數世界圍繞，還沒有一個一個說，若是一個一個說，以我們人間的壽命，說一萬年，說十萬年也說不完。光說圍繞的世界，你也說不完。舉個例子，說亞洲，亞洲好多個國家？就說中國，中國是總的名稱，有三十多個省級單位，每一省還有好多縣。每一縣還有好多村落，若是一個村子一個村子說，夠你演說幾天也說不完。這個國就是亞洲的一個國家，其他的國家都還沒說完。完了再說到歐洲，歐洲再說到美洲，美洲再說到南美洲，完了之後澳洲。再說美洲，大洋洲，這樣說來說去，說的完嗎？

再說我們這個總體，體就有這麼多。一個佛剎又有微塵數佛剎圍繞。這二十重，就有二十個微塵數佛剎圍繞。現在又說東邊這一個，重重無盡。這是開放的，往外開放說。我們把他收攝回來，不作開放的說。收攝回來，攝歸你的心，是你的心所變。你的心，一天有好多念頭？你把這些華藏世界海，就是你現在心的一念，這個意思明白嗎？向外分析是無窮無盡，不去分析了，回到現在心的一念，這個都在一眞法界裡頭。再說無量種，還是一眞法界之內。一眞法界就是我們現前的一念心，就把他開闊分析了，回來說呢？就是我們現前的一念。

二十重世界，上回講華藏世界，就是華藏世界的周圍世界，十三重的毗盧遮那。十三重的世界，我們說不清楚。雖然佛跟普賢菩薩這樣說，我們還是不清楚。依照經文這樣念念，念熟了，心量放大了，才能理解這種道理，不然你沒法理解。這是種個善因而已。以下不解釋了，一個一個佛刹，念一念。

**此上過佛刹微塵數世界。有世界名妙色光明。其狀猶如摩尼寶輪。依無邊色寶香水海住。普光明眞珠樓閣雲彌覆其上。四佛刹微塵數世界圍繞。純一清淨。佛號善眷屬出興徧照。**

這是拿摩尼寶來形容，大家看地藏菩薩拿的珠子，就叫摩尼寶，摩尼寶就叫如意珠。隨便你做什麼顏色都可以。到青的，他就變青的，到黃的，他就變黃的，赤白紅藍都能變幻，因爲他如意。

**此上過佛刹微塵數世界。有世界名善蓋覆。狀如蓮華。依金剛香水海住。離塵光明香水雲彌覆其上。五佛刹微塵數世界圍繞。佛號法喜無盡慧。**

每一個世界還有微塵數佛刹微塵數世界，不是兩個緊挨著的，爲什麼不全說呢？普賢菩薩觀察我們衆生的智慧，這樣說就已經沒法接受，如果再把這個微塵數，一個微塵一世界、一個微塵一世界說起來，沒法說盡。

此上過佛刹微塵數世界。有世界名尸利華光輪。其形三角。依一切堅固寶莊嚴海住。菩薩摩尼冠光明雲彌覆其上。六佛刹微塵數世界圍繞。佛號清淨普光明雲。此上過佛刹微塵數世界。有世界名寶蓮華莊嚴。形如半月。依一切蓮華莊嚴海住。一切寶華雲彌覆其上。七佛刹微塵數世界圍繞。純一清淨。佛號功德華清淨眼。此上過佛刹微塵數世界。有世界名無垢燄莊嚴。其狀猶如寶燈行列。依寶燄藏海住。常雨香水種種身雲彌覆其上。八佛刹微塵數世界圍繞。佛號慧力無能勝。此上過佛刹微塵數世界。有世界名妙梵音。形如卍字。依寶衣幢海住。一切華莊嚴帳雲彌覆其上。九佛刹微塵數世界圍繞。佛號廣大目如空中淨月。此上過佛刹微塵數世界。有世界名微塵數音聲。其狀猶如因陀羅網。依一切寶水海住。一切樂音寶蓋雲彌覆其上。十佛刹微塵數世界圍繞。純一清淨。佛號金色須彌燈。此上過佛刹微塵數世界。有世界名寶色莊嚴。形如卍字。依帝釋形寶王海住。日光明華雲彌覆其上。十一佛剎微塵數世界圍繞。佛號迴照法界光明智。此上過佛剎微塵數世界。有世界名金色妙光。其狀猶如廣大城郭。依一切寶莊嚴海住。道場寶華雲彌覆其上。十二佛剎微塵數世界圍繞。佛號寶燈普照幢。此上過佛剎微塵數世界。有世界名偏照光明輪。狀如華旋。依寶衣旋海住。佛音聲寶王樓閣雲。彌覆其上。十三佛剎微塵數世界圍繞。純一清淨。佛號蓮華燄偏照。

這十三重跟華藏世界十三重、跟我們這個世界，是相對照的、平行的。

此上過佛剎微塵數世界。有世界名寶藏莊嚴。狀如四洲。依寶瓔珞須彌住。寶燄摩尼雲彌覆其上。十四佛剎微塵數世界圍繞。佛號無盡福開敷華。

這個地方的形狀像須彌山的四大部洲，哪四洲呢？東勝身洲、南贍部洲、西牛賀洲、北俱盧洲，拿我們世界的四大部洲來形容。我們從上頭一個世界再上無邊微塵數世界，周圍又有無邊的微塵數世界圍繞，中間說一個世界，每一層都如是說，這個世界是無窮無盡的。

此上過佛剎微塵數世界。有世界名如鏡像普現。其狀猶如阿脩羅身。依金剛蓮華海住。寶冠光影雲彌覆其上。十五佛剎微塵數世界圍繞。佛號甘露音。此上過佛剎微塵數世界。有世界名栴檀月。其形八隅。依金剛栴檀寶海住。真珠華摩尼雲彌覆其上。

阿脩羅身是什麼樣子？我們沒有見過阿脩羅，他舉這個例子，我們不能知道的，普賢菩薩是給等覺菩薩說的。那些菩薩證了法身大士，我們則是種善根。「有世界名鏡像普現」，鏡像普現沒有，在鏡子裡，把像印成真的，有這麼回事嗎？這是形容，其狀如阿脩羅身。

這些名字是形容詞，不要認眞，說那個世界像金剛旃檀寶。若按普賢菩薩來說，雲彩都有名，每天早晨空中這些雲彩，我們說不出來叫什麼名字。普賢菩薩把這個世界種的所有雲都能說出名稱，我們則是迷迷糊糊的。這雲叫什麼雲？烏雲是不亮的，亮的叫光明雲，大概就這樣子。天黑了，被黑雲遮蓋，叫黑雲。普賢菩薩能把這些世界雲都叫出名稱，這些雲像什麼？像眞珠華摩尼。

十六佛剎微塵數世界圍繞。純一清淨。佛號最勝法無等智。此上過佛剎微塵數世界。有世界名離垢光明。其狀猶如香水旋流。依無邊色寶光海住。妙香光明雲彌覆其上。十七佛剎微塵數世界圍繞。佛號徧照虛空光明音。此上過佛剎微塵數世界。有世界名妙華莊嚴。其狀猶如旋繞之形。依一切華海住。一切樂音摩尼雲彌覆其上。十八佛剎微塵數世界圍繞。佛號普現勝光明。此上過佛剎微塵數世界。有世界名勝音莊嚴。其狀猶如師子之座。依金師子座海住。眾色蓮華藏師子座雲彌覆其上。十九佛剎微塵數世界圍繞。佛號無邊功德稱普光明。此上過佛剎微塵數世界。有世界名高勝燈。狀如佛掌。依寶衣服香幢海住。日輪普照寶王樓閣雲彌覆其上。二十佛剎微塵數世界圍繞。純一清淨。佛號普照虛空燈。

這是我們這個世界種的東邊，又是二十重世界。下面說另一個香水海。

## 第二無盡光明輪海

諸佛子。此離垢燄藏香水海南。次有香水海。名無盡光明輪。世界種名佛幢莊嚴。以一切佛功德海音聲為體。此中最下方。有世界名愛見華。狀如寶輪。依摩尼樹藏寶王海住。化現菩薩形寶藏雲彌覆其上。

佛剎微塵數世界圍繞。純一清淨。佛號蓮華光歡喜面。

有些世界我們沒法理解的，菩薩形還是化現的，雲彩的名字叫化現菩薩形的寶藏雲，彌覆其上。這是南方，前面念的是東方。

此上過佛剎微塵數世界。有世界名妙音。佛號須彌寶燈。此上過佛剎微塵數世界。有世界名眾寶莊嚴光。佛號法界音聲幢。此上過佛剎微塵數世界。有世界名香藏金剛。佛號光明音。此上過佛剎微塵數世界。有世界名淨妙音。佛號最勝精進力。此上過佛剎微塵數世界。有世界名寶蓮華莊嚴。佛號法城雲雷音。此上過佛剎微塵數世界。有世界名與安樂。佛號大名稱智慧燈。

這把多少重世界圍繞都略了，跟前面是一樣的，翻譯者把它略了，不然太重覆。

此上過佛剎微塵數世界。有世界名無垢網。佛號師子光功德海。此上過佛剎微塵數世界。有世界名華林幢偏照。佛號大智蓮華光。此上過佛剎微塵數世界。有世界名無量莊嚴。佛號普眼法界幢。此上過佛剎微塵數世界。有世界名普光寶莊嚴。佛號勝智大商主。此上過佛刹微塵數世界。有世界名華王。佛號月光幢。此上過佛刹微塵數世界。有世界名離垢藏。佛號清淨覺。此上過佛刹微塵數世界。有世界名寶光明。佛號一切智虛空燈。此上過佛刹微塵數世界。有世界名出生寶瓔珞。佛號諸度福海相光明。此上過佛刹微塵數世界。有世界名妙輪徧覆。佛號調伏一切染著心令歡喜。此上過佛刹微塵數世界。有世界名寶華幢。佛號廣博功德音大名稱。此上過佛刹微塵數世界。有世界名無量莊嚴。佛號平等智光明功德海。此上過佛刹微塵數世界。有世界名無盡光莊嚴幢。狀如蓮華。依一切寶網海住。蓮華光摩尼網彌覆其上。二十佛刹微塵數世界圍繞。純一清淨。佛號法界淨光明。

## 第三金剛寶燄光明海

諸佛子。此無盡光明輪香水海右旋。次有香水海。名金剛寶燄光。世界種名佛光莊嚴藏。以稱說一切如來名音聲為體。此中最下方。有世界名寶燄蓮華。其狀猶如摩尼色眉間毫相。依一切寶色水旋海住。一切莊嚴樓閣雲彌覆其上。佛刹微塵數世界圍繞。純一清淨。佛號無垢寶光明。此上過佛刹微塵數世界。有世界名光燄藏。佛號無礙自在智慧光。此上過佛刹微塵數世界。有世界名寶輪妙莊嚴。佛號一切寶光明。此上過佛刹微塵數世界。有世界名栴檀樹華幢。佛號清淨智光明。此上過佛刹微塵數世界。有世界名佛刹妙莊嚴。佛號廣大歡喜音。此上過佛刹微塵數世界。有世界名妙光莊嚴。佛號法界自在智。此上過佛刹微塵數世界。有世界名無邊相。佛號無礙智。此上過佛刹微塵數世界。有世界名燄雲幢。佛號演說不退輪。此上過佛刹微塵數世界。有世界名眾寶莊嚴清淨輪。佛號離垢華光明。此上過佛刹微塵數世界。有世界名廣大出離。佛號無礙智日眼。此上過佛刹微塵數世界。有世界名妙莊嚴金剛座。佛號法界智大光明。此上過佛刹微塵數世界。有世界名智慧普莊嚴。佛號智炬光明王。此上過佛刹微塵數世界。有世界名蓮華池深妙音。佛號一切智普照。此上過佛刹微塵數世界。有世界名種種色光明。佛號普光華王雲。此上過佛刹微塵數世界。有世界名妙寶幢。佛號功德光。此上過佛刹微塵數世界。有世界名摩尼華毫相光。佛號普音雲。此上過佛刹微塵數世界。有世界名甚深海。佛號十方眾生主。此上過佛刹微塵數世界。有世界名須彌光。佛號法界普智音。此上過佛刹微塵數世界。有世界名金蓮華。佛號福德藏普光明。此上過佛刹微塵數世界。有世界名寶莊嚴藏。形如卍字。依一切香摩尼莊嚴樹海住。清淨光明雲彌覆其上。二十佛刹微塵數。世界圍繞。純一清淨。佛號大變化光明網。

## 第四帝青寶莊嚴海

諸佛子。此金剛寶燄香水海右旋。次有香水海。名帝青寶莊嚴。世界種名光照十方。依一切妙莊嚴蓮華香雲住。以無邊佛音聲為體。於此最下方。有世界名十方無盡色藏輪。其狀周迴有無量角。依無邊色一切寶藏海住。因陀羅網而覆其上。佛刹微塵數世界圍繞。純一清淨。佛號蓮華眼光明徧照。此上過佛刹微塵數世界。有世界名淨妙莊嚴藏。佛號無上慧大師子。此上過佛刹微塵數世界。有世界名出現蓮華座。佛號徧照法界光明王。此上過佛刹微塵數世界。有世界名寶幢音。佛號大功德普名稱。此上過佛刹微塵數世界。有世界名金剛寶莊嚴藏。佛號蓮華日光明。此上過佛剎微塵數世界。有世界名因陀羅華月。佛號法自在智慧幢。此上過佛剎微塵數世界。有世界名妙輪藏。佛號大喜清淨音。此上過佛剎微塵數世界。有世界名妙音藏。佛號大力善商主。此上過佛剎微塵數世界。有世界名清淨月。佛號須彌光智慧力。此上過佛剎微塵數世界。有世界名無邊莊嚴相。佛號方便願淨月光。此上過佛剎微塵數世界。有世界名妙華音。佛號法海大願音。此上過佛剎微塵數世界。有世界名一切寶莊嚴。佛號功德寶光明相。此上過佛剎微塵數世界。有世界名堅固地。佛號美音最勝天。此上過佛剎微塵數世界。有世界名普光善化。佛號大精進寂靜慧。此上過佛剎微塵數世界。有世界名善守護莊嚴行。佛號見者生歡喜。此上過佛剎微塵數世界。有世界名栴檀寶華藏。佛號甚深不可動智慧光徧照。此上過佛剎微塵數世界。有世界名現種種色相海。佛號普放不思議勝義王光明。此上過佛剎微塵數世界。有世界名化現十方大光明。佛號勝功德威光無與等。此上過佛剎微塵數世界。有世界名須彌雲幢。佛號極淨光明眼。此上過佛剎微塵數世界。有世界名蓮華徧照。其狀周圓。依無邊色眾妙香摩尼海住。一切乘莊嚴雲而覆其上。二十佛剎微塵數世界圍繞。純一清淨。佛號解脫精進日。

## 第五金剛輪莊嚴底海

諸佛子。此帝青寶莊嚴香水海右旋。次有香水海。名金剛輪莊嚴底。世界種名妙間錯因陀羅網。普賢智所生音聲為體。此中最下方。有世界名蓮華網。其狀猶如須彌山形。依眾妙華山幢海住。佛境界摩尼王帝網雲而覆其上。佛剎微塵數世界圍繞。純一清淨。佛號法身普覺慧。此上過佛剎微塵數世界。有世界名無盡日光明。佛號最勝大覺慧。此上過佛剎微塵數世界。有世界名普放妙光明。佛號大福雲無盡力。此上過佛剎微塵數世界。有世界名樹華幢。佛號無邊智法界音。此上過佛剎微塵數世界。有世界名真珠蓋。佛號波羅蜜師子頻申。此上過佛剎微塵數世界。有世界名無邊音。佛號一切智妙覺慧。此上過佛剎微塵數世界。有世界名普見樹峯。佛號普現眾生前。此上過佛剎微塵數世界。有世界名師子帝網光。佛號無垢日金色光燄雲。此上過佛剎微塵數世界。有世界名眾寶間錯。佛號帝幢最勝慧。此上過佛剎微塵數世界。有世界名無垢光明地。佛號一切力清淨月。此上過佛剎微塵數世界。有世界名恆出歎佛功德音。佛號如虛空普覺慧。此上過佛剎微塵數世界。有世界名高燄藏。佛號化現十方大雲幢。此上過佛剎微塵數世界。有世界名光嚴道場。佛號無等智偏照。此上過佛剎微塵數世界。有世界名出生一切寶莊嚴。佛號廣度眾生神通王。此上過佛剎微塵數世界。有世界名光嚴妙宮殿。佛號一切義成廣大慧。此上過佛剎微塵數世界。有世界名離塵寂靜。佛號不唐現。此上過佛剎微塵數世界。有世界名摩尼華幢。佛號悅意吉祥音。此上過佛剎微塵數世界。有世界名普雲藏。其狀猶如樓閣之形。依種種宮殿香水海住。一切寶燈雲彌覆其上。二十佛剎微塵數世界圍繞。純一清淨。佛號最勝覺神通王。

## 第六蓮華因陀羅網海

諸佛子。此金剛輪莊嚴底香水海右旋。次有香水海。名蓮華因陀羅網。世界種名普現十方影。依一切香摩尼莊嚴蓮華住。一切佛智光音聲為體。此中最下方。有世界名眾生海寶光明。其狀猶如真珠之藏。依一切摩尼瓔珞海旋住。水光明摩尼雲而覆其上。佛剎微塵數世界圍繞。純一清淨。佛號不思議功德徧照月。此上過佛剎微塵數世界。有世界名妙香輪。佛號無量力幢。此上過佛剎微塵數世界。有世界名妙光輪。佛號法界光音覺悟慧。此上過佛剎微塵數世界。有世界名吼聲摩尼幢。佛號蓮華光恆垂妙臂。此上過佛剎微塵數世界。有世界名極堅固輪。佛號不退轉功德海光明。此上過佛剎微塵數世界。有世界名眾行光莊嚴。佛號一切智普勝尊。此上過佛剎微塵數世界。有世界名師子座徧照。佛號師子光無量力覺慧。此上過佛剎微塵數世界。有世界名寶燄莊嚴。佛號一切法清淨智。此上過佛剎微塵數世界。有世界名無量燈。佛號無憂相。此上過佛剎微塵數世界。有世界名常聞佛音。佛號自然勝威光。此上過佛剎微塵數世界。有世界名清淨變化。佛號金蓮華光明。此上過佛剎微塵數世界。有世界名普入十方。佛號觀法界頻申慧。此上過佛剎微塵數世界。有世界名熾然燄。佛號光燄樹緊那羅王。此上過佛剎微塵數世界。有世界名香光徧照。佛號香燈善化王。此上過佛剎微塵數世界。有世界名無量華聚輪。佛號普現佛功德。此上過佛刹微塵數世界。有世界名眾妙普清淨。佛號一切法平等神通王。此上過佛刹微塵數世界。有世界名金光海。佛號十方自在大變化。此上過佛刹微塵數世界。有世界名真珠華藏。佛號法界寶光明不可思議慧。此上過佛刹微塵數世界。有世界名帝釋須彌師子座。佛號勝力光。此上過佛刹微塵數世界。有世界名無邊寶普照。其形四方。依華林海住。普雨無邊色摩尼王帝網而覆其上。二十佛刹微塵數。世界圍繞。純一清淨。佛號徧照世間最勝音。

## 第七積集寶香藏海

諸佛子。此蓮華因陀羅網香水海右旋。次有香水海。名積集寶香藏。世界種名一切威德莊嚴。以一切佛法輪音聲為體。此中最下方。有世界名種種出生。形如金剛。依種種金剛山幢住。金剛寶光雲而覆其上。佛刹微塵數世界圍繞。純一清淨。佛號蓮華眼。此上過佛刹微塵數世界。有世界名喜見音。佛號生喜樂。此上過佛刹微塵數世界。有世界名寶莊嚴幢。佛號一切智。此上過佛刹微塵數世界。有世界名多羅華普照。佛號無垢寂妙音。此上過佛剎微塵數世界。有世界名變化光。佛號清淨空智慧月。此上過佛剎微塵數世界。有世界名眾妙間錯。佛號開示福德海密雲相。此上過佛剎微塵數世界。有世界名一切莊嚴具妙音聲。佛號歡喜雲。此上過佛剎微塵數世界。有世界名蓮華池。佛號名稱幢。此上過佛剎微塵數世界。有世界。名一切寶莊嚴。佛號頻申觀察眼。此上過佛剎微塵數世界。有世界名淨妙華。佛號無盡金剛智。此上過佛剎微塵數世界。有世界名蓮華莊嚴城。佛號日藏眼普光明。此上過佛剎微塵數世界。有世界名無量樹峯。佛號一切法雷音。此上過佛剎微塵數世界。有世界名日光明。佛號開示無量智。此上過佛剎微塵數世界。有世界名依止蓮華葉。佛號一切福德山。此上過佛剎微塵數世界。有世界名風普持。佛號日曜根。此上過佛剎微塵數世界。有世界名光明顯現。佛號身光普照。此上過佛剎微塵數世界。有世界名香雷音金剛寶普照。佛號最勝華開敷相。此上過佛剎微塵數世界。有世界名帝網莊嚴。形如欄楯。依一切莊嚴海住。光燄樓閣雲彌覆其上。二十佛剎微塵數。世界圍繞。純一清淨。佛號示現無畏雲。

第八寶莊嚴海

諸佛子。此積集寶香藏香水海右旋。次有香水海。名寶莊嚴。世界種名普無垢。以一切微塵中佛剎神變聲為體。此中最下方。有世界名淨妙平坦。形如寶身。依一切寶光輪海住。種種栴檀摩尼真珠雲彌覆其上。佛剎微塵數世界圍繞。純一清淨。佛號難摧伏無等幢。此上過佛剎微塵數世界。有世界名熾然妙莊嚴。佛號蓮華慧神通王。此上過佛剎微塵數世界。有世界名微妙相輪幢。佛號十方大名稱無盡光。此上過佛剎微塵數世界。有世界名燄藏摩尼妙莊嚴。佛號大智慧見聞皆歡喜。此上過佛剎微塵數世界。有世界名妙華莊嚴。佛號無量力最勝智。此上過佛剎微塵數世界。有世界名出生淨微塵。佛號超勝梵。此上過佛剎微塵數世界。有世界名普光明變化香。佛號香象金剛大力勢。此上過佛剎微塵數世界。有世界名光明旋。佛號義成善名稱。此上過佛剎微塵數世界。有世界名寶瓔珞海。佛號無比光徧照。此上過佛剎微塵數世界。有世界名妙華燈幢。佛號究竟功德無礙慧燈。此上過佛剎微塵數世界。有世界名善巧莊嚴。佛號慧日波羅蜜。此上過佛剎微塵數世界。有世界名栴檀華普光明。佛號無邊慧法界音。此上過佛剎微塵數世界。有世界名帝網幢。佛號燈光迴照。此上過佛剎微塵數世界。有世界名淨華輪。佛號法界日光明。此上過佛剎微塵數世界。有世界名大威曜。佛號無邊功德海法輪音。此上過佛剎微塵數世界。有世界名同安住寶蓮華池。佛號開示入不可思議智。此上過佛剎微塵數世界。有世界名平坦地。佛號功德寶光明王。此上過佛剎微塵數世界。有世界名香摩尼聚。佛號無盡福德海妙莊嚴。此上過佛剎微塵數世界。有世界名微妙光明。佛號無等力普徧音。此上過佛剎微塵數世界。有世界名十方普堅固。莊嚴照耀。其形八隅。依心王摩尼輪海住。一切寶莊嚴帳雲彌覆其上。二十佛剎微塵數世界圍繞。純一清淨。佛號普眼大明燈。

## 第九金剛寶聚海

諸佛子。此寶莊嚴香水海右旋。次有香水海。名金剛寶聚。世界種名法界行。以一切菩薩地方便法音聲為體。此中最下方。有世界名淨光照耀。形如珠貫。依一切寶色珠瓔海住。菩薩珠髻光明摩尼雲而覆其上。佛剎微塵數世界圍繞。純一清淨。佛號最勝功德光。此上過佛剎微塵數世界。有世界名妙蓋。佛號法自在慧。此上過佛剎微塵數世界。有世界名寶莊嚴師子座。佛號大龍淵。此上過佛剎微塵數世界。有世界名出現金剛座。佛號升師子座蓮華臺。此上過佛剎微塵數世界。有世界名蓮華勝音。佛號智光普開悟。此上過佛剎微塵數世界。有世界名善慣習。佛號持地妙光王。此上過佛剎微塵數世界。有世界名喜樂音。佛號法燈王。此上過佛剎微塵數世界。有世界名摩尼藏因陀羅網。佛號不空見。此上過佛剎微塵數世界。有世界名眾妙地藏。佛號燄身幢。此上過佛剎微塵數世界。有世界名金光輪。佛號淨治眾生行。此上過佛剎微塵數世界。有世界名須彌山莊嚴。佛號一切功德雲普照。此上過佛剎微塵數世界。有世界名眾樹形。佛號寶華相淨月覺。此上過佛剎微塵數世界。有世界名無怖畏。佛號最勝金光炬。此上過佛剎微塵數世界。有世界名大名稱龍王幢。佛號觀等一切法。此上過佛剎微塵數世界。有世界名示現摩尼色。佛號變化日。此上過佛剎微塵數世界。有世界名光燄燈莊嚴。佛號寶蓋光徧照。此上過佛剎微塵數世界。有世界名香光雲。佛號思惟慧。此上過佛剎微塵數世界。有世界名無怨讎。佛號精進勝慧海。此上過佛剎微塵數世界。有世界名一切莊嚴具光明幢。佛號普現悅意蓮華自在王。此上過佛剎微塵數世界。有世界名毫相莊嚴。形如半月。依須彌山摩尼華海住。一切莊嚴熾盛光摩尼王雲而覆其上。二十佛剎微塵數世界圍繞。純一清淨。佛號清淨眼。

## 第十天城寶堞海

諸佛子。此金剛寶聚香水海右旋。次有香水海。名天城寶堞。世界種名燈燄光明。以普示一切平等法輪音為體。此中最下方。有世界名寶月光燄輪。形如一切莊嚴具。依一切寶莊嚴華海住。瑠璃色師子座雲而覆其上。佛剎微塵數世界圍繞。純一清淨。佛號日月自在光。此上過佛剎微塵數世界。有世界名須彌寶光。佛號無盡法寶幢。此上過佛剎微塵數世界。有世界名眾妙光明幢。佛號大華聚。此上過佛剎微塵數世界。有世界名摩尼光明華。佛號人中最自在。此上過佛剎微塵數世界。

世界。有世界名普音。佛號一切智徧照。此上過佛剎微塵數世界。有世界名大樹緊那羅音。佛號無量福德自在龍。此上過佛剎微塵數世界。有世界名無邊淨光明。佛號功德寶華光。此上過佛剎微塵數世界。有世界名最勝音。佛號一切智莊嚴。此上過佛剎微塵數世界。有世界名眾寶間飾。佛號寶燄須彌山。此上過佛剎微塵數世界。有世界名清淨須彌音。佛號出現一切行光明。此上過佛剎微塵數世界。有世界名香水蓋。佛號一切波羅蜜無礙海。此上過佛剎微塵數世界。有世界名師子華網。佛號寶燄幢。此上過佛剎微塵數世界。有世界名金剛妙華燈。佛號一切大願光。此上過佛剎微塵數世界。有世界名一切法光明地。佛號一切法廣大真實義。此上過佛剎微塵數世界。有世界名真珠末平坦莊嚴。佛號勝慧光明網。此上過佛剎微塵數世界。有世界名瑠璃華。佛號寶積幢。此上過佛剎微塵數世界。有世界名無量妙光輪。佛號大威力智海藏。此上過佛剎微塵數世界。有世界名明見十方。佛號淨修一切功德幢。此上過佛剎微塵數世界。有世界名可愛樂梵音。形如佛手。依寶光網海住。菩薩身一切莊嚴雲而覆其上。二十佛剎微塵數。世界圍繞。純一清淨。佛號普照法界無礙光。

清涼國師說，這些剎名、佛名我們都能理解，不用解釋。這是《大方廣佛華嚴經》第九卷，以下還有一卷經文。

事非經過不知難，一切事自己沒做過不知難處。我在西藏的時候，我的老師傳《大藏經》，光傳經藏，他念了一百天。早晨六點到晚上六點，中間十二點鐘中午吃吃飯，解個手，耽誤一個小時，就這麼念十一個鐘頭。我們受這個，叫「傳承」。領受傳承的人，大概也像我們這些人數，好幾百人。坐的人簡直受不了，上師在座上就這麼樣，比我還快。他那個本子不是我們這個本子，那個藏本叫「薄地」，得兩手翻，大概有這麼寬，有這麼長，叫「薄地」。一卷有這麼厚，得兩手翻，一邊翻一邊念，一邊翻一邊念，比我念的快。我這才念了一個多小時，這都是〈華藏世界品〉，大家聽個佛名號就好了。你聽到多少佛名號？二十重的世界佛名號。我們這是舉爲首的，他還有他的眷屬，都包括在內。我們說是拜千佛懺、拜萬佛懺，一萬佛，你這個二十重重世界所有的佛，可以說是萬萬萬，你算去，算不出來數字，無量佛。《華嚴經》的殊勝就在這個地方。

若想解說，以我們的智慧是沒辦法解說的，所解說的都是一些現相，達不到本質，讀就行了，讀《華嚴經》的稱爲華嚴菩薩。不用說你講解了，就說你讀，這裡有一班道友們，天天都在讀，他們都是華嚴菩薩。西藏廟堂是誰的廟堂呢？文殊師利的廟堂，妙吉祥的廟堂。他的護法，到大陸請誦《華嚴經》的師父，請他去誦

《華嚴經》，稱他為華嚴菩薩。讀《華嚴經》的境界不可思議的。以我們的智慧不理解，正因為不理解，所以不去分別。但是我們現在也有好多的道友讚歎，念的好。讚歎法，他聽的點腦殼。雖然如是，因為《華嚴經》從來很少講功德、很少講福德，專講智慧。光這麼聽一聽，這個功德是沒有功德的功德，是不可計數的。《華嚴經》一舉都是世界微塵數，把世界抹為微塵，一微塵算一個數，功德是拿這樣來計算的。

我們能遇到《華嚴經》已經不可思議了，而又能讀誦、還能學，這不是我們所能知道的。大家讀〈普賢行願品〉，讀〈普賢行願品〉的功德，唯佛與佛乃能知道，其他諸大菩薩都不能知道這個福德，原因就在此。這個不可思議的經典，有不可思議的智慧，這是不可見相的，你說我們想怎麼想得到，沒法想。因為我們這個思想，不是智慧，即使開點智慧，一般的權乘菩薩，這種境界是得不到的。因此大家在聽的時候，不要乖磕睡，在不可解處去理解，不可解處還怎麼理解？那就不解，不解是不用你妄想執著的分別心去分別。用什麼呢？用你本具有的智慧光照它。我們這裡盡講光、盡講照、盡講智。好多形容光、照，見到自己的光了嗎？我們見不到的，假普賢三昧菩薩加持的光明，普賢三昧加持的光明來照耀我們，來啓發不可思議的智慧。

爾時普賢菩薩復告大眾言。諸佛子。彼離垢燄藏香水海東。次有香水海名變化微妙身。此海中有世界種名善布差別方。次有香水海名金剛眼幢。世界種名莊嚴法界橋。次有香水海名種種蓮華妙莊嚴。世界種名恆出十方變化。次有香水海名無間寶王輪。世界種名寶蓮華莖密雲。次有香水海名妙香燄普莊嚴。世界種名毗盧遮那變化行。次有香水海名寶末閻浮幢。世界種名諸佛護念境界。次有香水海名一切色熾然光。世界種名最勝光徧照。次有香水海名一切莊嚴具境界。世界種名寶燄燈。

這是十種香水海的第一種。十種香水海所管轄的海，一海所管轄的不可說佛剎微塵數的世界種。昨天按次序講了很多，今天的經文都略了。二十重世界，說第二個、第三個就略了。

二十重不是一重一重說，說十個，就包括二十重。單說十，十個裡頭就含著一百，就是十個裡頭一百海，一百海裡頭又有十佛剎微塵數的世界種。十海就是十段，每一段先標能管之海，先定方，不是右旋，現在是定方。普賢菩薩跟在會的大眾，也就是大菩薩，「諸佛子，彼離垢燄藏香水海東」，不說右旋，現在文字變化了，翻譯的變化，香水海東邊，從海管到海邊，以下本來應該有十個海，其中有一個沒有翻譯。

如是等不可說佛剎微塵數香水海。

這十個只是舉其大數，像這樣的香水海有多少呢？有十個不可說，每一段裡頭都分一個體，什麼是香水海的體？但是這都說的依報，以後文中再說正報。

其最近輪圍山香水海名玻瓈地。世界種名常放光明。以世界海清淨劫音聲為體。此中最下方。有世界名可愛樂淨光幢。佛剎微塵數世界圍繞。純一清淨。佛號最勝三昧精進慧。此上過十佛剎微塵數世界。與金剛幢世界齊等。有世界名香莊嚴幢。十佛剎微塵數世界圍繞。純一清淨。佛號無障礙法界燈。

「與金剛幢世界齊等」，金剛幢世界就是中央的香水海剎種的名字，有十重剎，這是第二個香水海。

此上過三佛剎。微塵數世界。與娑婆世界齊等。有世界名放光藏。佛號徧法界無障礙慧明。

中間略了十佛剎，不是一個一個說。昨天念的是一個一個，今天就略了。過三佛剎微塵數與娑婆世界齊等，我們這個華藏世界第十三重，經過好多右旋右旋，現在不說右旋，說東邊的，現在這個香水海跟娑婆世界，華藏世界的十三重齊等，是平行的。

十三重的世界名叫放光藏，佛號徧法界無障礙慧明，也跟我們毗盧遮那相等的佛號。解釋我們這個娑婆世界，娑婆世界就是華藏世界，這是梵音，是印度原話，翻成中國話叫「堪忍」，「忍」是忍辱的「忍」。這個佛國土叫忍土，爲什麼說忍土呢？能忍受苦難，這個世界衆生安住於大千世界之內，不肯出離，所以叫「忍」，又叫「忍可」的意思，「忍受」的意思。在堪忍世界這些大菩薩，他來示現化度衆生的時候，能夠隨緣，忍受這些苦惱。這個世界衆生難度，而且苦難非常深，哪些苦難呢？衆生有貪瞋癡，這些煩惱過患非常多。有時這個世界叫雜惡世界，叫雜穢世界，或者叫五濁惡世，這個娑婆世界在三惡五趣雜穢之所，五趣是把六道輪迴攝成五個，把阿脩羅攝成了天、人、地獄、餓鬼、畜生，叫五雜趣。

三惡是指殺盜淫，這是一個釋迦牟尼佛所攝化的境，釋迦牟尼進行教化的現實世界，可不是像前面講的世界是虛空的，而是現實的。這個世界衆生忍受安居什麼呢？十惡，忍受煩惱，不求出離，所以叫堪忍。諸佛菩薩到這個世界來利樂他們，也得受這些苦難，你不受苦怎麼能度他呢？跟他示現同類，諸佛菩薩無畏、大慈大悲，所以娑婆世界堪忍。「娑婆」這個詞就是指著人所住這個地點，閻浮提，這就成爲釋迦牟尼佛所教化的三千大千世界，這個世界有一百億須彌山，有一百億太陽，有一百億月亮，以釋迦牟尼佛爲本師。

我們認爲釋迦牟尼佛在印度入滅了，實際上是幻化的，這個世界沒有了，釋迦牟尼佛才能入滅。這個世界有，釋迦牟尼佛永遠不會入滅的，因爲他要在這個世界教化衆生。這個世界，娑婆世界成爲三千大千世界，在華藏世界裡頭就叫華藏世界。現在我們講這個世界跟娑婆世界平等，離我們很遠很遠，過了好多個右旋的不可思議佛世界。

**此上過七佛剎微塵數世界。至此世界種最上方。有世界名最勝身香。二十佛剎微塵數世界圍繞。純一清淨。佛號覺分華。**

中間略了十重，十重後面又略了六重，略了就不說了，不那麼繁瑣。這個世界是東方第一重海，剎種中有海種，海種一重一重的，現在把二十個減成十個。

## 第二重海

**諸佛子。彼無盡光明輪香水海外。次有香水海名具足妙光。世界種名徧無垢。次有香水海名光耀蓋。世界種名無邊普莊嚴。次有香水海名妙寶莊嚴。世界種名香摩尼軌度形。次有香水海名出佛音聲。世界種**

名善建立莊嚴。次有香水海名香幢須彌藏。世界種名光明徧滿。次有香水海名栴檀妙光明。世界種名華燄輪。次有香水海名風力持。世界種名寶燄雲幢。次有香水海名帝釋身莊嚴。世界種名真珠藏。次有香水海名平坦嚴淨。世界種名毗瑠璃末種種莊嚴。如是等不可說佛剎微塵數香水海。其最近輪圍山香水海名妙樹華。世界種名出生諸方廣大剎。以一切佛摧伏魔音為體。

佛的名號都略了，每一個世界種都有一佛，現在沒提佛了，只提世界種，只提依報。

此中最下方。有世界名燄炬幢。佛號世間功德海。此上過十佛剎微塵數世界。與金剛幢世界齊等。

這是娑婆世界的第一重海。

有世界名出生寶。佛號師子力寶雲。此上與娑婆世界齊等。有世界名衣服幢。佛號一切智海王。於此世界種最上方。有世界名寶瓔珞師子光明。佛號善變化蓮華幢。

這是第二重海，再東是第三重海。

## 第三重海

諸佛子。彼金剛燄光明香水海外。

金剛燄光明香水海是以此爲中心的，向外擴散的。

次有香水海名一切莊嚴具瑩飾幢。世界種名清淨行莊嚴。次有香水海名一切寶華光耀海。世界種名功德相莊嚴。次有香水海名蓮華開敷。世界種名菩薩摩尼冠莊嚴。次有香水海名妙寶衣服。世界種名淨珠輪。次有香水海名可愛華徧照。世界種名百光雲照耀。次有香水海名徧虛空大光明。世界種名寶光普照。次有香水海名妙華莊嚴幢。世界種名金月眼瓔珞。次有香水海名真珠香海藏。世界種名佛光明。次有香水海名寶輪光明。世界種名善化現佛境界光明。如是等不可說佛剎微塵數香水海。其最近輪圍山香水海名無邊輪莊嚴底。世界種名無量方差別。以一切國土種種言說音為體。此中最下方。有世界名金剛華蓋。佛號無盡相光明普門音。此上過十佛剎微塵數世界。有世界與金剛幢世界齊等。名出生寶衣幢。佛號福德雲大威勢。此上與娑婆世界齊等。有世界名眾寶具妙莊嚴。佛號勝慧海。於此世界種最上方。有世界名日光明衣服幢。佛號智日蓮華雲。

這是第三重海，下面說第四重海。

## 第四重海

諸佛子。彼帝青寶莊嚴香水海外。次有香水海名阿脩羅宮殿。世界種名香水光所持。次有香水海名寶師子莊嚴。世界種名偏示十方一切寶。次有香水海名宮殿色光明雲。世界種名寶輪妙莊嚴。次有香水海名出大蓮華。世界種名妙莊嚴偏照法界。次有香水海名燈燄妙眼。世界種名偏觀察十方變化。次有香水海名不思議莊嚴輪。世界種名十方光明普名稱。次有香水海名寶積莊嚴。世界種名燈光照耀。次有香水海名清淨寶光明。世界種名須彌無能為礙風。次有香水海名寶衣欄楯。世界種名如來身光明。如是等不可說佛剎微塵數香水海。其最近輪圍山香水海名樹莊嚴幢。世界種名安住帝網。以一切菩薩智地音聲為體。此中最下方。有世界名妙金色。佛號香燄勝威光。此上過十佛剎微塵數世界。與金剛幢世界齊等。有世界名摩尼樹華。佛號無礙普現。此上與娑婆世界齊等。有世界名毗瑠璃妙莊嚴。佛號法自在堅固慧。於此世界種最上方。有世界名梵音妙莊嚴。佛號蓮華開敷光明王。

第五重海，金剛輪莊嚴底香海所管。

## 第五重海

諸佛子。彼金剛輪莊嚴底香水海外。次有香水海名化現蓮華處。世界種名國土平正。次有香水海名摩尼光。世界種名徧法界無迷惑。次有香水海名眾妙香日摩尼。世界種名普現十方。次有香水海名恆納寶流。世界種名普行佛言音。次有香水海名無邊深妙音。世界種名無邊方差別。次有香水海名堅實積聚。世界種名無量處差別。次有香水海名清淨梵音。世界種名普清淨莊嚴。次有香水海名栴檀欄楯音聲藏。世界種名逈出幢。次有香水海名妙香寶王光莊嚴。世界種名普現光明力。

第六重海

諸佛子。彼蓮華因陀羅網香水海外。次有香水海名銀蓮華妙莊嚴。世界種名普徧行。次有香水海名毗瑠璃竹密燄雲。世界種名普出十方音。次有香水海名十方光燄聚。世界種名恆出變化分布十方。次有香水海名出現真金摩尼幢。世界種名金剛幢相。次有香水海名平等大莊嚴。世界種名法界勇猛旋。次有香水海名寶華叢無盡光。世界種名無邊淨光明。次有香水海名妙金幢。世界種名演說微密處。次有香水海名光影徧照。世界種名普莊嚴。次有香水海名寂音。世界種名現前垂布。如是等不可說佛剎微塵數香水海。其最近輪圍山香水海名密燄雲幢。世界種名一切光莊嚴。以一切如來道場眾會音為體。於此最下方。有世界名淨眼莊嚴。佛號金剛月徧照十方。此上過十佛剎微塵數世界。與金剛幢世界齊等。有世界名蓮華德。佛號大精進善覺慧。此上與娑婆世界齊等。有世界名金剛密莊嚴。佛號娑羅王幢。此上過七佛剎微塵數世界。有世界名淨海莊嚴。佛號威德絕倫無能制伏。

## 第七重海

諸佛子。彼積集寶香藏香水海外。次有香水海名一切寶光明徧照。世界種名無垢稱莊嚴。次有香水海名衆寶華開敷。世界種名虛空相。次有香水海名吉祥幄徧照。世界種名無礙光普莊嚴。次有香水海名栴檀樹華。世界種名普現十方旋。次有香水海名出生妙色寶。世界種名勝幢周徧行。次有香水海名普生金剛華。世界種名現不思議莊嚴。次有香水海名心王摩尼輪嚴飾。世界種名示現無礙佛光明。次有香水海名積集寶瓔珞。世界種名淨除疑。次有香水海名真珠輪普莊嚴。世界種名諸佛願所流。如是等不可說佛剎微塵數香水海。其最近輪圍山香水海名閻浮檀寶藏輪。世界種名普音幢。以入一切智門音聲為體。此中最下方。有世界名華蘂焰。佛號精進施。此上過十佛剎微塵數世界。與金剛幢世界齊等。有世界名蓮華光明幢。佛號一切功德最勝心王。此上過三佛剎微塵數世界。與娑婆世界齊等。有世界名十力莊嚴。佛號善出現無量功德王。於此世界種最上方。有世界名摩尼香山幢。佛號廣大善眼淨除疑。

## 第八重海

諸佛子。彼寶莊嚴香水海外。次有香水海名持須彌光明藏。世界種名出生廣大雲。次有香水海名種種莊嚴大威力境界。世界種名無礙淨莊嚴。次有香水海名密布寶蓮華。世界種名最勝燈莊嚴。次有香水海名依止一切寶莊嚴。世界種名日光明網藏。次有香水海名眾多嚴淨。世界種名寶華依處。次有香水海名極聰慧行。世界種名最勝形莊嚴。次有香水海名持妙摩尼峯。世界種名普淨虛空藏。次有香水海名大光徧照。世界種名帝青炬光明。次有香水海名可愛摩尼珠充滿徧照。世界種名普吼聲。如是等不可說佛剎微塵數香水海。其最近輪圍山香水海名出帝青寶。世界種名周徧無差別。以一切菩薩震吼聲為體。此中最下方。有世界名妙勝藏。佛號最勝功德慧。此上過十佛剎微塵數世界。與金剛幢世界齊等。有世界名莊嚴相。佛號超勝大光明。此上與娑婆世界齊等。有世界名瑠璃輪普莊嚴。佛號須彌燈。於此世界種最上方。有世界名華幢海。佛號無盡變化妙慧雲。

## 第九重海

諸佛子。彼金剛寶聚香水海外。次有香水海名崇飾寶埤堄。世界種名秀出寶幢。次有香水海名寶幢莊嚴。世界種名現一切光明。次有香水海名妙寶雲。世界種名一切寶莊嚴光明徧照。次有香水海名寶樹華莊嚴。世界種名妙華間飾。次有香水海名妙寶衣莊嚴。世界種名光明海。次有香水海名寶樹峯。世界種名寶燄雲。次有香水海名示現光明。世界種名入金剛無所礙。次有香水海名蓮華普莊嚴。世界種名無邊岸海淵。次有香水海名妙寶莊嚴。世界種名普示現國土藏。如是等不可說佛剎微塵數香水海。其最近輪圍山香水海名不可壞海。世界種名妙輪間錯蓮華場。以一切佛力所出音為體。此中最下方。有世界名最妙香。佛號變化無量塵數光。此上過十佛剎微塵數世界。與金剛幢世界齊等。有世界名不思議差別莊嚴門。佛號無量智。此上與娑婆世界齊等。有世界名十方光明妙華藏。佛號師子眼光燄雲。於此最上方。有世界名海音聲。佛號水天光燄門。

## 第十重海

諸佛子。彼天城寶堞香水海外。次有香水海名燄輪赫奕光。世界種名不可說種種莊嚴。次有香水海名寶塵路。世界種名普入無量旋。次有香水海名具一切莊嚴。世界種名寶光徧照。次有香水海名布眾寶網。世界種名安布深密。次有香水海名妙寶莊嚴幢。世界種名世界海明了音。次有香水海名日宮清淨影。世界種名徧入因陀羅網。次有香水海名一切鼓樂美妙音。世界種名圓滿平正。次有香水海名種種妙莊嚴。世界種名淨密光燄雲。次有香水海名周徧寶燄燈。世界種名隨佛本願種種形。如是等不可說佛刹微塵數香水海。其最近輪圍山香水海名積集瓔珞衣。世界種名化現妙衣。以三世一切佛音聲為體。此中最下方。有香水海名因陀羅華藏。世界名發生歡喜。佛刹微塵數世界圍繞。純一清淨。佛號堅悟智。

香水海叫因陀羅華藏，從「香」字到「藏」字，都是說的香水海。在無量的大海當中，本來都是十海次第，因爲梵文傳譯到我們這個國土，漏了一海，只說九海，九海也作十海解釋，意義是相同的。

此上過十佛剎微塵數世界。與金剛幢世界齊等。有世界名寶網莊嚴。十佛剎微塵數。世界圍繞。純一清淨。佛號無量歡喜光。此上過三佛剎微塵數世界。與娑婆世界齊等。有世界名寶蓮華師子座。十三佛剎微塵數世界圍繞。佛號最清淨不空聞。此上過七佛剎微塵數世界。至此世界種最上方。有世界名寶色龍光明。二十佛剎微塵數世界圍繞。純一清淨。佛號徧法界普照明。

## 總略結釋

諸佛子。如是十不可說佛剎微塵數香水海中。有十不可說佛剎微塵數世界種。皆依現一切菩薩形摩尼王幢莊嚴蓮華住。各各莊嚴際。無有間斷。各各放寶色光明。各各光明雲而覆其上。各各莊嚴具。各各劫差別。各各佛出現。各各演法海。各各眾生徧充滿。各各十方普趣入。各各一切佛神力所加持。此一一世界種中。一切世界。依種種莊嚴住。遞相接連成世界網。於華藏莊嚴世界海。種種差別。周徧建立。

爾時普賢菩薩欲重宣其義。承佛威力。而說頌言。

華藏世界海　法界等無別　莊嚴極清淨　安住於虛空

此世界海中　剎種難思議　一一皆自在　各各無雜亂

普賢菩薩說了很多周圍的世界，完了說華藏世界的本世界。華藏世界的本身跟一真法界沒有差別的，所以能包容著無量的清淨法界。說這個世界平行安住的，都安在這個虛空之中。總的說有一百一十偈，現在都略了。龍樹菩薩到龍宮去取《華嚴經》的時候，上中下三品，最上品，我們這個世界的人，念一徧都辦不到，僅取下品回來。這個下品，以我們智慧、精力，很難能受持的，所以《華嚴經》不能普徧。像其他的經，《金剛經》、〈觀世音菩薩普門品〉，最普徧了，我們能受持。《華嚴經》，地上的菩薩，十地滿心、將成佛果的大菩薩，以他們的智慧力量才能受持。但是不管說好多，都是同一眞性。這就是說，擴充我們心的境界量，我們有時候看著太渺小了，我們那個心很小。我們經常說人，眼光短淺，看的不遠，只看眼皮底下。好比生在農村的，他一生都沒離開這個農村，他只認識這個農村。這個道理就是這個樣子。

中國有三十多個省級單位，現在的縣，改制之後，大概有三千多個縣。一個縣又有多少個村落呢？就光是我們這一個國家，若按《華嚴經》的說法，從國說到省，從國說到縣，從縣說到村，再從村子說到每一個人，十三億人。華藏世界也如是。大家聽起來好像太多了，其實就是擴充你的心量，你也可以回歸就是現前的一念心，一眞法界心，把這個心擴大。

《華嚴經》爲什麼誦起來很困難？經文的字句不是我們常念的，常念的我們很熟悉，《華嚴經》的字句很繞口，念起來很不順當。但是，我們讀《華嚴經》的一班道友，讀了好多年，讀了好幾部。一天一卷，也得讀八十一天，一年只能讀三遍多一點。十年你才讀三十遍，三十遍能把他讀熟悉嗎？所以，你的心量應當這樣來理解。普賢菩薩跟我們說，說華藏世界海，就是一眞法界的，沒有什麼差別的，它是莊嚴的，是清淨的。住在什麼地方？虛空，我念了這麼多的世界，都是虛空。有的世界，我們認爲拿我們這個土地、山河來作它的體，但是這都是可壞的。這些世界所說的是不可壞的，爲什麼拿虛空來形容呢？能把虛空壞了嗎？誰能把空壞了？壞不到，有形相的、有體積的，你可以壞，你把虛空能壞了嗎？

我們這個身是分段生死，可壞的，這一段了了又來一段，不一定變人，可能變豬，被人一殺了，那個豬又變了又變一段，但是不知道又變什麼去，看你造的業。你們看見有過的豬，豬本來吃飽就睡的，看見有的豬吃飽了不睡，有的豬不吃飽，體積很瘦，這樣有什麼便宜呢？買豬的人豬販子，絕對不買瘦的，買了賠錢，殺了牠賣肉沒有好多肉。豬是有靈性的，牠知道自己的業，受了豬身，豬就是貪心特別重，貪什麼呢？貪吃、貪睡，別的妄想沒有，吃飽了就睡，睡飽了就吃，吃的肥胖肥胖的。人家把牠賣了把牠殺了，就這樣子的。有的豬靈性沒滅，牠不吃飽也不睡，牠是不是念佛呢？那我就不知道，但是就有這樣的豬。特別像那個鹿子，每一類動物，其中都有靈性的，所謂靈性者就是不昧前因，說是說不出來，就改變牠的生理、改變牠的環境。

我們若是讀了《華嚴經》，改變我們生理狀態，改變我們思惟邏輯。一讀《華嚴經》，我們那個想太渺小了，太渺小了，這裡盡用微塵剎海來形容。剎海，可不是我們這個小地球，不要把娑婆世界當成剎海之中。我們在這個世界上認爲很大，如果諸位沒走過五大洲，沒出過中國的，沒出過你的省分，沒離開你這個鄉村，那你所見的只是這麼大而已。但是像坐飛機環球旅遊，把這個地球他都遊了。坐太空梭，到太空，完了再回頭看地球小是藍色的，到月球，到再回來看，他的心量就不同了。

《華嚴經》讀久了，一觀想就是剎塵、佛剎，佛剎裡頭還有剎種，剎種完了還在海裡頭還在香水海，香水海一重一重一重。到了種種光明蘂香幢那一重，這裡頭只說一個華藏世界代表，說極樂世界了嗎？沒有。我們所讀的經，那個世界名詞在這裡頭都沒有，僅僅是一個華藏世界種，僅僅是這個世界種的第十三重，上頭還有七重，底下還有十二重。這是擴展我們的心境，「此世界海中，剎種難思議。」說佛剎的剎種，你都無法知道數量，剎種裡頭含著無量的世界，無量的世界每一個世界含著無量的國土。這不一定有人類，那種人類也是我們所不了解的。我們上了月球，月球沒人類，現在到火星，火星也還沒碰見人類，並不是空中的星球裡都有人類。但是這個所說的剎種裡頭都有佛，都有衆生。所以普賢菩薩說，你怎麼樣理解呢？華藏世界海跟法界無差別。本來是極莊嚴極清淨的，安住於虛空，我們等於華藏世界裡頭一個小小的生活的一個依報。但是在普賢菩薩說，這個華藏世界都是極清淨的，安住在虛空當中。我們又如何感覺呢？我們清淨不清淨？這叫惑，惑就是迷。

光說剎種，還不說你的世界，這不是你思想所能想得到的。「一一皆自在，各各無雜亂」，每個世界種非常的自在，沒有雜亂的。

**華藏世界海　剎種善安布　殊形異莊嚴　種種相不同**
**諸佛變化音　種種為其體　隨其業力見　剎種妙嚴飾**

什麼音聲呢？諸佛的變化音聲。我們認爲音聲發出去就沒有了，音聲還可抓住嗎？抓不住。不過現在我們可以錄音，那個錄下的音也是沒有實體的，錄到光碟裡頭好像有實體的，實體是沒有的。但是它沒有雜亂，是有次序的，儘管說這麼多世界一個一個的次序中間空間非常之大。虛空的空間相當的大的，他處在什麼環境，他認知那個感受。

佛說人的肉體，有無量衆生寄託在我們身上。胃裡的衆生，脾裡的衆生、肝裡的衆生，每一部位都有很多的寄生蟲，牠們感覺著這個空間非常大。我們人的感受就不同，人是這些寄生蟲的總體，把人作一個世界種，人的周圍的毛孔，每一個毛孔作一個世界，那世界就無窮，你數不出來無窮無盡的。你得這樣的來思惟，觀察他的自在、觀察他的無雜亂。華藏世界海的剎種，所有的安布，非常有次序的。形體殊就是不同，莊嚴不同。剎，殊形的異莊嚴。各各世界海莊嚴的都不同，我們念到那個經文，隨著文大家去體會，各各世界海都不一樣的。

「諸佛變化音，種種為其體」，把佛的音聲當成世界的剎種。體是依止的涵義，就像剛才說我們身上的寄生蟲，依著我們身體為主的，寄生蟲感覺著我們這個身體非常之大。這無量衆生在我們這身體互相交流，牠們感覺這身體太大。但是我們自己感覺我們這身體太小，要如是觀。

《華嚴經》就擴充你的眼界，肉眼看的不行，你的思惟能力達不到的，再多幻想的人想不到華嚴世界這個裡頭，想不到的。無量劫從來沒有這個種子，從來沒想過，他怎麼想得到。把諸佛的變化音聲作我們上來所說的世界種，他的體，見得到嗎？有這個業的見得到，沒有這個業的見不到。

有一個道友，最近幾天他問我說：「師父，廟裡的女道友她們為什麼都不結婚呢？」我說：「你在外邊看見那麼多人，為什麼他們要結婚呢？你能答覆得出來嗎？為什麼他們要結婚？」他說：「這個說不出來！」我說：「那個說不出來，這個也如是。」

各有所欲，各有所好。爲什麼他去做科學家，他做地質學家呢？爲什麼那個科學家做天文學家呢？兩個是相反的，爲什麼科學家他研究科學武器去殺人呢？世界衆生有種種的願、種種的業。有些人找那職業，現在你要找經濟管理，商業的管理，這個科很吃香，爲什麼？馬上就賺錢的。若是研究心理學的，誰用你？現在歷史學系很少了，研究哲學的更少了，說語文嗎？必須得通，這個系還勉強可以，最吃香的是商業管理，大家都想發財。最吃香的是網路，電腦能打出個華藏世界來嗎？電腦是人腦變化的，人腦子裡沒有他怎能打得出來！電腦以什麼爲體？大家想想看，電腦以什麼爲體？什麼是電腦的體？什麼是無線電的體？什麼是風的體？什麼是雷的體？什麼是水的體？答覆不出來的。這叫什麼呢？隨他的業力見，自己有什麼業，只能了解到什麼，沒有這個業沒法了解的。

以前跟大家講過邵康節先生，他能算到這個瓶子什麼時候壞，那個碗什麼時候壞。他一天就研究這個，到了時候眞壞，他認爲很靈。我沒有碰見他，因爲他是宋朝人，我是現在人。我要是碰見他，問一問，你算你什麼時候死？他能算得出來才怪，他算不出來的。能算算你的太太什麼時候死？算算這個人什麼時候死？算不出來的。靜止的東西，說這個東西靜止的，可以算，動的算不出來，爲什麼？他在變哪。他算固定的數字能算，算變化的數字他沒法算。

我曾問算命批八字的，他們算的不錯，很靈。很靈是因爲你沒有變化，你靜止，你若一動，變化了，命運很好但是你殺人，變化了。他算你壽命能活到八十歲，你中間造了很多的業，荒淫喝酒或者吸毒，還能活到那個歲數嗎？你中間變了，把你的身殘害了，因此要掌握住變化。經書上常說變，就是變化。變化是不定的，變化的意思就是含著不定的意思。佛對著什麼眾生機就說什麼的法，這種變化因是種種的，這個世界的體就拿種種變化因來作它的體，這是一種。

還有眾生所見不同，剛才講的這個是形容所見不同，爲什麼？他自己所造業，業是用的意思，業用，造的業。他的惡業、他的善業，惡還有大小。造了惡了還看他悔改不悔改；比如造惡，造了惡後來又改了，他懺悔了，業不存在了。無窮無盡的變化就隨著眾生業用的力量。種種嚴飾、種種燈光，這些都是形容智慧的。嚴飾是形相的，形容福業的，你作的福多，自然就莊嚴。

那人內裡具足德，你看他的相貌很醜，人家很不喜歡。但是他有德，德的感召，人就對他喜歡。相貌非常好，化裝化起來很美妙，見了他不喜歡，知道他是假的、他是化裝的。所以種種的嚴飾，剎種的嚴飾，隨著剎上所居住的佛菩薩眾生，種種的差別，作的福德事業不同，就生起變化。這就是能見的，能見的眾生他又有種種業，好的他見不到，壞的一天他不離開眼睛，就是這麼怪，怪不怪？妙吉祥菩薩天天在五臺山放光，到處都在說法，見者得有善業。從他修行的業力，他見得到，沒有這個業力怎麼見得到？你看五臺山，除了石頭泥巴，現在還有些樹，一到冬天什麼都黃的，這是我們的業力。

爲什麼諸大菩薩親近妙吉祥菩薩，他看這是金色世界，妙吉祥住的是金色世界。我們所看見的呢？是業力所見。隨你的業力見的不同，你的業力只能看見這樣。最近朝五臺山的很多，有些人一批一批的到我那裡去，我問他說：「到五臺山，你見到什麼？怎麼樣認識五臺山？」文殊師利菩薩發願，凡是朝五臺山的接一千送八百。從一千里地就把你接上來了，你走的時候送你到八百里，見到了嗎？看到文殊菩薩來接你來了嗎？你認得到嗎？你沒有這個業力，「隨其業力見」。有的見到了，有的還得救了，有的還聞法。

我們看〈高僧傳〉，或者〈五臺山志〉，好多人到五臺山見到滿山都是文殊師利菩薩智慧燈。自從清朝以來很少了，清朝以後的歷史記載，我們朝五臺山的千千萬萬，有幾個人看見文殊菩薩給他現的滿山都是智慧燈，看到了嗎？我們在山上住著，不說是優婆塞、優婆夷，在家二眾不說，說我們出家二眾比丘、比丘尼，還不說你見哪，你相信不相信，文殊菩薩一天都在你身邊，相信嗎？連這麼個信心都沒有，你怎麼見文殊師利菩薩？

華藏世界所講的都是普賢菩薩跟與會的大眾，這些大眾都是等覺菩薩將近成佛的，他們認識、他們知道，這是給他們說的。我們聽見，莫名其妙乖磕睡。不知道說些什麼，這位老和尚在念什麼呢！我念的很起勁，有的在下頭他就磕睡了，因爲他不知道你在說什麼。這就是隨業力見，你有什麼業你得到什麼，沒有業力見不到。我們前幾天供千僧齋，就那麼一個莊嚴，不見的人很多。來到五臺山，那個時候他也在五臺山，後來他跟我說：「師父，我朝山去了！」我問說：「你沒到普壽寺趕個齋嗎？」「沒有，我在旅館吃點方便麵就行了。」

我們那麼莊嚴，那麼多僧人，他到這兒來是朝山的，連見的因緣都沒有。他說，我到這兒來是朝山的，到那去也不拿錢。他認爲到這裡來就是拿錢的，他不知道這是一個法會。爲什麼大家到這兒來都要打千僧齋呢？什麼原因呢？一般的供供僧就行了。凡是標榜供千僧齋的，文殊師利菩薩一定在場。一個人供不起，大家集資，爲什麼？文殊師利菩薩會來趕齋，你就是供養文殊師利菩薩哪，使你非常喜歡，消業障。但是跟我們這些道友講，十分之八不信，文殊菩薩到這兒來吃飯？文殊菩薩不是吃飯，文殊菩薩是來化度衆生，這要修觀想。

我曾經問過好多道友，你想過文殊師利菩薩嗎？多分是沒有想到。沒有這個業，產生不了這個作用，業是作用。這幾天我只是念經文，沒有講。爲什麼不講？清涼國師沒講，怕講錯了。現在你怎麼又講了，現在普賢菩薩是一段一段的，分開了，可以講講，配合以前那個沒講的，就知道以前那個善惡業所感的苦與樂，你作善自然感樂，作惡自然感苦，果上所起的苦樂的作用。苦和樂都是你自己造的，你造的什麼業，得到一個什麼樣的樂。當你在樂中，不知道是樂，這就叫業。

像比丘、比丘尼兩衆師父，你們感覺到在這兒是享受嗎？享受什麼呢？享受清淨的福德，我們經常說這個世界清淨。現在在娑婆世界，現在在我們南閻浮提，在我們現實生活這個世界，我們是清淨的，什麼災害都沒有。如果你的內心不起煩惱，外面沒有煩惱加諸你身上。你要相信，「人在福中不知福」。在福裡他不認得是福，等到跟苦相比較，才知道這是樂。若是沒有比較，不能得知，這些都是業力所致，由自己的福德業力所感召的。

須彌山城網　水旋輪圓形　廣大蓮華開　彼彼互圍繞
山幢樓閣形　旋轉金剛形　如是不思議　廣大諸剎種
大海真珠燄　光網不思議　如是諸剎種　悉在蓮華住

普賢菩薩教導我們，你怎麼認識這個華藏世界，就是要你這樣認識。我們經常念蓮華，這些剎種都在蓮華裡。

一一諸剎種　光網不可說　光中現衆剎　普徧十方海
一切諸剎種　所有莊嚴具　國土悉入中　普見無有盡
剎種不思議　世界無邊際　種種妙嚴好　皆由大仙力

「大仙」，就是佛。在中國稱大仙，往往把他會作老道；特別是看劍俠小說看的，武當派、峨嵋派，劍俠小說中有好多派。那個時候佛教剛傳入中國，說佛就是「大仙」，後來又說成「金仙」，意思是長生不老的人。大家看「仙」字，山裡的人都是神仙。人住到山裡去了，「山」跟「人」合成一個字，就叫「仙」。這是形容人不老不死，就是大仙人了，《大般涅槃經》也是這樣說，「大仙入涅槃，佛日墮於地」，大仙已經入了涅槃，他把涅槃當成是死了。涅槃是不生不滅，不是死。不懂得入涅槃的涵義，以為佛像太陽一樣，太陽掉到地下去了。很多經論都把佛形容為「大仙」，要把他解說明白，不是老道。

你的心安住於淨地，什麼是淨地呢？山裡最清淨，就是這樣一個涵義。表示讓一切衆生能悟入，不受一切苦難。

## 一切剎種中　世界不思議　或成或有壞　或有已壞滅

講這麼多剎，講這麼多世界，都形容佛力的不可思議。一切衆生居住在這個世界上，佛力所加持。不說不信佛的，就說信佛的人也不信。好多信佛的人，說我遇到這麼多事，這麼倒楣，佛力怎麼不加持加持？特別是念佛的。天天念佛，天天念經，求的願望達不到，就抱怨了；他不知道業力，把他的業力忘了。所說的甚深法，我們以最淺的例子來體會甚深法的義理。

「剎種」，是由因緣而生的。爲什麼剎有那麼多？因緣不同。說剎種，只是說依報，是我們住的處所。說你的正報，你所造的業力，業力不同。佛力加持，佛的力量有時加持不到的，衆生的業力比佛的佛力，還厲害一點。怎麼樣厲害法呢？他不聽你的，佛力沒有用，他按他的業力發展，是這個涵義。

這裡一共有二十八頌，頌這個剎的不同，是因爲因緣所生。各各衆生造的各各業，他所住的依報，依報是隨著他的正報而來的，正報不同，依報也不同。就說現在，五臺山最高的溫度才二十多度，往下一走，不論石家莊、太原，離我們很近，都是三十幾度，熱得喘不出氣來，還要勞動。我們在這兒清清淨淨的，坐在佛堂裡頭。這兩個你一比就知道了。在家二衆優婆塞、優婆夷，他們是暫時的，僅僅是一段時間。有的到山上忙得不得了，要朝五台，要朝寺廟，忙了幾天馬上又下去了。能夠在這裡住嗎？不可能。沒有這個緣，這就是業。因此，他的處所不同，是因爲正報感的不同。衆生各各因，各各緣，居住的處所都不同。有些人現在居住的處所，在水深火熱當中，成天的提心吊膽，怕空中掉下來一個炸彈，怕恐怖分子在我的房子上丟個炸彈。我們現在沒有這個顧慮，什麼都不擔心。業不同，衆生的業很微細，所以佛剎的剎種也很微細，道理是這樣分別的。

每個世界的莊嚴具不同，爲什麼？各有各的因緣。你到每個寺廟，每個寺廟的莊嚴具都不同，爲什麼？各有各的因緣。世界的形狀不同，山的形狀不同。你看很多的山，這個山是這樣的形狀，那個山是那樣的形狀。中國最出名的黃山，溫州的雁蕩山，福建的武夷山，各各山不同。爲什麼？因緣。世界的各各形狀也如是，有的山經常在光明當中，一、兩年不見一滴水，不下一滴雨。有的地方相反，經常在雲霧當中，這也是各各不同。有的山是光明的，有的山是黑暗的，有的是放寶光明的，這個我們不見，沒有這個業。有些音聲，聞到這個音聲非常歡喜，生善念；有的音聲非常惡劣，生惡念，這也是各各不同。形容這個世界，以音聲爲體，這個世界種什麼形狀，是有一定因緣的。

懂得這個道理，你再看華藏世界，再念《華嚴經》，原來如此。我的業能念到《華嚴經》，這個業就是頂好的，將來我能生到華藏世界種裡。華藏世界種有好多世界不一樣，若生到極樂世界，極樂世界，第一個好處，佛常住在世，你隨時可以聞到法。所有的善友，不是阿羅漢，就是大菩薩，隨時可以有善友提攜。你可以到十方世界去禮拜諸佛、聞法，因此比我們這個世界殊勝得多。但是這個世界，或有成或有壞，或有已經壞滅了。

譬如林中葉　有生亦有落　如是剎種中　世界有成壞

譬如依樹林　種種果差別　如是依剎種　種種眾生住

譬如種子別　生果各殊異　業力差別故　眾生剎不同

世界剎種就像林中的葉子，這個葉子掉了，那個葉子就生長了。有生長的，有落的，剎種中，有成的也有壞的，拿樹林形容剎種。種種眾生都住在剎種裡頭，爲什麼？「譬如種子別，生果各殊異」，黃豆生黃豆，麥子生麥子，蘋果生蘋果，梨生梨，種子不同，生果各有異，果也不同。眾生的業力差別，所造的業不同，剎也不同，所住依報的國土也就不一樣。

**譬如心王寶　隨心見眾色　眾生心淨故　得見清淨剎**
**譬如大龍王　興雲徧虛空　如是佛願力　出生諸國土**
**如幻師呪術　能現種種事　眾生業力故　國土不思議**

普賢菩薩讚的偈頌，上回講了兩個偈頌，現在講第三、四、五、六個偈頌。萬法都是從心中生出來的，「心生故種種法生」，心是萬法之王，所以稱爲「心王」。「隨心見眾色」，心有主作用，有伴作用。一般我們講心講八個，眼耳鼻舌身意六識，叫六個心，七末那識，八就是藏識心，染淨都含藏之內。這個所講的心是超離這個八識的，是我們的法界心，《華嚴經》講一眞法界，這個心是一眞法界的心。一切諸法都是從心演變的，所以稱爲「心王」。「眾色」是外邊的境界相，心是產生主的作用；還有五十一個心所法，心所法是產生伴的作用，伴都是些什麼呢？像我們那染淨諸法，貪、瞋、癡、慢、疑、身見、邊見、戒見、禁取見、邪見，這些不正確的知見，也就是我們常常所說的貪瞋癡慢疑、身邊戒禁邪，一般說這是十使煩惱，這都是唯心主心所有的，主作用與伴作用，那些叫心所法。因爲心王的作用，隨你的心能看種種境界。

色是形容境界相，凡是有形有相的，都是心所緣境。在你心緣境的時候，如果你心能做得了主，心能轉變外邊的境界相，不被境界相所轉，就叫心能轉境，這是修道者所能做得到的。一般都被境轉，見什麼被什麼轉，心被境轉，心被境轉就是隨業所漂流了，被境轉就去造業。心能轉境，把所有的業相都變成修道的功能。至於國土清淨不清淨是衆生心，你的心清淨了，你處的環境、所得的報酬，自然就清淨了。如果你的心境不清淨，你所感的果也是不清淨了。我們過去所造業的業因感這五濁惡世，煩惱特別重。現在這個世界上的人煩惱特別重，爲什麼？他的心不淨，對任何事情都生起煩惱。

在這個地方，普賢菩薩說個比喻，像大龍王在虛空中興雲布雨的時候，佛的願力，這個佛是專指毗盧遮那，佛的願力出生在諸國土當中；我們現在講的是華藏世界的，前面講的那些世界不說了，單說華藏世界，我們這是華藏世界的極小一部分，像微塵那樣小，在這個國土當中都不清淨的。爲什麼？衆生心不淨故，刀兵水火瘟疫災害，什麼災害都有，不清淨。衆生看問題的看法不清淨，各有各的看法，各有各的知見，壽命有長有短，生命無常的，災害頻繁，這是由於我們過去的業不淨故。佛出生是隨眾生緣的，像我們上面所說的淨佛國土，那是隨淨的緣；在佛是幻化的，在我們是實報的，實報就是受苦你感到苦，幻化的沒有什麼苦，也沒有什麼樂，隨眾生的緣。佛是以他的願力出生在各個國土當中，就像幻化師，我們所說戲法，或者用藥力或者用咒術現種種的相，這個不是什麼眞實的。現在我們受的是不是眞實的呢？也不是眞實的。經常有這麼句話，人生如夢如幻如泡影，沒有一樣是眞實的。但是在我們身受的時候，我們解脫不了，我們把它當成眞實的。你把虛幻的當成眞實的，所以不能解脫，也不能證得聖果。在現的種種國土當中，所有的種種事，都是隨你過去的業。

昨天我們講眾生的業力，業就是你所作的，自己作的業自己受，我們不要抱怨，好像這個世界很不平等，非常平等，自作業自己受，有什麼不平等的？非常平等。不要向外抱怨，也不向外乞求，反問問自己心；因爲我們過去的心，有染心的因，所造的染業的果，現在所受的果都是染業的報。佛不是這樣子，佛是他的願力，他來這個世界是利益眾生的，緣沒有就不現了，叫隱。我們說釋迦牟尼佛在印度入滅了，實際上沒有入滅，像唐朝的大德見到釋迦牟尼佛還在那說法。

國土的清淨與污染，社會環境的好壞是我們自己造的，這叫共業所感，個人的叫別業，個人的受報，受了什麼災害，那是別業。什麼叫別業？什麼叫共業？別業就是自己作的自己受，這叫別業。共業呢？像山西經常有的小煤窯塌了，或者洞子裡被水淹了，或者冒頂，上頭塌下來，在裡頭挖煤的工人就死了。那是那幾個人的共業，不是全體的共業。知道衆生的業力故，所感的國土，淨業多就是淨國土，染業多就是染國土，隨你自己的業報。

**譬如衆繢像　畫師之所作　如是一切剎　心畫師所成**
**衆生身各異　隨心分別起　如是剎種種　莫不皆由業**
**譬如見導師　種種色差別　隨衆生心行　見諸剎亦然**

你的心是染心，所看的果就不是清淨的，隨你的染因而現染相，隨你的清淨心就現清淨相。這是隨衆生心所行，心怎麼樣做的，就出現剎種不同。就像一個繪畫的畫師，拿各種的顏色畫出畫來，這個畫是眞的嗎？這個世界現在所有災害和清淨是你衆生心感召的，哪一部分人作哪一種業，共業所感；而且衆生的身各個不同，每個人的面貌不同，他心裡想像也不同，都如是。所以國土是依報，你的心所化成的，正報所受的依報，身體所依住的，房子乃至一個國土，大者說國土，小的說你自作的舍宅，都如是。

在其他的經論講的很多，有異熟的。有一個人他一生有時做的好事，有時做的壞事，感果的時候，果上也錯綜複雜的。爲什麼我們一生當中時而好時而壞？有時很滿意很順心，生活很愉快的，工作很順利的。你在公司也好，自己開公司也好，好像障礙都沒有，這是這個時間的因，你過去的因感的這個時間的果，人一生所做的事不是都是好的，也不都是壞的，錯綜複雜的。時而發善心，做些好事，時而惡心所猛利了，又造些壞惡的，害人的事。感果的時候也是錯綜複雜的，時而好時而壞。家庭如是，個人的人生如是，一個國家也如是。這個因果錯綜複雜的非常多。我們佛教徒對因果論非常重視，一切都超不出因果，自己種的因，因成熟了所感的果。因果能不能轉變呢？佛說的因果論，什麼因一定感什麼果，你種的是黃豆絕不會產生大米，你種的大米的種子也絕不會產生黃豆，什麼因一定感什麼果，這是因果的定論。我們過去所造的惡一定要受惡報，如果不能感果，像我們信佛，求佛，乃至出家求道，又有什麼用處呢？已經定了，轉變不了。

過去大德有這麼個比喻，因果如二水相投，熱多於冷，熱水多，冷水少，兩個水合到一塊兒，水還是熱的；如果冷水多，熱水少，二水投到一起去，水還是冷的。因果固然是定的，我們學佛的人，佛教授我們可以轉化的。怎麼樣轉化？「定業不可轉」，定業是轉不動的，「三昧加持力」，三昧就是正受、正定、正思惟、正語、正業都攝到三昧裡頭去了。過去所造的業，你現在的業猛利，過去的業微弱，你能轉變過去的業，這樣說業是可以轉的，看你哪個力量強。問題在什麼呢？

在你轉得動轉不動，如果轉不動的話，一切衆生沒有成佛者，得道的。如果隨隨便便把業轉了，那也沒有受報者，在這個問題上就靠自己的功力如何。一個信，一個解，一個行，一個證，你信得不眞，不但不能轉，而且還增加；信眞願切，信的非常眞，一點參雜沒有。信了之後而求解，求明白了，把這個道理清清楚楚，明明白白，自己明白該怎麼做、怎麼做，我們是學佛者，佛怎麼做我們該怎麼做。我們往往把佛當成一個人，當成一個聖者，當成一個修道成就者。不錯，這只是一方面；另一方面，佛者覺也，印度話叫「佛陀耶」，翻華言就叫覺悟的覺，明白的明，知見的知。說你知道，你的知見正，知道你過去的過去，未來的未來，現在的現在，什麼事情你都清清楚楚的。知道業果，知道怎麼產生的，知道一切衆生的業果，知道當前的世間爲什麼這麼亂，你都清清楚楚，你就是佛。

還沒有講《華嚴經》之前，反覆跟大家說，要相信自己就是佛，這個道理是我們初學佛的人，久學佛的人一定得如是地相信自己就是佛。所差的是迷，迷悟之間，迷就是不覺，不覺就不是佛。你不明白嗎？剛才只講因果，明白因果，這僅僅是一種。明白一切的事物，它的生長，它的成就，到它的變壞，你把這個過程明明白白。前面跟大家講過，現在我們科學發明的「時空隧道」。大概有很多人沒說過，或者有些人他對科學上有研究的，看過科學的書籍，他或者能明了。時間跟空間是一體的，說我們經常講剎際，剎是無量劫，剎種，剎是土地。一年兩年，一天兩天，這叫時間；我們居住的處所，這叫空間。空間跟時間，合而為一，這叫什麼呢？「時空隧道」。

現在我們講這個諸剎，現在講華嚴，講剎種，我們講了好多微塵數微塵數的世界，他的涵義就在這樣子。不過從初步的下手，你能理解。像我們講《華嚴經》，一般初學佛的人，沒法理解的。或者不相信，或者說我的一個汗毛，汗毛尖上，能容這個整個地球，地球都在我的一毛孔裡頭，大家能信嗎？這個涵義你能懂嗎？沒辦法，這個你怎麼理解呢？科學家所發明的，還沒有印證，確切不確切，還沒有事實的證明。對於不可理解的問題，沒辦法解答，什麼呢？就加個「時空隧道」，不解答的解答。

在我們講《華嚴經》的時候，一點不稀奇也不奇怪。一切剎土，一切國土，在佛經上，「土」叫「土」（ㄉㄨˋ）。和尚念的經典，跟在家人有所不同。說你念「般若」（ㄅㄢ ㄖㄨㄛˋ），我們念「般若」（ㄅㄛ ㄖㄜˇ），這都是不同的。「世尊」，我們念「婆伽梵」，有時候不念「世尊」，就念「婆伽梵」，往往佛經上那個字，跟大家所想的、所說的、常識習慣的用語，不相同。因此你要讀佛經，得單學，就連字上都得單學，涵義也有所不同。

「般若」（ㄅㄢ ㄖㄨㄛˋ）是一般的「般」，「般若」（ㄅㄛ ㄖㄜˇ）是智慧。一講到智慧，講到聰明，什麼叫聰明？什麼叫世智辨聰？什麼叫淺慧？什麼叫真慧？什麼什麼叫方便智？什麼叫根本智？光一個智慧給你解釋的，恐怕得用八個鐘頭，可能你還沒有明白，說了半天，你還是沒有明白。這又是一種學問，但是不離開我們的心。

我們的心有高有下、有善有惡，這都屬於心所，但是我們的那個本心，現在講的那個眞心，那就不同了，沒有高下的差別。只有一個根本智慧，跟方便智慧，跟世間的聰明，那叫世智辨聰，不是智慧。講到的正報，身體是正報，身體必須得有個處所，你說這個房子，所處的某一個城市，乃至一個國土，這叫依報。依報是隨著正報感受而感受的，正報不清淨，感受的依報也不清淨。這是思想作用。像生活習慣，因爲生活習慣的不同、所處的處所也不同，能不能調換呢？像中國人到外國去留學，最初不習慣，漸漸就習慣了。

像學佛的佛弟子，最初在世俗當中，社會的生活當中，你的用心，你的思惟邏輯，語言的次序，生活的次序；等你入佛門了，跟著佛學了，全部的改變了。本來很好的東西，包裝太差了，人家還沒有看內容，一看包裝就太差了，就連看都不看，就是這個涵義。比如看一個人，不管心裡好壞，他表現的人家沒法跟他接近。再好的人也沒辦法，就是這個涵義。

今天新來的在家道友很多，如果像我們平常講《華嚴經》那樣講，你沒法知道，沒法理解。我們講的一切諸剎際，周布的蓮華網，說他們種種都不同，說剎是國土，最大的叫佛剎。經常聽到三千大千世界，我們現在所處的，在佛教的術語叫南贍部洲，五大洲，歐洲、亞洲都算上，僅僅是剎種裡頭的一顆微塵。微塵好大，看不見的，想想這個微塵看不見，我們這樣來形容，你們聽起來非常的詫異。這是我們肉眼所見的不同。我們所看見的清淨、看見的污染，跟佛教所說的清淨污染完全不一樣。

這幾天講的都是我們這個國土，在總的上頭是在一個大蓮華裡，這個蓮華就太大了，我們這個剎種是在蓮華的第十三重，叫華藏世界；華藏世界裡頭，中間的釋迦牟尼化土，這叫娑婆世界。娑婆世界有一百億個太陽，有一百億個月亮，一百億南贍部洲。我們是一百億當中的一個，就是一個太陽，一個月亮，一個地球。但是像這樣的數字，數到一百億，一百億當中的一個。現在這一百億，一百億華藏世界，娑婆世界，在種種光明蘂香幢世界當中，佔一小部分。他的周圍，我們這幾天盡講周圍，右旋，右旋，左一個世界種，右一個世界種，把世界形容的無邊無際。在這個裡頭所有安住的人，乃至種種的莊嚴，種種具足的地點，有的是顯惡的，很不平靜。像我們這個國土就是顯惡的，不平坦，土石瓦礫，我們講的剎土，都是七寶所成的，如意寶珠所成的，摩尼寶所成的。這跟我們不同了。什麼原因呢？眾生煩惱太重了。一個的煩惱都很重，集合好多的煩惱，整個這個地球上人的煩惱，現在有好多人煩惱，這是大家知道的。說災害頻繁的，還有個人的知見，看問題，看一見事，看法不同，因此這個世界就變成雜染與清淨，「無量諸剎土，隨衆生心起」，都是衆生心所造成的，所生起的。

另一種是清淨的，我們經常念的文殊、普賢、觀音、地藏這些大菩薩，在這個世界上度衆生，他們所加持的，一個染一個淨，就是雜染與清淨，都不同的。這是業力所起，業就是造作義，自己造的自己受。就以我們社會現相來說，每個人奮鬥，能力強，別人一個月只能拿到幾百塊錢，你一個月能拿到幾萬塊錢乃至一月能拿到十萬美金，拿到二十萬美金，這是個人的奮鬥，個人的貢獻。爲什麼他有那麼大的智慧貢獻呢？爲什麼你沒有呢？這是不平等的。那是他過去的業，你是你的業，他是他的業。在我們這些師父，因爲持金錢戒，管它幾百萬，根本不沾。錢有什麼用處？對我們來說，一點用處也沒有。說你們不吃飯？吃飯，吃飯有人給我們飯，大家供養的，他直接供養米，不供養錢。不是全部是這樣子，當執事的就得拿錢，代表大家來服務。種種錯綜複雜，這個世界不是那麼簡單，像諸位在這會上的，不了解佛教也不了解和尚，這些比丘尼，一天幹什麼？是你沒辦法了解。可是我們對社會的一切事，我們很清楚，我們是了解的，爲什麼？了解了、厭煩了、厭離了，這才出家，不願意那個環境生活，另外找一個環境生活，就是這樣意思。

不願意在這個世界生活，那就修行。佛教授你的方法，到極樂世界，到東方藥師琉璃光世界，到上方不動世界，世界多得很，隨願往生。我們講《華嚴經》，

《華嚴經》說世界多少，無窮無盡的。你要想到哪個世界去，你照他那個世界，怎麼做怎麼做。就像我們現在，你要想到其他國家留學去，你得辦個手續，辦個護照。到人家那裡，你得把人家的生活習慣了解，你先在這學習學習，語言還不通，你要先學習學習人家的語言。這個不用，想上那個世界，念一句阿彌陀佛就行了，得念得心眞，心眞則事實。心不眞，眞的也變成假的，都如是。

這些顯惡不平常的國土，衆生的煩惱，大家都知道的，彼此問看問題的看法，雜染與清淨，無量諸剎種，太多了。他是怎麼造成的？那不要土工木工泥工，計算不要這樣造，心就行了，衆生的心就行了，自己心造，一個你內心造，一個講外邊菩薩力的加持。有的剎放光明，那是因爲寶所成就的，有的剎是黑闇的，那是業所成的。爲什麼求佛念佛？往往在家二衆還不能深入明了，求佛念佛不是求別人，而是求自己，佛就是自己。

今天是觀世音菩薩聖誕，大家上午拜懺，你想到沒有？你拜的是你自己。觀自在，就是你自己，說你要觀，怎麼樣觀呢？要把這個世界看淡一點，看破了就是把他打破了。過去俗話說，打破沙鍋問到底，問到底是什麼？觀就是這樣子，觀就是你想，你想什麼？問問你自己想什麼？想這個世界都是假的，騙人的。男女關係、家庭父母妻子、社會的成就、公司，全部是假的，沒有眞實的。

那時候看見北京城門好大，現在城門都拆，這才幾十年的時間。現在常住人口，每天過路的都不了二百萬，恐怕住的一千多萬人。過去我們在北京市要到頤和園很遠，好幾十華里，中間都是農村，現在還有嗎？在北京找田地，八縣都化歸北京市，人口一千多萬了。它會變的，這樣的觀一切無常，不是一成不變的，它是變的。那時候中國人口才四億億五千萬，現在十三億。你這樣觀，觀什麼呢？觀變化，不必貪戀。在這個世界上你還活不到一百歲，即使活到一百歲，還是得死。這個世界上有不死的嗎？這就觀，觀就是想，想在佛教就叫思惟修。觀完了，這些國土爲什麼現的那麼不平坦？爲什麼大家都有煩惱？爲什麼一天都要打仗？互相就在鬥，有時候打起來了，有時候準備打，有時想辦法鬥，往那兒鬥著打。怎麼樣我得利，讓你們倆去打，讓他們去打，國跟國就這樣，現在社會就是這樣子。

這叫世界不清淨，雜染的。這個國土有什麼雜染、有什麼清淨？是人心特壞了，所以觀的時候就這樣想，想看破了，你不要想在這裡頭找點利益，想找點好處，沒有，一百年之後什麼也得不到。你的老命也出脫了，這個老命也很簡單。空的，出脫了你還得個什麼？說誰是誰的，大家看那演劇的，同仁堂樂家老藥鋪的事，你在北京看看北京的變化，看看歷史整個歷史的變化，看看這個地球的變化，現在變化到什麼樣子，不必貪戀。

心不貪戀、意不顚倒，這叫看破。看破了就放下，你在這裡頭執著什麼？看破了放下得到什麼，自在。這個自在怎麼來的？觀來的。觀就是想，你會想，人家說那人真想得開，想得開他不煩惱。你煩惱就是你想不開，想不開、看不破，你還不煩惱嗎？煩惱你不自在了。今天是觀世音菩薩聖誕，觀世音菩薩就是這麼成就的，他就是這樣觀這樣自在，他用般若的智慧，以深般若智慧照見五蘊皆空。五蘊就是我們身體組成的部分，有相的叫色法，無相的叫心法。

色受想行識，受想行識就是心的作用，心是領受，行你那個心動，運動的打主意，一天想主意。從小就準備我把主意怎麼打的好，怎麼有本事，在社會上能多掙幾個錢，怎麼能生活的舒服。行就是這樣子，一天就是這樣子想。特別是讀書，學本事，學掙錢，學技術，學怎麼樣會騙人。很簡單，不然沒有騙人術。你騙人也得高明一點，騙人的把戲，這叫五蘊。色受想行識，說你心一天的不停。想是領受的好一點，用智慧一照，這些都是假的，五蘊皆空。「觀自在菩薩行深般若波羅蜜多時，照見五蘊皆空」，他用般若波羅蜜智慧，沒有般若波羅蜜智慧、沒有甚深的智慧不行。如果自己耐心的清淨一下，不管佛教、道教、回教、基督教、天主教，什麼教都不管，就管你的心，靜下來觀察你的心，他在想什麼，他的作用是什麼，把它觀照好，讓它明白。現在不明白，糊裡糊塗，怎麼到這個世界上來的？找個原因。你怎麼來到這個世界上？因爲父母才生到我，但是不知道我們人類有四種生，胎卵濕化，胎就是父母生的，還有卵、化，濕。你到極樂世界，化生沒的父母了，蓮華裡頭生的。

一切事物都如是。這就是「觀自在菩薩行深般若波羅蜜多時，照見五蘊皆空」，就是色心二法，色受想行識，受想行識就是心，這樣才能把一切苦難都度的得了，這叫看破了放下了，那就自在。說成道辦不到，起碼你放下，你睡覺睡得安隱點。高考沒考上，特別是小孩子睡不著，在床上翻來覆去的在床上烙餅。做個生意、開個公司，本來是賺錢的，不但沒賺錢老本也搭進去，完了睡不著覺。

把這些世間相總會回來，就是「雜華」。《華嚴經》裡頭說的，依著文字講是一回事，把文字的涵義，抽象的來說，就是說的這些，就讓你看破了，一切無常是變化的，變化是由你的心，一天的變化不定。這樣來認識問題、來看問題，等你的心變了，你所居住的處所也變了。那是菩薩的力量所能執持的，有的剎土就是有的這個世界，雜染不清淨，什麼原因呢？業所感的，前幾天跟我們道友說，我們所感的這個法堂，普壽寺這個住所，我們感覺很安靜清淨。

廣東的皈依弟子來問我，他說：「師父，您這兒怎麼這麼清涼，我們那兒怎麼那麼熱惱？」我說，不是那個地方熱惱，而是你的心太熱了，把那個地方變的很熱，你的心涼下來，不要追求太厲害，追求太厲害就熱惱了。熱惱與清涼都是你的心所變化的。

我比你清涼，你比我熱惱。自己找的，不是這樣子嗎？人家那些聖人來這裡看，五臺山金色世界黃金鋪地，我說不是看見黃金，五臺山全是黃花，到這個時候你看滿地都是黃花，見著是黃金，確實是這樣子。一切事物自己創造的自己找的，完了自己受完了，自己還分別好壞，這個不如意那個不如意。誰請你來的？誰請你到這個世界來的？自己投胎來的，你怪誰？不要怪別人。像我住監獄，人家問我：「你怎麼進來的？」我說：「抓進來的。」「為什麼把你抓進來？」我說：「我有這個業，我造了這個業就把我抓進來。」放的時候，業沒有了。一切事物都如是想，說別人害誰誰害誰，不是的，自己自投羅網，都是自己來的。自己來的可不是現在來的，過去造的業，現在來受。有的我們講三世因果，《華嚴經》不講三世，而是無量世，數不清楚。一輩子一輩子的誰來記帳，都是你自己心裡頭記的清清楚楚的，一個業一個業要還，還完了，等你智慧來了，才明白原來是這麼回事。怎麼回事呢？業所成。

大家懂得世界刹土的構造，懂得人生的因緣差別，懂得因果的報應。知道這些僅僅是初步，知道是一回事，把它斷除了，不受拘束，在佛教術語說叫「解脫」，如果你正在這兒心煩意亂的，或者感情的關係，夫妻關係破裂，或者男朋友女朋友交的不合適，煩惱很重的，這是重煩惱。公司，人家都賺錢、你就失敗，很多不可思議的事說不清楚，沒辦法說清楚。在佛教講，這是因果不同，個人種的因不同，所以感的果不同。就知道我們現在講《華嚴經》的這些刹土，這純粹講華藏世界。

華藏世界裡頭所有的刹土，刹土就是所有的國家，有些是險惡不平坦。現在坐汽車上五臺山多方便！我十六、七歲最初上五臺山的時候，可不是這麼容易。火車坐十七八個小時，從北京到沙河，從沙河往五台，沒有汽車，得走路，或者騎個毛驢，是那樣上山的。你朝個五台起碼得一個星期，都得走路。虛雲老和尚從南京一步一個頭磕，拜到五臺山，拜了三年多，差點凍死在半路上，文殊菩薩救他、給他送稀飯，喝了他又活了，到了山上。連五臺山都變化的不可思議，這是我們用肉眼看。過去那些大德來山上，朝山他得到很多感應，現在這二三十年我沒有聽到誰在五臺山看到智慧燈，一到五臺山來晚上滿山智慧燈，看見了嗎？沒有。

一萬菩薩繞清涼，一萬菩薩常常圍著這山來回轉，我們看見了嗎？沒有那個殊勝的業，那個時候我們見到的是苦，冰天雪地的。那時的五臺山是茂密森林，抗日戰爭的時候燒毀了。環境在變化，山河大地都在變化！水也在變化，現在整個地球缺水，有時候又發水災，大水災。春、夏、秋、冬，四個季節失調，過去什麼時候種地，什麼時候收成，都有一定的，現在不行。

我們講的是人的關係，現在人的關係非常亂，秩序沒有了。人的生活本來很正常的，人現在沒有誠信了，充斥假貨，藥也是假藥，貨也是假貨，冒牌貨，多得很。眞牌又是什麼樣的呢？整個世界失序，世界失序是因爲我們人來的，人不正常。首先，男女關係非常不正常，在美國、澳洲、新西蘭、加拿大。在美國，我走了二十幾個州，他們跟我們完全不一樣，生活秩序非常失常。夫妻關係、父子關係、家庭關係，非常薄弱。家庭沒有秩序了，國家是由每個家庭組成的，組成的成員亂了，這國家不亂嗎？這個國家亂了，那個國家也亂了，這個世界不亂嗎？刀兵、水火、饑饉、瘟疫，過去的瘟疫醫生能夠治療，現在有好多瘟疫就治療不了。到現在，非典還沒有特效藥，發病了，摸索治療。還有其他的不知道的瘟疫！人的生命危脆，國土不安，除了人禍，還有天災。

現在佛經上所說的國土，不是我們所想像的。有好多是勝境，我們看見五臺山，文殊師利所住的五臺山，跟聖者見到的五臺山不一樣的。唐朝的時候，有個老和尙朝山，文殊師利菩薩化現一個老者問他：「南方佛法如何？」他說：「南方佛法很不好，聖人少，修道少。」他又問：「五臺山這個道場該好？」文殊菩薩跟他說：「凡聖交參，龍蛇混雜。」有凡人有聖人，有龍有蛇，一切處都是這樣子。過去社會上有句話，仁者見仁，智者見智。我們到五臺山來，要見好的一面，看殊勝的一面。

你到名山來，只想清淨，莫想凡雜。我們的台懷鎭，葷菜館很多。比起九華山地藏菩薩道場，比起普陀山觀世音菩薩道場，那你更看不得了。普濟寺門前盡是賣海鮮的，盡是海鮮店；你再看九華山的祇園寺周圍。我在六十多年前，去九華山、普陀山，峨嵋山跟五臺山，峨嵋山現在還是很清淨，因爲太高了。

到了名山，莫起分別心。心裡只想妙吉祥菩薩，文殊師利菩薩。如果你要求智慧，感覺自己或者考大學，或者在社會上缺乏智慧。沒有智慧了，你看一切事非常困難。公司這筆生意若做了，明明是賠錢，你不知道，你還要去做，完蛋了，公司賠了。三賠、兩賠，公司也垮了。要有智慧，知道這筆生意我該做不該做，該不該做，你要求智慧。交男朋友，或者交女朋友，你倆合適不合適？能夠白頭到老不？如果互相的揣測，互相的危害，還不如不交，這個你得有智慧判斷。我們不可能都出家當和尚，都出家當尼姑，辦不到。誰辦不到？自己辦不到。你沒有這個福德，這叫清淨福。清淨福難享的哪，看著很簡單，你試驗一下子。現在在臺灣、在美國有試驗出家的，先試驗試驗。出家一個星期、兩個星期，出家一個月，受不了，又回去了。

到了五臺山，別白來，你要求智慧。好多人朝朝山就下去了，白來了。白來一趟也不白來，爲什麼？文殊菩薩還接你去了。文殊菩薩的願，只要朝這個山的，他接一千，到一千里的地方去接你；送八百，你走的時候送你到八百里。跟你結個善緣，以後你還想到五臺山來，你左一次來右一次來，來個十次八次的，在山上出家了，他又度一個，事實就是如此。因此，你到山上作勝境想，看見什麼都作勝境想。

另外，我們學密宗，念個咒，我們快要講到〈毗盧遮那品〉，「毗盧遮那」，在密宗叫「大日如來」。念個什麼咒？開智慧的。我到西藏去，最初開始什麼都不讓我學，念了半年。每天早晨起來，三點多鐘，起來洗洗臉就念，什麼都不幹，一天就念這個咒。「嗡阿粲巴雜那的」，但它的念法不同。「嗡阿粲巴雜那的……………」，這個「的」一直「的」到一口氣完了。念熟了，學外語非常的快，因爲你的舌根學靈了。念這個咒，這叫「文殊菩薩心咒」，開智慧的。如果你念得誠，念眞願切，念得非常誠懇，你會有智慧的。

這個智慧是什麼？開大一點，你知道過去，過去就是宿命通，宿命也管過去，也管未來，能知道無量生，未來無量生。開了智慧有判斷力了，你做什麼事判斷力很強。小孩子，十五六歲想考大學，著急得不得了。不但他著急，他爸爸媽媽都跟著著急得不得了，希望孩子考個好大學。多念念「嗡阿粲巴雜那的」，效果很好，念的時候要把「的」字拉長一點。如果能上韻，念得更高興，不會睡覺的，你要聽，我跟你念一念：「嗡阿粲巴雜那的……………」這個「的」字多念。這個字的涵義是什麼？一切智，一切種智。文殊師利菩薩是以智慧爲主的，使一切衆生都能得到智慧，得到他的加持，這是他的心咒。你念這個咒跟他相通了，這叫密，密宗的咒。我們顯宗就念南無文殊師利菩薩也可以，南無妙吉祥菩薩也可以，反正只要念，「心誠則靈」。翻過來，心不誠，隨隨便便念，不靈。效果有，不太大。

大家學《華嚴經》，華是因，嚴是果，用你現在種的因華來嚴你成就果德。因是什麼呢？大方廣。大方廣是什麼呢？體相用。體就是你的本體，你原來本具的，跟毗盧遮那是同一個心，本具的眞心，本具的德，本具的智慧，跟毗盧遮那佛無二無別。但是你失掉了，不是失掉了，而是迷掉了，沒有失，你要再把它找回來。佛，剛才跟大家講了，就是覺悟的覺。你覺悟了，你就是佛，你就是毗盧遮那。你沒覺悟還不是，但你現在重新種因，華就是因，華是種成佛的因，將來一定是成佛的果。嚴就是果，嚴是莊嚴的。

「大方廣佛華嚴」，你是具足了。現在你聞到這個名字，等於具足一個聖因。將來不管你遇到什麼樣的挫折，再經過好多生，將來這個因哪，種下去一定能感果的，能成熟，種下去是種子。等它發生、發芽、成就了，你也成就毗盧遮那佛。但是這個時間是什麼時候呢？那就看自己。如果我們精進、努力，生生相續，不間斷，那就快。今生聞到了，未來十生、八生、一百生就再遇不到了，那就慢了，還得遇到。遇到了再發芽，再重新成長，這不是由人的意願、人的意志所能轉移的。你所能做得到的，精進。從你現在聞到這個因，不讓它枯竭，經常用智慧水來培育，它會成長的，感果很快。如果你這次聞到了，回到社會上去，社會上的事很多，錯綜複雜的，那就斷了。那就等吧！什麼時候因緣成熟，又遇到了，再種善因，因果就如是。

一切諸剎際　周布蓮華網　種種相不同　莊嚴悉清淨
彼諸蓮華網　剎網所安住　種種莊嚴事　種種眾生居

以下有十八偈，都是明世界的染和淨、成和壞，這是世界的染世界、淨世界、成世界、壞世界。每一個世界的苦樂不同，說在這個世界的居住的人民，有苦有樂，苦樂不同。每一個世界中，所有居住的人類，那一切動物的形相，各個都不同，它的周部都是蓮華網所成就的，這是我們所見不到的。這叫「一切諸剎際，周布蓮華網。」說的是清淨世界。

或有剎土中　險惡不平坦　由眾生煩惱　於彼如是見
雜染及清淨　無量諸剎種　隨眾生心起　菩薩力所持
或有剎土中　雜染及清淨　斯由業力起　菩薩之所化
有剎放光明　離垢寶所成　種種妙嚴飾　諸佛令清淨

這兩個偈是形容一切的世界，有的山高路險，很險惡的。路不平，這個國界裡，所有的山水，一切都不平坦，爲什麼呢？因爲眾生的煩惱而引起的。有的看著是清淨，有的看著是雜染。無量的剎種，都是眾生心所變的，隨著眾生起的；還有一種是菩薩力所持。我們舉現成的例子，講五臺山，剎種國土當中的一部分，這也是眾生心起的，還有菩薩力所持。菩薩力所持，五臺山是文殊師利菩薩他力所持的。當中有險惡，也有平坦，都是隨著眾生心起。眾生的心惡，他看見他所居的處所，也是很險惡的。我們看五臺山很平坦，有的看著五臺山不平坦。前幾天就出車禍，照樣的翻車，衆生心所起。你問我：「爲什麼會這樣？」我說：「他是什麼心？」「心淨故國土淨」。心不淨呢？國土就不淨了。一種是菩薩力所持，一種是衆生心所起。菩薩力所持，本來五臺山是清涼世界的，金沙徧地的。這是菩薩力所持，而衆生的惡業特別重，他見不到。

昨天我們講緣起，這就是「諸法因緣生」，隨著個人的緣起不同。「或有剎土中，雜染及清淨。」有的剎土是雜染的、污垢的，但是它也有清淨的。凡是清淨的國土，它的業所持，由它的業力。比如我們這個地球上，我走的城市，一個新西蘭的奧克蘭，一個加拿大的溫哥華。這兩個城市爲什麼那麼清淨？花園一樣的，完全是花園，家家門口都擺些花。門口都有一小塊土地，土地都種上花草。這兩個地區，新西蘭的奧克蘭，不准設任何工廠，一切雜染都沒有。溫哥華也是，不許有任何工廠，凡是污染的不許有，就清淨了。但是，你得有福，有福才能享受。同是一個國土，那就不同了。溫哥華是加拿大最清淨的城市，可是到其他的城市，就不同了。一個國土就有這麼多的差別。同是四大名山，觀世音菩薩道場、地藏菩薩的道場，跟五臺山的道場不一樣。特別清淨的，我看還是峨嵋山。普陀山觀世音菩薩大慈大悲，普濟寺的門口，海鮮館特別多。九華山也如是，祇園寺的周圍也如是。有人問我爲什麼？地藏菩薩的道場應該清淨，說地藏菩薩是管地獄的，都在地獄才出來，他能清淨嗎？不能清淨。

「雜染及清淨，斯由業力起。」這個團體，這個居住的共同造的業，那個地方不會清淨的。有的佛剎放光明，有的處於黑闇，有的世界是寶所成就的，有的是雜垢污染所成就的。現在我們的國土，工廠特別多，雜染污害特別多。特別是現在我們住的這個城市，山西，空中的污染，這是什麼呢？假使不挖煤炭，我們這些工人就失業了，這是業力所起的，沒有辦法清淨，只能如是說。

一一剎種中　劫燒不思議　所現雖敗惡　其處常堅固
由眾生業力　出生多剎土　依止於風輪　及以水輪住
世界法如是　種種見不同　而實無有生　亦復無滅壞
一一心念中　出生無量剎　以佛威神力　悉見淨無垢

有的剎土，劫成的火災，這是劫火，劫火不是世間普通失個火就完了。劫就是那個時候，那個時候空間起了變化，全是火種。有現的是該敗壞的，地球是在敗壞當中，有的是在成就當中。由於眾生業的力量，出生的很多剎土都不同。有的是腐敗的，惡劣的。有的是堅固的，這些都是眾生的業力所生起的。

在佛的眼光看，這就是緣起諸法。性空，法的性沒有生，沒有生就沒有滅。

中間也沒有壞的過程。這是我們最初講的，「心生故種種法生」。「以佛威神力，悉見淨無垢」，我們是學習佛所教授的，只學它的方法而產生的見染見淨，見垢見穢，這是我們的心。但是就佛的自身說，自性的法身住的是法性土，他是以眞如自性爲身。那就是法身。法性的土就是理，那就是常寂光。這是理，法身佛，住的是常寂光法性土。受用身，佛的自受用，不是他受用。佛的自受身，自受用的身是法喜之樂。那就是自己所利用的報所感的，叫自受用土。報身佛所住的，實報莊嚴土。身與土，沒有什麼差別，身即是土，土即是身，就是法性土住的法性身。實報莊嚴土的自受用土，就是自受用身。他所住的事業，與他所成就的果德，全是清淨的，盡未來際。

這是什麼呢？純淨無雜染的國土。他受用土，他所受是依著他所受用身而建立的。他受用身，就是諸佛所成就的這個國土，凡是與他相應的，這是指那些大菩薩說。佛的應身所住的他受用土，這個國土叫實報莊嚴土。以佛的慈悲力，跟十地菩薩所居的土，那就不同了。這叫他受用身享受他受用土。佛所現身給這些人作他依止，作他修持。十地呢？從歡喜地、離垢地、發光地、燄慧地、難勝地、現前地、遠行地、不動地、善慧地、法雲地，這些大菩薩所住的處所，這叫他受用土。

第四種就是變化身，變化土。這個是指釋迦牟尼佛說的。釋迦牟尼是應身變化的，以佛的大慈悲力，隨著有緣的衆生，他所應當得的受用。就佛所化現的土，化現的國土。他有大的也有小的，淨穢不平等，是變化所成的。這些眾生就是變化土。土即不同，涵義也不同。

有剎泥土成　其體甚堅硬　黑闇無光照　惡業者所居
有剎金剛成　雜染大憂怖　苦多而樂少　薄福之所處

作惡業的眾生，所住的處所，感召的世界是什麼樣子呢？是黑闇的，但是土地還是很堅固的。有的剎土是金剛寶所成的，是金剛所成的，但是有淨有染，具足有憂惱有恐怖。「苦多而樂少，薄福之所處」，苦多是因爲沒有福報，樂少是多少有點福報，不是完全沒有福報，福少。苦處多，樂處很少，就是現在我們所住的憂悲苦惱，感覺所住的處所不安全，沒有保障，常時有困惱，沒有福德或者薄福德所處的處所。

或有用鐵成　或以赤銅作　石山險可畏　罪惡者充滿
剎中有地獄　眾生苦無救　常在黑闇中　燄海所燒然
或復有畜生　種種醜陋形　由其自惡業　常受諸苦惱

那是地獄，地獄全是鐵所成的。哪來那麼多鐵？業障所感的。在人間，都是石頭。畜生就多了，比人類多得多，比人類多千萬倍，特別是大海中所住的畜生魚鼈蝦蟹，那是很普通的，住在海的深層，我們見不到的，打撈也打撈不到的，那是醜陋形，這是由自己惡業所感召的。

或見閻羅界　飢渴所煎逼　登上大火山　受諸極重苦
或有諸剎土　七寶所合成　種種諸宮殿　斯由淨業得
汝應觀世間　其中人與天　淨業果成就　隨時受快樂
一一毛孔中　億剎不思議　種種相莊嚴　未曾有迫隘
眾生各各業　世界無量種　於中取著生　受苦樂不同
有剎眾寶成　常放無邊光　金剛妙蓮華　莊嚴淨無垢
有剎光為體　依止光輪住　金色栴檀香　燄雲普照明
有剎月輪成　香衣悉周布　於一蓮華內　菩薩皆充滿
有剎眾寶成　色相無諸垢　譬如天帝網　光明恆照耀
有剎香為體　或是金剛華　摩尼光影形　觀察甚清淨
或有難思剎　華旋所成就　化佛皆充滿　菩薩普光明
或有清淨剎　悉是眾華樹　妙枝布道場　蔭以摩尼雲
有剎淨光照　金剛華所成　有是佛化音　無邊列成網

有剎如菩薩　摩尼妙寶冠　或有如座形　從化光明出
或是栴檀末　或是眉間光　或佛光中音　而成斯妙剎
或見清淨剎　以一光莊嚴　或見多莊嚴　種種皆奇妙
或用十國土　妙物作嚴飾　或以千土中　一切為莊校
或以億剎物　莊嚴於一土　種種相不同　皆如影像現
不可說土物　莊嚴於一剎　各各放光明　如來願力起
或有諸國土　願力所淨治　一切莊嚴中　普見眾剎海
諸修普賢願　所得清淨土　三世剎莊嚴　一切於中現
佛子汝應觀　剎種威神力　未來諸國土　如夢悉令見
十方諸世界　過去國土海　咸於一剎中　現像猶如化
三世一切佛　及以其國土　於一剎種中　一切悉觀見
一切佛神力　塵中現眾土　種種悉明見　如影無真實
或有眾多剎　其形如大海　或如須彌山　世界不思議
有剎善安住　其形如帝網　或如樹林形　諸佛滿其中
或作寶輪形　或有蓮華狀　八隅備眾飾　種種悉清淨
或有如座形　或復有三隅　或如佉勒迦　城郭梵王身

或如天主髻　或有如半月　或如摩尼山　或如日輪形
或有世界形　譬如香海旋　或作光明輪　佛昔所嚴淨
或有輪輞形　或有壇墠形　或如佛毫相　肉髻廣長眼
或有如佛手　或如金剛杵　或如燄山形　菩薩悉周徧
或如師子形　或如海蚌形　無量諸色相　體性各差別
於一剎種中　剎形無有盡　皆由佛願力　護念得安住
有剎住一劫　或住於十劫　乃至過百千　國土微塵數
或於一劫中　見剎有成壞　或無量無數　乃至不思議
或有剎有佛　或有剎無佛　或有唯一佛　或有無量佛
國土若無佛　他方世界中　有佛變化來　為現諸佛事
歿天與降神　處胎及出生　降魔成正覺　轉無上法輪
隨眾生心樂　示現種種相　為轉妙法輪　悉應其根欲
一一佛剎中　一佛出興世　經於億千歲　演說無上法
眾生非法器　不能見諸佛　若有心樂者　一切處皆見
一一剎土中　各有佛興世　一切剎中佛　億數不思議
此中一一佛　現無量神變　悉徧於法界　調伏眾生海

有剎無光明　黑闇多恐懼　苦觸如刀劍　見者自酸毒
或有諸天光　或有宮殿光　或日月光明　剎網難思議
有剎自光明　或樹放淨光　未曾有苦惱　眾生福力故
或有山光明　或有摩尼光　或以燈光照　悉眾生業力
或有佛光明　菩薩滿其中　有是蓮華光　燄色甚嚴好
有剎華光照　有以香水照　塗香燒香照　皆由淨願力
有以雲光照　摩尼蚌光照　佛神力光照　能宣悅意聲
或以寶光照　或金剛燄照　淨音能遠震　所至無眾苦
或有摩尼光　或是嚴具光　或道場光明　照耀眾會中
佛放大光明　化佛滿其中　其光普照觸　法界悉周徧
有剎甚可畏　嘷叫大苦聲　其聲極酸楚　聞者生厭怖
地獄畜生道　及以閻羅處　是濁惡世界　恆出憂苦聲
或有國土中　常出可樂音　悅意順其教　斯由淨業得
或有國土中　恆聞帝釋音　或聞梵天音　一切世主音
或有諸剎土　雲中出妙聲　寶海摩尼樹　及樂音徧滿
諸佛圓光內　化聲無有盡　及菩薩妙音　周聞十方剎

不可思議國　普轉法輪聲　願海所出聲　修行妙音聲
三世一切佛　出生諸世界　名號皆具足　音聲無有盡
或有剎中聞　一切佛力音　地度及無量　如是法皆演
普賢誓願力　億剎演妙音　其音若雷震　住劫亦無盡
佛於清淨國　示現自在音　十方法界中　一切無不聞

「佛剎」只表兩個字，一個善一個惡。惡業所感的世界，就是我們念的這些惡世界，善業所感的，善業也有大小，善到究竟成佛，乃至善到十地菩薩。正報所感受的依報，依報反映正報所成就的，如果你的福德智慧沒有了，即使是多好的環境，你感覺還是苦惱，至於惡環境就不用說了。

佛最初成正覺的時候，座內的菩薩是佛在修因所成的果德，那是佛自證的境界。佛放眉間光，眉間光是佛行道的時候修行所證得的，使沒信者成清淨信的因。最後所講的華藏世界，是說佛眉間所現的大菩薩，這是佛報得的果，以佛報業之果而成就的。前面三十七問都是普賢菩薩說的，說如是行如是果，行願如何，所感的果報、依報也就如何。

前天講的北俱盧洲，固然是清淨，無病無惱，生下來活到一千歲。完了再去受別的果報，說他一切的因果暫時停住，停到這一千歲，以後呢？別的因果又成熟了，還是隨緣受報，不是究竟的。說依報、說正報，就是見果說因，見到現在的果，就知道他在因地做些什麼。行如是願，行如是行，自然感的果報；同是一個世界，同是一個國土。再說近一點，同是五臺山住，各各所見的不同。

現在依報講完了，以下就講正報「毗盧遮那佛」。

## 華藏世界品竟

# 毘盧遮那品

# ○來意 釋名 宗趣

現在是第六品的〈毗盧遮那品〉。《華嚴經》共有八十卷，雖已講了十卷，還是讓我們生信。信什麼呢？信因果。〈毗盧遮那品〉第六品，還是在信心分，還沒有到解分。

我們說這麼多的因果，信嗎？從菩提場到毗盧遮那佛放光，或者從齒間放光、從眉間放光，會主都是普賢菩薩。從普賢菩薩用毗盧藏身三昧這種正定，說如來的依正二報之法，信分中共有六品十一卷經文。現在我們講第六品〈毗盧遮那品〉。前面是講毗盧遮那佛的依報正報莊嚴，色相的莊嚴，依報國土的莊嚴。那是說果，現在這一品專講依正的因，那個國怎麼來的？講這一品就證明，有因必有果。

前面的果是由因生起的，這個因是果後之因，證了，說它的因，還是以果爲主，先說毗盧遮那佛，怎麼成毗盧遮那？這不是因爲人來說法，法是法，人是人，因爲知道這個因，就知道是毗盧遮那曠劫所嚴淨的依、正二報，前面就講依正怎麼樣莊嚴，現在就分析前所莊嚴果的因、依報的因、正報的因。在三十七問當中，一問這個果是怎麼得的，爲什麼成就這麼個果？這一品就講毗盧遮那佛。修因的時候，怎麼樣的因才能感得這個果。修什麼樣的因才感得這麼個果德？標榜是果，稱讚是因。

前面說依報、佛果，都是約人來說的，這個法是以人來顯示的。若不說佛，不說依正報，那是誰成就的！誰的因緣所致的？華藏世界毗盧遮那佛，曠劫修的因行所嚴淨的，那麼就顯示毗盧遮那佛修因是怎麼修的？先就他的名字解釋，「毗盧遮那」翻成華言就是「光明徧照」，佛修因的時候報得的身，那叫報身。因果只顯報，因緣果報，大多數說「盧舍那」，「盧舍那」是佛的報身，法身無相，沒有言說，這是一種。第二種說我們人人都具足，人人都具足毗盧遮那，是沒顯，「毗盧遮那」顯的即是「盧舍那」顯的，報身即是法身，法身即是報身，我們現在這個報身也是的，法身並沒有失掉，而是本具的。

我們講〈起信論〉，就是為了開講《華嚴經》。我們這個法身沒有報身的作用，更沒有業的作用，純淨的，那是理具的。理具的沒有事實的表現，我們現在這個報，身口意三業是十惡的。現在我們在座的諸位，比丘、比丘尼、優婆塞、優婆夷，不是純惡的，為什麼？現在已經是佛弟子，止惡行善，轉化了，那是初步的。三業並沒有達到純善，沒有達到圓滿，沒有達到廣博清淨，只是初入門。所以說「盧舍那」，或者說「毗盧遮那」，或者說「釋迦牟尼」，意思是相同的，從佛的報身示現佛的應身，示現佛的化身。「毗盧遮那」，「遮那」的涵義就是「徧一切處」，什麼徧一切處？「光明徧照」、「大日徧照」，單翻一個字「毗」就是含著多種無量的涵義。

第二個，「毗盧遮那」翻成「光明徧照」，說佛的智身，法身生起之智慧身，智慧身是光明的，一照到眾生就度脫眾生。「毗」字是「偏照」的涵義，「盧舍那」是「光照」的意思，維繫你的身，法身、報身、智慧身無礙光明。法身照理的，報身照事的，理即是事，事即是理，《華嚴經》就是理法界、事法界、理事無礙法界，達到事事無礙法界。有的外道稱太陽神，太陽神就是毗盧遮那，太陽的光，象徵著佛智的廣大無邊，像太陽一樣的，與日無別。但是佛是歷經無量劫海修行而得的，這個智慧不同，是正覺智、正等正覺。毗盧遮那佛並不是《華嚴經》獨成的，《梵網經》、法華的《觀普賢菩薩行法經》或者密宗的《大日如來經》，毗盧遮那就是大日如來，每部經所說的意思不盡相同，都不一樣，歸趣是一樣。毗盧遮那就是偏一切處，偏什麼一切處呢？常樂我淨四種，土是常寂光淨土，攝成了常寂光淨土。在一切經論上，學《華嚴經》不分大小，有的說《華嚴經》是獨大的，像《阿含經》小乘的，不這樣講，毗盧遮那最早出現的還是在《雜阿含經》裡頭，「破壞諸闇冥，光明照虛空，今毗盧遮那，清淨光明顯」，在《雜阿含經》（按：五八三經、雜因誦、卷第二十二）的句子是這樣稱讚的，那個所指的毗盧遮那是指太陽，不是毗盧遮那佛，所稱讚的就是太陽。

《華嚴經》有盧舍那佛的說法，其他的經這種說法的很少；還有《佛本行集經》、《大薩遮尼乾子所說經》、《大乘四法經》，這些經典都有，「歸命大智海毗盧遮那佛」，這幾部經說的是聲聞法辟支佛法、菩薩法，佛法如是一切諸法，都流入毗盧遮那智藏大海。大日如來就是密宗，摩訶毗盧遮那，就叫大日如來，大日如來是什麼意思？全法界的體性，純指法身說的。《華嚴經》〈探玄記〉，毗盧遮那就是光明徧照，〈大日經疏〉以毗盧遮那說是日的別名，太陽的別號。這些大家都要知道，在各各經一見到這個名詞，要知道在這部經所定的涵義。《金剛頂經》說，毗盧遮那是最高顯廣演藏如來，「毗」是最高顯，「盧遮那」是廣演藏，是光輝照耀，轉化成了太陽，說它像太陽光明徧照的意思。《大日經》把毗盧遮那說成是太陽的別名、日的別名，也是根據這個意思來定的。

所以，毗盧遮那跟太陽就有這麼多的關係。大乘佛教的經典，把毗盧遮那說成是釋迦牟尼佛理想的法身，在舊譯《華嚴經》（舊譯就是晉譯《六十華嚴》）〈如來名號品〉，四天下的佛號都不同，或者叫悉達，或者叫師子吼，或者稱為釋迦牟尼，或者把它稱為神仙，或者叫盧舍那，稱化身即是報身。或者直接叫他的名字叫瞿曇，把釋迦牟尼比喻成太陽的出生，化度人間，陽光撫育，人人都得到溫暖的意思。

在中國過去的大德們對佛的三身，盧舍那、毗盧遮那、釋迦牟尼，三身就是一身；但是在經典裡頭說，毗盧遮那跟盧舍那，各各經都是各說的不同，各各經有一說，智者大師在《法華經》裡頭，把毗盧遮那定為法身如來，盧舍那定為報身如來，這是依著《觀普賢菩薩行法經》，述說著毗盧遮那法身叫徧一切處，盧舍那為報身如來，這都依著《觀普賢菩薩行法經》裡述說的，把報身合而稱為法身，法身就是報身。

## 毗盧遮那品 第六
### ◯來意 釋名 宗趣

在密教，稱「毗盧遮那」為「摩訶毗盧遮那」，「摩訶」翻「大」的意思，說佛住在大金剛法界宮，毗盧遮那住在大金剛法界宮，他的眷屬三十七尊，三十七尊都是他的自身，表現他是金剛教主。受大日如來密法的時候，說到究竟，就是你的現前一念心。理體跟自體不二的，理法身、智法身合二為一的，或叫三重曼陀羅。毗盧遮那的名字叫徧照，徧照是指報身佛說的。法身佛無相的，也沒有徧照，也沒有不照，報身佛是在哪成佛的呢？是在我們色界的頂天，第四禪天，就是色究竟天成的佛，化身佛是在人間。那時候說的就是自覺的聖智，說毗盧遮那佛自覺的聖智，毗盧遮那大概這樣的解釋。

這是權說的毗盧遮那，因為這一品叫〈毗盧遮那品〉，這品經講因，顯前面的華藏世界，也顯毗盧遮那成佛正報的因，跟佛依報的因。這一品的大意說，前面我們講了五品，以毗盧遮那佛的果，勸眾生生信，因為他距離我們太遠，乃至於說，他那世界成就了華藏世界，那個果也很玄妙的，我們的信心生不起來。這種的玄說，這種的語言，在我們思想上，以前沒有影子，很不容易生起信心來，明這個菩提道，發菩提心，行菩提道，證菩提果，不會錯的。所以說過去、現在、未來諸佛，三世諸佛，各各諸佛，他的法都是相似的，不要懷疑，堅定信心。這一品主要的是要我們生起信心，相信什麼呢？相信古佛。他所成就的，我們也能做到，我們也能恢復。〈毗盧遮那品〉這品的名字，「毗」就是種種的，「遮那」就是光明，種種光明，法身的悲和智慧，乃至於教化眾生種種的教行、所說依的法，都是光明的，用這個光明來照亮我們眾生的一切黑暗、我們的不明白。

毗盧遮那是古佛，釋迦牟尼是今佛，是一？是異？今佛跟古佛，法身佛跟化身佛，是一？是異？在法身的時候說他的智慧身，智慧身就是報，智慧身就是講智慧解脫，講大慈大悲，我們一切眾生發心成佛，發心跟成佛，有差別跟沒差別？不止毗盧遮那佛，無量的三世諸佛，都是一念成佛，無先後際，這非常重要。一念成佛就是我們禪宗所舉的，一念頓超，直證菩提。一念成佛，這個成的佛智慧解脫，跟佛是一個是兩個？是一是異？也是一也是異，各各眾生發心成佛是異，大慈大悲的智慧解脫是一。又者解釋，無量的三世，一切諸佛成的，就那一念間，頓超直入，立證菩提，沒有前際也沒有後際，是一。不壞這一念，這一念不壞，它要經過無量眾生，過去、未來、現在，這個就無量劫了，難得計數，它又是不同，又是異，一和異。這個必須得學什麼呢？學十玄門六相，六相是成、壞、總、別、同、異。說「一切諸佛身，唯是一法身，一心一智慧，力無畏亦然。」一個心，眾生與佛一個心，一個智慧，本具的。十四無畏、十力，十四種無畏一樣的，平等平等。不平等的話，你成不了佛，先要信自己就是毗盧遮那，體同故，法身的本體都同。

## ◯釋文

這一品經文共分十五段來說，在這十五段經文中，有四佛出世，四尊佛，一個是毗盧遮那，這一佛號隨世間的名，有同有異，不是佛的名字有同有異，是學者機有同有異，一一佛都具足了。法身界、眾生界，隨緣名號，世間的一切名就是諸佛名。因為如來的智慧德相，它的法徧一切處故，如入虛空，徧含諸法，沒有不清淨的，染污及清淨，煩惱即菩提，生死即涅槃。

這又叫什麼呢？在經文裡面，解釋佛的「本事」就是前事，一切與佛法相應，與他成道相應的事，顯他的「本事」。我們經常問人家說：「你有沒有本事啊！」沒有一個人沒有本事的，都有過去的，那叫「本事」。我們所說的這個「本事」不同，但是這個涵義具足那個涵義，說你有本事沒有？說你幹這個事能幹的成不？有這個能耐沒有？但是每個菩薩，每個眾生，要想修成佛，在這過程當中都叫「本事」，本來修行道路、成佛的事。前面是這一品毗盧遮那的大意。誰來說呢？還是普賢菩薩。

### ◎總明本事之時

爾時普賢菩薩復告大眾言。諸佛子。乃往古世。過世界微塵數劫。復倍是數。

這個劫的時間太長了，「復倍是數」，前幾天跟大家講時間和空間，這裡講的是時間，過無量微塵數劫，時間。空間呢？從發心到現在成佛，過了好多世界，經過好多的空間，但是成就的時候，一念。一念就是無量劫，無量劫就是一念，現在科學家發明的時空隧道，就是這個涵義吧！他說那個數字太小了，五十幾年太短了，我們這個是沒法計算它的年月。「古世」，過了世界微塵數劫，「世界」是處所，這個世界都把它磨成微塵是時間、劫波，「劫」就叫劫波，劫波就是時分。

## ◎別顯本事之處

有世界海名普門淨光明。

處所呢？無量世界，把那世界都磨為微塵，那時候有一個世界海是前面所沒說的，前面經上所說的世界海裡都沒有說過，現在有個新標的名詞，叫什麼？「普門淨光明」，這個世界海，包括很多。

此世界海中。有世界名勝音。依摩尼華網海住。須彌山微塵數世界而為眷屬。其形正圓。其地具有無量莊嚴。三百重眾寶樹輪圍山。所共圍繞。一切寶雲而覆其上。清淨無垢光明照曜。城邑宮殿如須彌山。衣服飲食。隨念而至。其劫名曰種種莊嚴。

在這世界海當中，有世界名勝音。勝音依著什麼住呢？依著摩尼華網海住。這個世界海中有個世界，這個世界又依著摩尼華網海住，又經過須彌山微塵是數世界；說它圍著這個世界海，它的眷屬有好多，有須彌山微塵數那麼多世界，給摩尼華網海作它的眷屬。

「其形正圓，其地具有無量莊嚴。」這世界的形狀是什麼樣子呢？圓的。其形正圓，莊嚴具呢？太多了，這個土地上有無量的莊嚴，都是什麼？大概說一說。「三百重眾寶樹輪圍山，所共圍繞。」有三百重，說眾寶樹的輪圍山有多少個？有三百重，一重一重一重，圍了三百重，圍了摩尼華網海這個地。

上空中有寶雲，在這上面，清淨無垢的光明在照耀，那個城邑，宮殿高大的像須彌山那樣子，吃飯怎麼辦呢？穿衣服怎麼辦？心裡想就來了，隨念而至，只要你想穿什麼衣服，這麼一思念，衣服就來了。如你穿的不合適、不滿意，你又一念，它換了沒有了。它又新的又來了，隨念而至，飲食也隨你思念而至，這個時候叫什麼時候？「其劫」就是時分。這個時候叫「種種莊嚴」。

諸佛子。彼勝音世界中。有香水海名清淨光明。其海中有大蓮華須彌山出現。名華燄普莊嚴幢。十寶欄楯。周帀圍繞。於其山上有一大林。名摩尼華枝輪。無量華樓閣。無量寶臺觀。周迴布列。無量妙香幢。無量寶山幢。迥極莊嚴。無量寶芬陀利華。處處敷榮。無量香摩尼蓮華網。周帀垂布。樂音和悅。香雲照曜。數各無量。不可紀極。有百萬億那由他城。周帀圍繞。種種眾生。於中止住。

要說正報，先說依報。「依」得有個處所，先說依報用依報來顯正報，有了正報再顯依報，你住在什麼地方、那個城市、城市那個街道、那棟樓房，就是這個涵義。在這世界勝音世界當中，有個香水海，都說海啊！香水海叫什麼名字呢？清淨光明香水海，這個海當中，有個大蓮華須彌山出現了。這個大蓮華須彌山的光燄，山上放出的那光燄，普莊嚴幢，光燄的幢的名字，叫華燄普莊嚴幢。十寶欄楯，欄楯就是欄杆，周圍那些欄杆，周帀圍繞。在這山上，有個大林，叫什麼呢？摩尼華枝輪。在這個輪的當中，有無量華的樓閣、無量的寶臺觀，周迴布列。

「香雲照曜」，雲彩都有光，光而有香氣，有好多數字呢？「無量」，言其數量很多，不可計極。「那由他」翻「無央數」，有好多城，有一百個無央數那麼多的城，周帀圍繞，一切眾生，種種眾生，於中止住。這個香水海跟我們講的世界香水海不同了，前面那個世界香水海是此種的香水海，這個是四大部洲的香水海，那海出的華山，不是陝西的華山，名字相同，意義不相同的。山頂上有個樹林，樹林也是莊嚴具，佛於這個樹林中顯現。

諸佛子。此林東有一大城。名燄光明。人王所都。百萬億那由他城。周帀圍繞。清淨妙寶。所共成立。縱廣各有七千由旬。七寶為郭。樓櫓却敵。悉皆崇麗。七重寶塹。香水盈滿。優鉢羅華。波頭摩華。拘物頭華。芬陀利華。悉是眾寶。處處分布以為嚴飾。寶多羅樹。七重圍繞。宮殿樓閣。悉寶莊嚴。種種妙網。張施其上。塗香散華。芬瑩其中。有百萬億那由他門。悉寶莊嚴。一一門前。各有四十九寶尸羅幢。次第行列。復有百萬億園林。周帀圍繞。其中皆有種種雜香摩尼樹香。周流普熏。眾鳥和鳴。聽者歡悅。此大城中。所有居人。靡不成就業報神足。乘空往來。行同諸天。心有所欲。應念皆至。

此林的東面，有一個大城，這個城的名字叫燄光明，放燄，放光明照耀，是天城。「人王所都，百萬億那由他城，周帀圍繞。」有一個國王，是人間的王。他這個城有百萬億那由他城周帀圍繞。人和城就是主宰的意思，周圍的這些就是輔助的莊嚴。

「清淨妙寶，所共成立，縱廣各有七千由旬。」一由旬，有時候四十華里，有時候八十華里，大概說大數是八十華里，小數四十華里，中間是六十華里，拿這華里計算一由旬。

「七寶爲郭，樓櫓却敵，悉皆崇麗。」七寶爲城廓，悉皆崇麗，崇麗就是形容壯觀，非常美麗。「七重寶塹香水盈滿」，每個城外都有護城河，現在沒有了，過去的城都有護城河，那個城就叫塹，護城之河。塹中所有的水都是香的。「優鉢羅華，波頭摩華，拘物頭華，芬陀利華，悉是衆寶。處處分布，以爲嚴飾。寶多羅樹，七重圍繞。」樹不是我們人間的樹，經上所說的樹木，多數是七寶所合成的。「宮殿樓閣，悉寶莊嚴。種種妙網，張施其上。」宮殿樓閣是寶莊嚴的，每個殿都是由網絡張施其上。

「塗香散華，芬瑩其中，有百萬億那由他門，悉寶莊嚴。」我看到這段說，這門太多了，一百萬億的門，百萬億那由他，「那由他」是「無央數」。不要當成人間的門，形容一切諸法通達毗盧遮那，成佛果的法門，以法爲門。這些門都很莊嚴的。

每一個門前，「各各有四十九寶尸羅幢，次第行列。」還有百萬億園林，這個門可大了，門口有百億個園林。周帀圍繞，園林放出種種的香，各種香都有。「摩尼樹香，周流普熏。」還有禽，禽就是鳥。「衆鳥和鳴，聽者歡悅。」在這個大城的所有居民，都成就了什麼，業報神足，各各都有神足通。有神足通的好處是什麼呢？不要坐飛機也不要坐火車，汽車也都不要了。你自己要上哪兒去，就用神足通，乘空往來，隨意自在。心裡想什麼就得到什麼，應念而至，太殊勝了，這叫福報。

其城次南有一天城。名樹華莊嚴。其次右旋。有大龍城。名曰究竟。次有夜叉城。名金剛勝妙幢。次有乾闥婆城。名曰妙宮。次有阿脩羅城。名曰寶輪。次有迦樓羅城。名妙寶莊嚴。次有緊那羅城。遊戲快樂。次有摩睺羅城。名金剛幢。次有梵天王城。名種種妙莊嚴。如是等百萬億那由他數。此一一城。各有百萬億那由他樓閣。所共圍繞。一一皆有無量莊嚴。

這個空間非常的大，沒有空間怎麼能容得下這些？一百萬億那由他，一百萬億那由他，不論山林、樹木、樓臺、殿閣都是一百萬億那由他，百萬億已經不得了了，最後加個「那由他」，「那由他」是不可說。

諸佛子。此寶華枝輪大林之中。有一道場。名寶華徧照。以眾大寶分布莊嚴。摩尼華輪徧滿開敷。然以香燈。具眾寶色。燄雲彌覆。光網普照。諸莊嚴具。常出妙寶。一切樂中。恆奏雅音。摩尼寶王現菩薩身。種種妙華。周徧十方。其道場前。有一大海。名香摩尼金剛。出大蓮華。名華蘂燄輪。其華廣大百億由旬。莖葉鬚臺。皆是妙寶。十不可說百千億那由他蓮華。所共圍繞。常放光明。恆出妙音。周徧十方。

這華開得眞大，「百億由旬」，比娑婆世界，比現在我們住的地方大，一百億由旬，一個蓮華。還不是一個，「十不可說百千億那由他蓮華」。大蓮華圍繞著什麼呢？圍繞著香摩尼金剛。在香摩尼金剛又出了大蓮華，叫華蘂燄輪，這個華非常廣大，它的莖、它的鬚，都是妙寶所成的。圍著這個大蓮華有十不可說百千億那由他的華，這不是我們意念所能想到的，想不到怎麼辦呢？不想了。不想不是沒有了嗎？沒有。你這一念間作意念會，這可不是胡思亂想，照著《華嚴經》所說的，你去思惟一下。你常思惟這些，把眼前的煩惱，把現在這個娑婆小世界、這個小南贍部洲都觀空了。再來想你就坐在大蓮華裡頭，大蓮華裡有個宮殿，你坐在宮殿裡頭。幹什麼呢？念佛，不一定念阿彌陀佛，念毗盧徧照，念毗盧遮那佛，這還只是說這一個世界。

## ◎別顯時中本事

## 逢一切功德山須彌勝雲

諸佛子。彼勝音世界。最初劫中。有十須彌山微塵數如來。出興於世。

「最初劫中」，在最初的一段時間，我們用通俗語言講，「劫波」就是「時分」。把十須彌山都磨成微塵，一微塵作一數，說什麼呢？如來出興於世，一個微塵一佛出世，一個微塵一佛出世，如是無窮無盡的，十須彌山微塵數這麼多諸佛都出世度眾生。最初是這樣子，這是初劫，以後一劫一劫一劫這樣算起來，那就無窮無盡的。初劫都是這麼樣子，初劫就有十須彌山微塵數出興於世，二劫，恐怕就有百須彌山了，千須彌山了，這是空間。時間，沒有定。

其第一佛。號一切功德山須彌勝雲。諸佛子。應知彼佛將出現時。一百年前。此摩尼華枝輪大林中。一切莊嚴。周徧清淨。所謂出不思議寶燄雲。發歎佛功德音。演無數佛音聲。舒光布網。彌覆十方。宮殿樓閣。互相照曜。寶華光明。騰聚成雲。復出妙音。說一切眾生前世所行廣大善根。說三世一切諸佛名號。說諸菩薩所修願行究竟之道。說諸如來轉妙法輪。種種言辭。現如是等莊嚴之相。顯示

**如來當出於世。其世界中。一切諸王。見此相故。善根成熟。悉欲見佛。而來道場。**

無量諸佛，單說第一佛，佛號一切功德山須彌勝雲，一切功德山說他福德的高大，崇高無盡，這個山是假功德修成的，仰望看不到。須彌山是什麼呢？妙高，妙高是不可思議的高度，微妙。什麼這麼高？佛的法身，佛的智身，佛的智慧，定慧高妙。以慈悲來撫這個世界，以智慧來潤澤這個世界，這是廣無邊際的。

「諸佛子，應知彼佛將出現時，一百年前。」一百年前，這個說的是拿人間來說的，一百年前就出現這些瑞相。「此摩尼華枝輪大林中，一切莊嚴，周徧清淨。」就像普壽寺，若有什麼聖誕法會，大家打掃清潔，涵義是那樣子。一百年前，一切環境都在變化。

「所謂出不思議寶燄雲，發歎佛功德音。」有不可思議的寶燄雲，發歎佛功德音，那出的音都讚歎佛的功德不可思議。「演無數佛音聲」，演奏的音樂都演的佛的音聲。「舒光布網，彌覆十方。」光是有時舒散的，有時回捲，覆蓋十方。

「宮殿樓閣，互相照曜，寶華光明，騰聚成雲。」宮殿、樓閣都放光，互相照耀。寶華的光明，騰雲就是生起的意思，騰聚，都成了雲彩那樣子，光成雲形。

復出一種美妙的不可思議音聲，演說什麼呢？演說一切衆生前世所修行的廣大善根。生到這個世界的一切衆生，都是有大福德的，有大善根的。還演說什麼呢？三世一切諸佛的名號，光讚歎諸佛的名號。說諸菩薩所發的願，所修行的法門，所行的苦行。說諸佛如來，轉妙法輪，種種言辭，一切諸佛說的法音是微妙的，語言、詞句，衆生聽見了，不但悅耳，而且賞心，心裡生大歡喜。

世界中的人間王，善根成熟了，都想見佛，「希欲見佛」，都想見佛，見佛就得度了，因此來到道場。這個不是毗盧遮那，是形容毗盧遮那在因地當中，修因的時候，在演說當中，沒有說其他甚深的法，只是說三世諸佛的名號。

諸位道友讀經的時候，無論讀哪部經，都要說些諸佛的名號，一者是菩薩修因的時候，得到這些佛、菩薩的加持；二者是使我們每一個衆生，在讀誦大乘經典的時候，無論讀哪部經，都能得度。有人問我說：「師父，我念阿彌陀佛能生極樂世界不？」我說：「你念阿彌陀佛的時候，你能念不能念？」他說：「能念。」我說：「能念就生，不能念不生。你讀過《彌陀經》沒有？」「讀過。」「你對《彌陀經》怎麼想的？」他說：「若一日，若二日 …………… 乃至若七日，我念七天哪，一心不亂就成了。」我說：「若成不了、去不了，怎麼辦？」他答覆不出來了。

我說：「今生去不了，還有未來，未來生一定去。」他說：「那靠得住嗎？」「非常靠得住。」「那是誰說的？」我說：「釋迦牟尼佛說的。」他說：「釋迦牟尼佛沒說。」我說：「《彌陀經》上就告訴你，佛對舍利弗說的，跟對你說的不是一樣嗎？

念過《彌陀經》的六方佛沒有？」「念過。」六方佛都有十方諸佛，你念那些佛名號就跟十方佛結了緣。何況還有本師，念南無阿彌陀佛，他救度你，十方佛都護念你；到來生的時候，自然因緣成。念十方諸佛都護念你，十方諸佛都護念你，持誦《彌陀經》的人，持誦阿彌陀佛佛號的人，一定能往生，你信不信啊。

我們都念佛消業障，大家都感覺業障重。怎麼那麼相信業障呢？有人問我：「師父，我的業障很重。」我說：「眞怪了，諸佛名號你不相信，就相信你的業障。」他就瞅著我，瞪著我。我說：「瞪我作什麼？」告訴你，佛說得很清楚。地藏菩薩怕他自己的佛力不夠，他向佛說，記得嗎？《地藏經》的第九品。地藏菩薩說了那麼多佛名號，你聞一個佛名就消好多業障，說一百大劫、幾十劫，你聞了那麼多佛名號，你的業障消了好多，還念念不忘的念業障，你應當念念不忘的念諸佛名號。

那些佛跟現在講的毗盧遮那佛，功德是平等平等的。不過因地所修的那些佛，我們用《華嚴經》講都如是，佛佛都如是，相信嗎？讀《地藏經》的人很多，第九品地藏菩薩說的〈稱佛名號品〉，都是他在因地當中所遇見的，他所見到的，那就十方諸佛。

我常想，他說寶相佛，若有人聞到寶相佛的名號，不久的時間成阿羅漢果。每念到〈稱佛名號品〉這一品，寶相如來保證我們「不久」成阿羅漢果，念了好多年了，現在好像沒消息。問題就在這「不久之間」，地藏菩薩所說的「不久之間」，是一劫是兩劫，他沒有說時間哪。這個不久的時間，究竟好多算是不久時間？以他的觀點，無量劫也是不久時間，一念之間也是不久時間，長短標準從何立？

後來我想來想去，不要想這些了，你的心，幾時跟阿羅漢相應，見思煩惱斷了，你就成阿羅漢了。何必想那個呢？什麼時候煩惱斷了，這就是「不久之間」，你就成阿羅漢了。阿羅漢不是我們的目的，起碼現在不墮地獄，起碼見思煩惱斷了，再修行就起勁了。你有見思煩惱，成天干擾著，使你不清淨。說大乘經典，你有見思煩惱，你沒法入。你的見惑、思惑都還在。但是我們超越了，爲什麼？大凡勝小聖，大心的凡夫，讀《華嚴經》的凡夫，超過小乘聖人，他不成則可，一成一切成。希望大家一成一切成，什麼時候成？我不知道。

爾時一切功德山須彌勝雲佛。於其道場大蓮華中。忽然出現。其身周普。等真法界。一切佛剎。皆示出生。一切道場。悉詣其所。無邊妙色。具足清淨。一切世間無能映奪。具眾寶相。一一分明。一切宮殿悉現其像。一切眾生咸得目見。無邊化佛從其身出。種種色光。充滿法界。如於此清淨光明香水海。華燄莊嚴幢。須彌頂上。摩尼華枝輪大林中。出現其身。而坐於座。其勝音世界。有六十八千億須彌山頂。悉亦於彼。現身而坐。

這是顯佛出興於世。第一示現「身相」，形容法身無處不在，本來普徧周滿。以前我們講佛的身，有智身有理身，智理相合的示現度衆生身，度衆生身我們所能見到的就是報身，或者見到的化身，諸佛到了究竟佛境界，身相無雲，隨衆生心。在《華嚴經》說，十色身相興雲，一法界現的是法界身，智身就是智慧身，智身與法身是一體的，在一體當中有相有用，這就是我們講的大方廣，大方廣的本身就是自體相用。

凡是一說到有相的，那是爲利益衆生，讓衆生都能契合佛的法身。法身無礙故，所以普周就是佛身普周的涵義，因爲無礙故，圓滿莊嚴。佛所示的身相是利益衆生的身相，利益衆生的身相不止一相。剛才我們說的十身就是十相，諸佛大悲願力所現的「悲相」，「悲相」就是不捨因地所行的，發心利益衆生，這個悲相就是叫法身的意生身；因爲他因地所發心是利益衆生的，以大悲心相而現的意生身。

第二示現「悲相」，任何時、任何處、任何道場，佛的身心都具現，心是智身、智慧，身相是看衆生的因緣。

第三「成相」，以何身得度者佛就現何身，成相是指菩提身，就是在經初成道示現八相，這是指化佛身。成相要依著色身相表現。

第四「色相」，在「身相」、「悲相」、「成相」之後，色相才能表示出來；但是這是妙色身，色色都是無邊的，色相具足，不要當我們這個色身，我們這個色相是有形體、有質量的。佛的色身是妙色身，色色無邊，是清淨的，我們這個色身是不清淨的。

妙色身就是形容著佛因地所修、所感的果報身，佛在因地修行經過不可思議的劫，供養一切諸佛，學習無量諸法，供養一切眾生，供養三寶，這是上供。也能下化，把他智慧的福德一切所修行的供給眾生，教化眾生。

第五「勝相」，勝相就指佛所示現的色、容顏，超過任何的大眾，在菩薩大眾中超過菩薩，在一般凡夫眾生當中超過一切凡夫，能殊勝攝受一切天魔外道、十力，四無所畏、圓滿無缺的，這是佛的勝相。

第六「貴相」，一般講貴相就是尊貴，這個講的貴相是圓明可貴、圓滿光明，在世間相上無能過佛者，超過一切帝王，一切所有的莊嚴相，就是佛的相好莊嚴身；但是要隨順三乘各個機不同，你能見著佛的什麼相，佛能示現什麼相。佛若示現法相，沒證到法身，你見不到。我們每個人，相師給相面，說他有貴相，骨骼有什麼骨骼，這個相跟佛的相不能相比，但是我們都看到的是外相，還不能看到內相呢！看外表不行的，還得有實德、德相。

過去有很多老法師，我所見到的老法師，有些其貌不揚，比起一般人相貌都沒有那麼圓滿，但他有實德。臺灣的道友見過廣欽老和尚，又小又瘦又乾又老，老了又駝背，看相不怎麼樣，但是你一見他，你就生恭敬心，這就是什麼呢？內相，不是相師所能相的。

有德有福，福跟德兩個要相稱，有福得要有德。我們看現在的億萬富翁、百萬富翁，沒有德，福一旦盡了，還歸於盡！福德智慧兩具足，有福德，還得有智德，我們不是先講智身！有智慧有福德，這叫福慧兩足尊。佛的貴相是無邊的寶相，超過一切的人間天上，所以叫貴相。

第七「應相」，應相是指佛的應身說，他是普往一切處；就像我們鏡中的像，他是度一切衆生。應相在佛經裡面說佛的十力，叫力持身，他在任何衆生場中他最有力量，能夠折服攝受一切衆生，叫力持身。

第八「無礙相」，只要衆生感，感得跟他身相應，他就現了，這叫應身。無礙相跟應身相略有不同，實際上一樣的。衆生求佛的時候，求得無障礙了，無障礙是衆生的業消失，你沒業了，不是佛給你作障，是你給你自己作障礙，佛無障礙的，如果你的業消失了，佛的無礙相就現前。無礙相是什麼呢？就是佛的願身，佛發願利益一切衆生，衆生有求，佛一定應，但是我們一天求佛、拜佛、禮佛、憶念佛，爲什麼還不見呢？是你所作的業給障住。你認爲佛不現前，其實佛天天都在你身邊，你若把業障消了你就見了，因爲佛的願，毗盧遮那佛，願力周法界。

每一位佛、每一位菩薩都是這樣子，一切國土中，常轉無上輪，在一切國土中，佛利益衆生常說法，怎麼樣才能見呢？誠則見，一切衆生都能見，是因爲你不誠，我們自己感覺著自己很誠懇了，但是你的業障還沒有消失，感覺是回事，業障沒消失又是一回事，你那個誠裡頭夾著很多的雜念，不是純淨的。每位道友在修道的時候要依法，就是依佛所教授的方法去做，叫依法。我們好多人從自己的意願，或者聽人家說的，並沒有依著佛的教授，要依著佛所教授的方法去做，那你的業障一定能消失，一定能見道。

第九「化相」，佛有個化相，這個化相是從一眞法界所流出來的化身佛。源呢？根源是化身佛，化身佛的根源是依著法性身、法性體所顯現的，所顯現的還是法身的一部分。

第十「吉祥相」，我們天天念，念完經了都要念。這個我們顯教少，密宗一定要念「晝吉祥夜吉祥，晝夜六時恆吉祥」，要念三遍，或者念《眞實名經》的聖德妙吉祥，吉祥相，佛的智光身，身光徧照，普徧一切世間。佛有十種吉祥相，那看衆生自己，一者是業障，二者你行的感應。我們不是講「信解」，信是信佛，解是了解佛所教授的道理，行嘛！你得去做，這就考驗你的功夫，考驗你行的如何。

眞正悟得的人，教理解釋清楚的人，他不一定要見佛相，也不一定見菩薩相，見了也沒用，爲什麼呢？見只是增加你的信心。現相的時候，證明你的業障確實已經消失了，起碼消失一部分了，最低的程度，消失到能見到佛相、能見到菩薩相。你見了又如何？實際上我們天天都在見、天天都在禮，這是你自心的覺醒，自心覺悟，見菩薩見佛吉祥相，證明這是你的智身，你的智慧光明跟佛的智慧光明一部分相應了。

爾時彼佛。即於眉間放大光明。其光名發起一切善根音。十佛剎微塵數光明。而為眷屬。充滿一切十方國土。若有眾生。應可調伏。其光照觸。即自開悟。息諸惑熱。裂諸蓋網。摧諸障山。淨諸垢濁。發大信解。生勝善根。永離一切諸難恐怖。滅除一切身心苦惱。起見佛心。趣一切智。

這段經文，說佛在眉間放大光明，記得在〈如來出現品〉眉間放大光明，光明中出生了無量的諸大菩薩。此處經文，佛放光明用他的智慧，讓眾生生起過去的宿世善根，爲什麼在眉間放光？眉間，兩眉中間，就法的教義來說，顯示既不著有也不著空，不著有就不落於生死，不落於六道；不著空、不落於二乘，唯以菩薩道直證菩提，但是這個放光的顯你能夠證得中道理體。放光當中，佛放的主光，主光的意思就是發動每個眾生宿世的善根，要你的心生起一切善。

我們經常說善根，在這個地方說善根有三種，清涼國師分析的，第一種善根，生福。以布施、忍辱、智慧而得成就的福德。

第二種善根，厭苦。厭離生中苦，求寂滅樂。人生是非常苦的，從你生下來，到死亡，不論什麼人，不論好大福、好大貴，一切富貴，病你免不了，生苦你免不了，死苦你免不了，病苦你免不了，誰都要生病。具足說起來，生、老、病、死，你是免不了的。愛別離、怨憎會、五蘊熾盛，任何一苦你也免不了，叫八苦交煎。能夠把這些苦滅掉，沒有這種苦，那就有福報了。有福的，一生都不害病，這樣的人是有，很少。有的臨命終的時候，自然而滅，不受病苦的纏繞，到死的時候倒在床上死不下去，拖了好多年也死不下去，那叫受苦。懂得了苦，一定要厭離，要生寂滅的道理，就是不生不死、厭苦求滅，苦集滅道，這是四聖諦法。厭苦，苦是果了，苦果是怎麼來的呢？是你自己招集來的叫集，集是因、苦是果，知道苦了、斷集了，別再去招集了、別再去造業，就是這麼句話。怎麼能不造業？要信自己的心，信你的心原來本具的、清淨無染的、純善無惡的，現在你已經被惑業所纏，造了很多的業，那你重新翻過來！從信開始，信自己本寂的心地，本地的善良，消除業障。那就靠著、依著佛的教導，有善根的人，一定對三寶產生信心，有了信心的人，一定有覺悟，有了覺悟的人，他一定要去做，做完了就證得，斷滅一切苦。

第三種善根，求無上慧。在我們現生當中，簡單說，有善、惡兩業，善根所生起的，一定是善業，什麼是善業的根本？無貪、無瞋、無癡這三個是最根本的，誰都知道。凡是學佛者，初入佛門的，你要斷貪瞋癡，但是怎麼斷呢？那你對一切的境界相不要起染污、不要起執著，不但不慳貪，還要布施，斷你的貪。貪斷了，還要慧施，那福報就來了。多貪、多求、多苦！無貪無求就少苦了，乃至於不苦。其次不要發脾氣，多受忍辱行，忍辱對瞋恚說的，不要總要生煩惱，不要因爲看見別人或看見事物，煩惱就重了，他自己一天跟自己生煩惱。你注意觀察吧！洗臉、吃飯，他到處都生瞋恨心，不對他的口味，就生瞋恨心。洗臉，冬天水涼了，生瞋恨心，就是不高興，不高興都屬於瞋恨心之內，就是太執著現前境界相了。煩惱重的人，對現前境界執著的太厲害，你看破一點、放下一點。

還有要經常生慧解，面對問題，你冷靜一點、沉著一點、分析一下，在分析過程當中，就叫慧解。對一切事物的發生、成長，他的因緣，生分析、生慧解。分析，不要一下子就否定、一下子就承認，這都是錯誤的。否定是不對的，馬上就承認也是不對的，你必須經過你的思考，這個思考就叫慧解。貪瞋癡是我們生死最根本的根本，若能把貪瞋癡斷了，那你還有什麼可煩惱的呢！我們好多道友，無論在家、出家、修道的時候，妄想很多，妄想本身就是癡，沒有智慧，但是妄想必須要有根據。現生的根據、前生的法塵影子，在你心上回憶起來，這都是根據。煩惱就是這樣子的，對現前的境界不滿，再加回憶過去自己所受的，兩個一結合起來，煩惱生起來了。過去的不要總留戀它，過去的沒有了，好的也好、不好的也好、受人害也好，乃至自己佔便宜也好，都是假的，過去就沒有了，但是不要再去留戀，不要再去執著。說我們把三惡變成三善，怎麼變呢？就是斷貪瞋癡，還沒有斷，先降伏貪瞋癡，不讓它隨時發生，要克服它，把貪瞋癡加個「無」字，無貪、無瞋、無癡，這就是善根了。

另外，你多經常的觀照，觀照就是你經常的思惟，思惟用你的智慧想，不要太執著現前境界。心，若不被這個現前境界轉，你的貪瞋癡就不容易生起了。《楞嚴經》告訴我們，說你的心被外境所轉，那就是煩惱多了，就是凡夫。心能轉境，你的心能轉外邊的環境，不但不被它轉，而能把他轉，就是慳貪變成布施，這就轉了，即同如來，《楞嚴經》是這樣教授我們的。你對現前境界多思惟多觀察，要觀察，觀就是修，觀就是生起智慧，智慧就是照它，把它照破了。

大家讀《心經》，《心經》的第一個字就是「觀」，觀叫什麼呢？叫三昧、叫正定。《華嚴經》講普賢三昧，正定、正受，這都是靠觀，我們再把他說簡單一點，就是你想什麼？你每天想的，我們腦子不停的思考，那你就想怎麼樣發財、怎麼樣交朋友、怎麼樣佔別人便宜、投機取巧；想些方法，怎麼樣發財、怎麼樣爲自己所佔有，你想這樣能不苦惱嗎？你得不到。若是變成有智慧了，說一切事物都是假的，屬於生滅法。但有形相，無一眞實，觀了你還貪戀什麼？還在這發生脾氣，這就有智慧，這就看破了。看破了你還執著什麼，看破了不再執著了，不再執著就看開了，看開了就放下了，你就自在了。我們每一念《心經》就是觀自在，告訴你清清楚楚的，觀，你能得到自在，不觀，你得不到自在。

再進一步深的，用佛所教授的，要有善慧，就是剛才所說的善根，善根有根了，根生起解，解就是依佛的教授、明白了。明知道前途有危難，你還去嗎？就像我們明知道貪不對，捨不掉的，還要貪，那就沒有智慧了，由他的愚癡所攝。求無上慧一定要不放逸，不放逸就是把你這個心收攝住，不要它隨外境而轉，不要常回憶過去。回憶過去，那就容易產生苦惱了。有智慧的、有善根的人，過去的事已經過去了，不要再想它了，想也沒有了，後悔是辦不到的。悔只有悔改、懺悔，再別做了，就行了，那就開智慧了。越懺悔，越讓業障消失，你智慧自然生起了，這樣子，你能夠轉變你過去的業，對治貪瞋癡。懈怠是不行的，還得要精進，還得不要放逸。怎樣能使這些漸漸的消失呢？一下子不容易，你要發心，發心作爲你斷惡行善的根本。發什麼心呢？發覺悟心；覺悟心是什麼呢？發菩提心。我們剛才所講的，僅僅是發菩提心的初步，厭離世間。光厭離不行，還得發大悲心，讓一切衆生都生厭離心，世間就沒有作惡的，一切衆生都如是，世間還有作惡的嗎？那世間不就很太平了！現在不是這樣子，我們只知道我們作業，還有共業，大家共做的，共做所感的果報，大家一起來受吧！

今天河北省幾位道友，他們要見我，我就問他們說：「聽說河北省下冰雹，怎麼有那麼多人受害，八百萬，冰雹有好大？」他說：「冰雹有十幾斤，十五斤的。」從天空掉下來的冰雹有十幾斤，像石頭樣的，什麼也得砸壞了，八百萬人受害，損失三十億，數字相當大，這叫什麼？業。這個業的果報是惡的，共業所感的。我們在五臺山不知道，恐怕我們好多道友都沒聽到。不共業，你跟這個環境沒有共業，感不到現行。所以要想斷惡行善，只有皈依三寶，求佛法的加持，學習佛法。煩惱深重的，若想息滅現行的，辦不到，那怎麼辦？一定得先斷煩惱，煩惱太深了，業報怎麼還能消呢？必須煩惱漸漸地斷了，現行的業障輕了，他就發生作用了，發生什麼作用？產生智慧的種子，產生原來本具的福報，要相信我們自己的心，讓我們自己的心多作好事，千萬莫作壞事，多作善千萬莫作惡。

這些善也好、惡也好，全屬於有爲諸法，但是我們學《華嚴經》的是學無爲的，不必在有爲上去計較，要學無爲。禪宗禪堂上的「此是選佛場，各各學無爲」，無爲的涵義呢？無作，不但惡不作、善也不作，無善無惡。無爲，善惡二塗都斷了，唯有明心見性、直證菩提，這種是上上根的人，不是一般的人。我剛才講的這些，你得先建立出離心，出離什麼？出離欲界、色界、無色界。欲界、色界、無色界怎麼來的？貪瞋癡！貪瞋癡慢疑身邊戒見邪，從三個變成十個，十個變成八十八個，八十八個再變無量，起心動念無非是業。

如果你生起善根來，我們剛才講的翻過來，我們把這個無不是業，把它變成善業不是惡業，法是由心所生的法，由色所生的法，心裡所想的、現相所現的，這都由哪來的？由種子來的。種子還有個根，現相的一切事物都由你的妄心，八識當中的見分、相分。這二分一個是眞一個是妄，一個是含眞帶妄，一個是純妄無眞，一個眼耳鼻舌身，加第六識的意根，意根就是第七末那，造業都是他們造的。在唯識學，說世界的現相、一切的事物都是由八識的種子所產生的，種子是含藏義，現行就是發自於身口七支，就現相了。你要出離這些，先得認識它、分析它，一個一個的磨，慢慢磨吧！磨練了沒有就好了。

三障，剛才我們講貪瞋癡，這是總說，每一個含藏著很多的枝末。你心裡所打的妄想都屬於他們的，你要想把這些障礙的山摧垮了，很不容易，摧你的障礙山。所以在佛所教授當中有五蓋，五蓋十纏，十纏也在五蓋裡頭，就纏縛著你出不去。我們盡講了義，講華嚴、講一眞法界、講普賢三昧，但是得從根上說。有的人講華嚴了不講這些，認爲這些跟華嚴也不相干。但是華嚴是怎麼成就的？你必須得懂得這個、懂得這個你怎麼斷。我們剛才總講的是三毒使，五蓋是三毒使發出來的，又發展下去，它就把眞心蓋覆住了。貪是需求的欲望，沒有厭足的、永遠飽滿不了，這就叫貪，自己喜歡的總想得到，虛榮愛慕。特別有些人愛逛商店，看見商店有什麼好一點的就想買據爲己有，包包沒那麼多錢，你能把商店都搬到你的家裡去嗎？不可能吧！這是表示貪得無厭的意思。貪得無厭都是什麼東西的呢？色聲香味觸法，在這個上起貪愛，聽個聲音、聽個好聽的音樂，它能使你迷惑；吃香喝辣的是味塵、著味；接受冷暖澀滑是觸塵；心裡所攝的所緣念的，那叫法塵，一切財寶一切物品永遠沒厭足，什麼時候滿足？我看好多人沒有滿足的。這樣的修禪定、修智慧，你的善法還能發生嗎？發生不出來，在三界裡頭你也流落到最下的三界，受的罪苦，把你的善根、把你的智慧、把你的福德它都給你蓋住了，這叫蓋、貪。

瞋恚呢？就是忿怒，對他的情境稍微一不滿意，發脾氣發大火，既自惱也惱人，也傷害別人，乃至於自己的六親眷屬。如此一來，你那心識裡頭能生起禪定嗎？善法還能發生嗎？發生不起來。

愚癡可就深了，愚癡包括睡眠，常時的在昏憒當中。睡眠的時候，什麼都無知，睡眠蓋覆你的心識。說比丘當勤精進哪！佛教我們比丘，晝夜六時行道，中夜疲勞過甚，讀誦大乘，在最困難、最昏沉的時候讓你讀誦大乘，但是你的凡夫肉體是支持不到的，減少就是了，儘量的減少。當你睡眠蓋的時候，眼耳鼻舌身五根都停了，就是意識的作用。掉悔，掉是掉動的意思、動的意思，身體愛遊行愛動，這就叫掉，掉是動的意思。掉完了心裡又憂悔，衆生心就是這個樣子，掉的時候或者出問題了，或者疲勞過度，愛旅遊的或者出現問題了，掉悔的心所，禪定不能發生，身掉悔是愛遊動，心掉悔是散亂。很多道友就說：「我一修行就散亂。」你不修行呢？不都在散亂當中嗎？你現在學佛、知道修行了，能認識散亂都不容易了，認識掉悔都不容易了。因此你在三界裡頭，欲界色界你出不去，沒有個出期！把你蓋在三界裡頭，睡眠，掉舉，又叫掉悔。

其次是懷疑，什麼事都猶豫不決，對人對事都懷疑，懷疑重的愚癡特重的，這叫無明闇，辨別不出眞僞。他那猶豫心沒有決斷，在修道當中常時的疑悔蓋，蓋覆你的心，禪定就不能夠得，善法不能夠生。這裡頭在貪、瞋、癡，加上個睡眠、疑惑、掉舉，因爲你不懂，那麼從學佛法當中懂了，懂了要去做，要把這個斷，五蓋三障，就是煩惱障、業障、報障。

煩惱障呢？你的心神總是惱亂的，所以叫煩惱，前面講的貪恚、愚癡，障蔽你證道了，一天都在煩煩惱惱當中。煩惱障就是昏煩惱亂你的心神不安，這叫煩惱。什麼惱亂你的心神不安？我們講的五蓋，蓋蔽了你的正道，總成了，叫煩惱障。業障就是你所作的事，業是作用義，你所作的事由貪瞋癡起身口意，作出來無間的重罪，把你的正道都障住了，這就叫業障。

按教義說，佛經上教導我們，弒父、弒母、殺阿羅漢、出佛身血、破和合僧這些業，弒父弒母比較明顯，殺阿羅漢你不知道，阿羅漢並不是腦袋上貼個帖我叫阿羅漢，你殺普通僧人，你也不知道他證了四果沒有。你殺了他，其實他是證了四果的你不知道，這樣叫殺阿羅漢。報呢？就是果報，由於煩惱的業惑你墮到地獄、生到畜生道、生到餓鬼，你還能聞法嗎？沒有這個機會。一個道友跟我開玩笑說：「你弘揚《地藏經》，地藏菩薩在地獄裡頭，那墮到地獄也不怕了！」我說：「在人間都見不到地藏菩薩，到了地獄裡能見到地藏菩薩嗎？」說的容易，在人間要修、修地藏法門，到地獄去或者還能見到地藏菩薩！你到地獄什麼都昏了，智力沒有了、分辨的能力沒有了。什麼叫墮地獄？這叫報障。障住你了，聞不到法，這些沒能得到解脫的人，他的清淨心哪！不能得生，垢染心那個種子不能斷，他不能相信他自己的心，不能相信他自己的心，他發不起來信心。信心發不起來，又怎麼能離苦得樂呢？第一步，沒有信心，能修四加行嗎？能備辦資糧向解脫道上走嗎？這叫資糧道。什麼叫資糧道呢？說你出個遠門，帶點乾糧吧！這叫資糧。你想成道業你先得修資糧道，先把業障消失一些。

沒有登地以前的菩薩，三賢位的菩薩都還有煩惱，登地的菩薩才沒有，沒證得法身，相似證法身，還沒到除斷的時候，那得加倍的用功。三賢位菩薩到初發心住，這時候發的心才眞，相似見眞理還沒有進入。到什麼時候才眞正進入呢？到登地的菩薩、歡喜地的菩薩，悟得了佛性，悟得自己本具的法性，但是只是一分，十地菩薩才能眞正證得。我們說三賢位的菩薩，或者初發信心的學大乘的菩薩，在布施的時候，他不能夠盡其所有，先考慮自己不活畏，我都給了別人了我怎麼活著，這叫不活畏。我都捨了怎麼生活，不能把他所有的盡量的施，這叫竭盡施。總給自己打算，能布施已經不容易了，竭盡施更難，盡其所有，乃至於生命都布施，六親眷屬、家庭眷屬、妻子都布施，這可不容易了。

布施當中有恐怖，第一種恐怖叫不活畏，恐怕我自己都捨完了，我自己怎麼辦？第一個。第二個初發心的菩薩，要行菩薩道，菩薩道得先行四攝法，攝化眾生。四攝法中都有同事攝、示現同事。我這個菩薩比丘，茶館酒肆那個地方不能去，音樂舞廳不能去，去了就犯戒了，不去。不去這批人你怎麼度，示現同事攝跟佛的教授不相違背嗎？還有假使說修道者，你到那個歌舞娼妓，你到那些地方去，惡名畏。

菩薩行菩薩道的時候，一切無所畏懼，他要做的一定要去做，不怕什麼惡名畏，惡名畏這一去，那名聲就毀了。濟公根本就不怕，一天坐酒館喝酒、吃狗肉，他就示現要度這一類眾生，這叫什麼呢？菩薩不怕惡名畏，不畏懼惡名，才能示現同事攝，才能救度一切眾生，這個是我們做不到的。你不跟他同住、不跟他共事，你說的話他不見得聽，這是諸大菩薩證了果之後，一切解脫，以同事的方法攝受眾生，愛語、慈行、利益眾生的事，這很多了。逆化，用逆行來化導一切眾生皈依佛法，屠房酒館，無往而不可，他是很自在的。

死畏，菩薩剛一學大心的菩薩想發大心，內外俱施，身體財富都可以捨，但是財富捨得，到他生命了捨不得了，我留它還修道，我捨了怎麼修道，其實你捨了就成道，不要再修了，這叫死畏，內外俱施。

還有惡道畏，初發心菩薩怕墮三惡道，墮了怕自己也出不來。地藏菩薩從發心就是要到地獄度眾生，他沒有惡道畏，這些畏在地藏菩薩都沒有。大眾威德畏，初發心的菩薩在大眾聚集的處所，他生起恐怖，這是弘法時很難的一關，你必須得修、克服。你一看到人多了，到上頭了你一看，大家瞪著眼瞅著你，不敢說話了，這叫大衆威德畏。如果你今天陞座要弘法了，心裡打鼓咚咚跳，這裡頭一定有菩薩或者有阿羅漢，你這個弘法的德力超過阿羅漢，不畏阿羅漢。若是觀世音菩薩化身來了、文殊師利菩薩來了，你就不行了，他那威德，你恐怖，叫大衆威德畏。還有到了法庭，到了監獄了，或者軍人用武器對著你，說你怕這個房子人家要丟這個炸彈了，這都叫威德畏，都屬於命難的一種。菩薩要發心的時候，都要把這個心量放開、不執著，大衆威德畏，不畏了，就超過去。

還有，色累功用滅身心苦，滯無生者見佛趣果，這都是涅槃的眞理。滅的是身心苦難，涅槃眞理，達到無生滅。無生呢？是觀無生的道理，無生就無滅了，沒有生滅了還有什麼煩惱。《圓覺經》講：「一切衆生，於無生中，妄見生滅」，本來沒生滅的，是衆生妄見生滅，這樣佛才說輪迴生死，沒有轉輪生死也沒有輪迴生死。《金剛經》告訴我們：「云何應住？云何生心？」怎麼樣降伏其心？怎麼樣住心？住在無生，無生才沒有滅，有生自然有滅，這個過程以後大家會學得到的。現在禮讚、解脫，通三乘的法，未信者令生信，漸漸地入三賢位，三賢位以後漸漸地登初地、到二地、到八地。到了第八地，他不動了，他認爲自己成佛了，跟佛無二無別，十方諸佛來勸他，再發菩提心廣利益衆生，說你離成佛還早了，還有九地、十地，達到無生理了。這有無生的歌曲，天臺智者大師也作〈無生論〉，每句話都非常的深入，以後大家有時間可以看一看。

**時一切世間主。并其眷屬無量百千。蒙佛光明所開覺故。悉詣佛所頭面禮足。**

世間主就是國王，主宰世間的，乃至於梵天、天主，主宰世間的，他們的眷屬都很多，蒙佛的光明使他們開悟了。開覺就是明白了、覺悟了，都來到佛所，就先禮佛頭面禮足，佛就給他們說法，他們見佛是來聞法的。

**諸佛子。彼燄光明大城中。有王名喜見善慧。統領百萬億那由他城。**

世間主非常的大，統領百萬億那由他城，一個城數到一百萬億，完了還進一步說不可說的城。

**夫人采女。三萬七千人。福吉祥為上首。王子五百人。大威光為上首。大威光太子。有十千夫人。妙見為上首。**

大威光是以下所要說的菩薩，就說他一個人的事迹，是誰？是毗盧遮那佛的前生，知道這個意思就行了。毗盧遮那佛在因地當中，初發心、行菩薩道的時候，他所經歷的。

爾時大威光太子。見佛光明已。以昔所修善根力故。即時證得十種法門。何謂為十。所謂證得一切諸佛功德輪三昧。證得一切佛法普門陀羅尼。證得廣大方便藏般若波羅蜜。證得調伏一切眾生大莊嚴大慈。證得普雲音大悲。證得生無邊功德最勝心大喜。證得如實覺悟一切法大捨。證得廣大方便平等藏大神通。證得增長信解力大願。證得普入一切智光明辯才門。

這是他一見佛，還沒聞法就得到的。佛的德、佛的光明是摧障的，凡是摧除障礙、消滅業障都用輪來形容著，消滅障礙的意思。這個總持是總一切法、持無量義，能持一切諸法的普法，普法就是利益眾生的方法。佛證得的是般若智空，但是不離開妙有，從空攝有。「有」是為什麼呢？為了方便利生，「有」是權，證得的智慧是實，是權實雙運的。般若的門是不共般若，體和用是廣大的，是大、方、廣，以華嚴義說就是大、方、廣。智慧莊嚴，施行眞實的慈悲，怎麼叫眞實慈悲呢？不是用小小的來濟益眾生，是讓一切眾生都能成佛，這才叫眞實的慈悲。福德的莊嚴，智慧的莊嚴，福德的莊嚴是約身相來說的，智慧的莊嚴是約化度眾生的智慧說的，二種莊嚴，一種是智嚴，一種是福嚴。我們稱佛不是兩足尊嗎！智德、福德都圓滿了，福德、智慧二種莊嚴。佛所說的法如雲，所發出的聲音如雷震，能夠把眾生的苦本給它拔除，讓他能夠信得眞信，信得一眞法界，得到這種智慧、得到這種法喜。所以稱佛的德無邊，自己、他人、度一切衆生，都慶賀自己脫離二死，同證涅槃。這個解釋很多，引證好多經論，我們不再做解釋了，大致都相同的。在修行的次第上，能把三毒、五蓋除掉了，基本上就得道了。

爾時大威光太子。獲得如是法光明已。承佛威力。普觀大眾。而說頌言。

世尊坐道場　清淨大光明　譬如千日出　普照虛空界
無量億千劫　導師時乃現　佛今出世間　一切所瞻奉
汝觀佛光明　化佛難思議　一切宮殿中　寂然而正受
汝觀佛神通　毛孔出燄雲　照耀於世間　光明無有盡
汝應觀佛身　光網極清淨　現形等一切　徧滿於十方
妙音徧世間　聞者皆欣樂　隨諸眾生語　讚歎佛功德
世尊光所照　眾生悉安樂　有苦皆滅除　心生大歡喜
觀諸菩薩眾　十方來萃止　悉放摩尼雲　現前稱讚佛
道場出妙音　其音極深遠　能滅眾生苦　此是佛神力
一切咸恭敬　心生大歡喜　共在世尊前　瞻仰於法王

這十個偈子顯示佛的出現，顯示我們能夠滅除黑暗能遇到佛，這個機緣不要錯過了。如是令觀佛的德，佛是有德有慈，德是自得，慈是利益他，慈能拔苦，拔眾生的痛苦。大家都來觀看佛的德，這是可歸處，大家都念三皈，皈依佛，一切都皈依佛、依賴於佛，還得自修。

諸佛子。彼大威光太子說此頌時。以佛神力。其聲普徧勝音世界。時喜見善慧王。聞此頌已。心大歡喜。觀諸眷屬。而說頌言。

汝應速召集　一切諸王眾　王子及大臣　城邑宰官等
普告諸城內　疾應擊大鼓　共集所有人　俱行往見佛
一切四衢道　悉應鳴寶鐸　妻子眷屬俱　共往觀如來
一切諸城郭　宜令悉清淨　普建勝妙幢　摩尼以嚴飾
寶帳羅眾網　伎樂如雲布　嚴備在虛空　處處令充滿
道路皆嚴淨　普雨妙衣服　巾馭汝寶乘　與我同觀佛
各各隨自力　普雨莊嚴具　一切如雲布　徧滿虛空中
香燄蓮華蓋　半月寶瓔珞　及無數妙衣　汝等皆應雨
須彌香水海　上妙摩尼輪　及清淨栴檀　悉應雨滿空
眾寶華瓔珞　莊嚴淨無垢　及以摩尼燈　皆令在空住

一切持向佛　心生大歡喜　妻子眷屬俱　往見世所尊

爾時喜見善慧王。與三萬七千夫人采女俱。福吉祥為上首。五百王子俱。大威光為上首。六萬大臣俱。慧力為上首。如是等七十七百千億那由他眾。前後圍繞。從燄光明大城出。以王力故。一切大眾乘空而往。諸供養具。徧滿虛空。至於佛所。頂禮佛足。却坐一面。

復有妙華城善化幢天王。與十億那由他眷屬俱。復有究竟大城淨光龍王。與二十五億眷屬俱。復有金剛勝幢城猛健夜叉王。與七十七億眷屬俱。復有無垢城喜見乾闥婆王。與九十七億眷屬俱。復有妙輪城淨色思惟阿脩羅王。與五十八億眷屬俱。復有妙莊嚴城十力行迦樓羅王。與九十九千眷屬俱。復有遊戲快樂城金剛德緊那羅王。與十八億眷屬俱。復有金剛幢城寶稱幢摩睺羅伽王。與三億百千那由他眷屬俱。復有淨妙莊嚴城最勝梵王。與十八億眷屬俱。如是等百萬億那由他大城中。所有諸王。并其眷屬。悉共往詣一切功德須彌勝雲如來所。頂禮佛足。却坐一面。

這些王是求法的大眾，顯法會殊勝；這一段經文，自己看就明白了。在那個時候，大威光太子是佛的前生，回顧過去他求法、聞法的情況，大威光菩薩怎麼聞法求法的過程。我們知道毗盧遮那在因地大威光菩薩的時候，不曉得修了多少劫才能成就大威光太子。他還沒聞到法就已證得很多三昧，再一聞法，這是無量劫來修因當中的一種，沒有說佛像我們初發心的時候，佛經上很少這樣說，都說到他中間要成就了，見哪尊佛，殊勝的聞法。

我們可以這樣想，我們現在能學華嚴、聞法，是我們過去的因，現在感得聞法的果，還是無佛時，我們能聽見殊勝的法，就是這個因緣！你不是很短的時間就能得到的，而是經過很長很長的時間，不說無量劫吧！但也差不多，不是輕易能夠遇到的。遇到了、你聞到，能夠理解嗎？還是種個善因，有這個善因，再經過多生累劫的修行，這是不容易的。因地不眞，果招迂曲，你發心的時候，因地就不是眞實的，各種障礙因緣，眞眞假假、虛虛實實、進進退退、退退進進，就是到這裡來聽經，有這麼個因緣，障礙還是很多。病苦，有其他的障道因緣，各種的假期，無緣無故的，我生障礙了，就不能來這說了，你們也就障礙聞不到了，我們共同學習。說我們圓圓滿滿的、精進不退的，不可能，我們沒有這個好的殊勝因緣，什麼原因？是我們過去的因，因地不眞果招迂曲，因地發心不眞，感到果上受的時候彎彎曲曲，你要想走直路，你必須得將就，先走彎路，你不走彎路，哪有直路。

懂得這個道理了，要聞法、聽法，自己要精進、要爭取，聽一回、算一回，這一回聽到了，下一回聽得到聽不到，那還是個問題呢！明天聽到了，後天聽的到聽不到還是個問題呢！到最後我們檢驗一下子，斷斷續續的、彎彎曲曲的，能把《華嚴經》聽完，一座不漏的，那是我。我得講，不能漏，我漏了你們也聽不到的。我能做得到嗎？我天天發願，因為以前講了幾次《華嚴經》都沒有圓滿。

在廈門南普陀寺，每天晚上一座，一九八八年，講到〈離世間品〉，障緣出來了，停了。在北京淨蓮寺，我替慈舟老法師代講，還沒有講到〈毗盧遮那品〉，障緣也出現了！凡是越殊勝的法，障緣越多，凡是你修行最得力的時候，一定出障礙，或者趣果的時候，或者你聞著要開智慧的時候，障礙非常的多。剛才我們說的五蓋、十纏，它纏著你，不是你的意願，業不由己；你所造的業，你不還完，想業由己，辦不到。你得降伏業，要業由己，把業消了，業消了，智慧增長了，障緣少，殊勝因緣多。否則不論你怎麼法喜、意願怎麼堅定，辦不到。

怎麼辦呢？隨緣消舊業，隨著因緣把我們過去的業消一消吧！更莫造新殃，別再犯新罪，在這裡住著，還犯什麼？我說的是心，《華嚴經》講的是心，身體做不到有控制，大家都受了菩薩戒，學的是《華嚴經》，《華嚴經》是專門治心的，事相無所謂。怎麼叫事相無所謂？剛才聽見了嗎！初發意的菩薩、受了菩薩戒，能上茶館、酒肆、上妓女院嗎？能夠吃五葷嗎？能夠傷害眾生嗎？大菩薩只要眾生得度，他什麼都不怕，十四種無畏，這是一種無畏，度眾生示現同事攝，我要跟他做一樣的事情。

大菩薩，我們說文殊師利菩薩示現男身的多，文殊師利也示現女身，不示現女身怎麼叫佛母！或者示現女身是智慧母，不是凡間的。大家看到佛母洞嗎？佛母洞是千佛洞，千佛洞是文殊師利菩薩示現的，從洞裡出來一千尊佛，後來又改成佛母，其實不止一千尊佛，而是無量諸佛，誰進去出來，將來一定能成佛。佛母洞，這個母親產生的都是佛，從名義上講，他是示現，你鑽的是石頭洞，那是石頭。若你能夠心想，這是佛母，是文殊師利菩薩，這個觀想讓你心裡承認很難哪！承認我是從文殊師利菩薩肚皮出來的、是智慧母運載的，我有智慧。有什麼智慧？我也進出好幾回，還是這個樣子，靠什麼呢？「信心」，信你自己的心，這個心，能成佛，能做一切事物，不畏挫折、不畏危難、不畏險阻，一切無所畏，一心想成佛，聽《華嚴經》，聽、做，是向成佛的方向去做，希望大家都往成佛的方向去做。

**時彼如來。為欲調伏諸眾生故。於眾會道場海中。說普集一切三世佛自在法修多羅。世界微塵數修多羅。而為眷屬。隨眾生心。悉令獲益。**

這段經文是解釋如來解脫的用，不是解脫的體，有佛剎微塵數那麼多眷屬，隨繞著佛。以下是威光菩薩，他見佛、聞法、聞到修多羅，普集一切三昧自在法修多羅。

是時大威光菩薩。聞是法已。即獲一切功德須彌勝雲佛。宿世所集法海光明。所謂得一切法聚平等三昧智光明。一切法悉入最初菩提心中住智光明。十方法界普光明藏清淨眼智光明。觀察一切佛法大願海智光明。入無邊功德海清淨行智光明。趣向不退轉大力速疾藏智光明。法界中無量變化力出離輪智光明。決定入無量功德圓滿海智光明。了知一切佛決定解莊嚴成就海智光明。了知法界無邊佛現一切眾生前神通海智光明。了知一切佛力無所畏法智光明。

這個總結三世的佛法，過去、現在、未來。佛往昔學法的時候，積聚三世諸佛所說的法，見了佛就能得這麼多的好處，就是法益。這裡頭多講智，智是什麼呢？是體。講光明，從體上所顯的光明是用。所造的環境不同了，對外的境界相不同，轉授給菩薩，這個所謂一切法聚平等三昧智光明，顯示什麼呢？顯示智的體，智的用。用就是身口意三業利益眾生，眾生有種種不同，所以境就差別了。一共說十一地，非得入深定的時候，入深三昧，入深三昧的時候就是說一切法甚深的道理，什麼是一切法甚深的道理呢？這裡分正定跟善惡之法。正定有三，善惡諸法也有三，那麼總收一切，全都是有爲法，有爲法是這樣子。無爲法呢？無爲法分二種，一者是一味性，諸法等同一味，叫一味性，所以叫平等。第二種法聚，法聚呢？聚一切法，不管善法惡法，凡是一切境界相叫法聚。證到這個三昧，才能總收一切法。總收一切法，一切法是有爲的，用無爲法收有爲法。

這種講的很深，再重覆一下。智是什麼呢？智是體，智的體像什麼似的呢？像太陽一樣的，像日，這是體。日光，太陽所有的光，照射我們地球上所有的光，這叫用。就體來說是一，就用來說可就不一了，放千種光，體雖不二，能照一切。就是說日光不二，照一切物，沒有分別的，平等的照。佛的智光是隨境分照的，它照你接受不了，等於沒照。佛的智慧對一切衆生，是觀察的，是平等的，所以叫法聚。法聚裡頭含攝很多，含攝一切的三昧，一切的智光明。法界海裡頭有信、解、行、證，光明顯的作用義，開衆生的覺悟，使衆生信仰，使衆生初發菩提心。久發菩提心了，住在智慧光明裡頭了，完了還得發大願，佛法是靠願力所成就的，大願海的智光明，如無邊行。光有願不行，得要修行，修行才能不退了，完了才能達到究竟圓滿。

那麼我們發菩提心，經常說發大心，發大心這種智慧光明所照的，照的什麼？前前後後無量的因果，無量因果周。從我們最初一發心、信佛，乃至修行，完了證得。證得的有深有淺，有前有後。無論從前後，一切悉入，悉入什麼呢？入於大心智慧光明之中。我們初學的人，剛發菩提心，你這個因到以後才能得果，在你果中又發心，又是因了，陸陸續續的這個因成熟，又叫後後的果，因果相當多，你要理解。現在我們所受的報身，這是果；現在我們又發心，發心、見佛、聞道、受三皈，這又是因了，因中又得果，果後又起因。說你發了菩提心，要發質直心，直心是什麼呢？直心正念眞如之法。眞如就是一眞法界的法，眞如又攝一切法。直心正念眞如的時候，就是發了菩提心之後，要行啊！行完了之後再發菩提心。我們這個發菩提心是假的，不是眞的，跟菩提心不相應！到了登了初住了，再發菩提心，跟菩提心相似，還不是眞用。登了初地，再發菩提心，那就達到直心正念眞如，見一切法性，證得一切法，攝受一切法，但是只是一分。這個時候，他初中後能夠圓融。我們經常說初發心時成正覺，從你發心這個因，一定能成到佛果，這是果德，這裡頭含著智德、斷德、解脫德，這就是前前後後的無量因果，以六位相來分辨。六位，像我們講〈大乘起信論〉，初發心是信位，完了再到了三賢位，叫住、行、向，十住、十行、十迴向，完了再經過十地，十地完了等覺。但是從你現在一發心，在佛教教義當中，我們講〈大乘起信論〉講過，這是大乘實教的道理。

我們發菩提心的時候，講直心正念眞如，眞如的本體是無二的，是一切諸法之體，直心正念眞如。心，就是直心念我的本心。我們在這個問題講得很多了，沒講《華嚴經》之前，我先跟大家講，相信你自己是佛，直心念你自己本具的，眞如的本體，這叫直心正念眞如。眞如是一切諸法之體，發了菩提心，叫直心正念眞如。以發心的功德能夠知道，發了心了就明白如來的一身。這個是指法性說的，如來的法性身，開顯佛的報身！至於佛的化身，化身就無量了。這分三種智慧，究竟智慧，一切智慧的慧光明叫一切智，這靠般若開顯。大家都會念《般若經》，《心經》都會背。般若就是智慧，這個智慧裡頭有很多等級，一步一步地去求。對一切諸法，先是少得，而後是多得，多得到了無得。以智慧能夠解脫，從少得到了多，多得了並不是取，並不是執著。不執著了，你的心離了一切妄念了，光明是照，寂定是三昧，在你這心中，剛一發菩提心就跟成佛的究竟心無二，這叫因該果海。等到你成了佛了，究竟的菩提心全部顯現了。寂照不二，寂是定，照是慧，慧即是定，定即是慧。普賢菩薩入三昧，普賢三昧，這是寂，而且又說世界成就、華藏世界、毗盧遮那，這些都是照，智慧的顯現。那他這心中，所有從一發菩提心，就達到了佛的果海所具足的功德，這叫因該果海。因該果海是你初發菩提心，就收攝一切佛所成就的功德，初發心時，便成正覺。到了《華嚴經》〈梵行品〉、〈淨行品〉，會詳細講這個道理。到了最後的〈普賢行願品〉，一切圓融，圓融什麼呢？後面的圓融前面的，前面的攝於後面的，這叫緣起諸法。緣起諸法的本體是般若智慧，般若智慧是空的。

那天我給他們那些道友講的，「緣起性空、性空緣起」。有從果上說，先說性空，因為性空才能攝緣起一切諸法。在因上說，我們現在開始發心學華嚴，因該果海，因為因該果海，這一發心，般若的智慧圓融一切後面的，一直到成佛，達到了性空。性空又回攝緣起，性空不空，不空就是生緣起諸法。緣起諸法非有，即是性空，空能成就有，有是妙有，妙有拿到性空的義。心離妄取，寂照雙流，就是「性空緣起、緣起性空」。那你這個心，無德不攝，無法不備，就攝一切緣起。懂得這個意思，都是你最初發心的時候，剛發了菩提心，就成了佛了，不是現在你就成了佛了，發菩提心，一定能成佛。但是還有過程，我們現在發的心是依妄而發的，不是眞實的。等十信滿了，信位滿心了，我們是信位，到了初住菩薩，這個發菩提心相似眞，相似見了法性的理，不是眞見著了。登了初地了，眞正見了法身，他可理解一切緣起諸法，離開後面的究竟心就沒有緣起心，離開緣起心，你達不到究竟心，相輔相成。這個道理假使你明白了，你悟得了，雖然沒有了生死，你明白生死是怎麼回事，也明白涅槃是怎麼回事，你能夠證得的。

我講的這個智慧，大智的這個智慧明了，就是大智智明。以大智慧智明了一切諸法，這個法是什麼呢？法界。「法界」兩個字，有多種解釋。界是能生，能生什麼呢？能生一切諸法，一切諸法還歸的時候，還歸於此界。就是《華嚴經》經常說的：「無不從此法界流」，一切諸法、一切境界都是從這個法界流出去的。「無不還歸此法界」，在這一流一還歸，全叫緣起。

皈依的時候，皈依什麼？皈依性空，緣起還歸於性空。從性空產生一切諸法緣起，這叫「無不從此法界流，無不還歸此法界。」就是又回一體了，還歸於性空。那麼智慧光明所照的，照的什麼呢？照的體。能照的這個普光明，就是《大方廣佛華嚴經》的相大。智慧光明徧照一切法界，也蘊藏著有無量的功德，我們經常用恆河沙來比，蘊藏恆河沙的性功德，所以叫藏，藏是含藏義。但是妄、惑本來是空的，空沒有，沒有就沒有染污，所以叫本來清淨的。我們這個明見，明就是光明，見到一些事物，這就成眼。眼是觀看的，我們的眼根是照物的。見，這個見是明見，就叫眼。能見到法性的，不是肉眼。

那天有一位道友問我，觀自在菩薩，他得到耳根圓通，他不是用眼睛見的，他用耳朵聞的，這叫六根互用。見性的時候，就是開悟了，明白了。這個用眼來形容，可不是眼，是心。《金剛經》講五眼圓明；肉眼是佛的肉眼，在《大般涅槃經》上說，聲聞的人，他具足肉眼，但是他也有天眼。把這肉眼、天眼同叫做佛眼。學大乘的人，他的肉眼也就叫做佛眼。《大乘經》上說，都是佛乘，佛乘的佛眼見性，我們說開了悟了，開了悟了就見性了，這個見性是佛眼才能見。這些教相，你不學教義，你不能理解。禪宗人，頓超直入，立證菩提，那個是素法身，那不行的，成不了佛的，照樣得修多少劫。教義上這樣講，學禪的人，他不這樣講了。他說我頓超直入，立證菩提，立證菩提就成佛了。教下就批評他說，你這個成佛，不行，爲什麼不行呢？你沒有經過三大阿僧祇劫的修煉，這個叫成素法身。在性體上你跟佛無二我別了。對，我們現一切衆生都跟佛無二無別，那是理具，理具不是現實，這個世間相很多這樣事情。

現在講民主，每個國家都講人民，每個銀行也好，鐵路也好，航空公司也好，都是人民的。你坐飛機不給票行不行？你說：「這是我的！」用不上，那不是你的。

名字好聽，是你的，一點用不著，用不上了，不是你的。我們具足佛性，煩惱都具在，沒有妙用，你具足佛性沒有用，就是這個涵義。有了大智慧，大智慧怎麼來的？得發大願，大智的智明、大願的智明、大行的智明、速疾的智明、神通的智明、大福的智明、大解的智明，大解脫的智明、佛用的智明、佛德的智明。這明白了，你明白什麼了？明白層次相當的多，智就是明白的意思，你要想明白一切諸佛法，得發願。願爲明之本，你不發願，達不到目的。我們說誓願，願發了還得發誓，堅固你的願。光有願不去做是不行的，還要有大行，大行，那要修多少劫了，那就是行爲。

無邊的果德，乃至上頭的智慧。你沒有修行，怎麼能進入呢？證入無生，趣入無生，功用不退，那得達到速疾的智明，達到無功用，無功的大力。什麼叫無功的大力呢？一行含一切諸行，普賢的行願，修行達到的普賢行。普賢行是一行具足了無量的行門。一即一切，無功的力，力量非常之大，做一個事情，含著很多的事情，一行一切行。

神通的智慧，以身口意三輪，都達到神通自在。有神通，不等於有解脫。鬼神都有神通，他的煩惱具足，不能夠解脫。神是什麼呢？神是自然的心。通是什麼呢？通是光明的智慧性。我們聽說智明，那明就是慧性，通是慧性，無障礙。神是自然的心，唯有佛的神通是大神通，他的心明了，慧通了，福德智慧圓滿都具足了。還有大福德的智慧明，就是福德嚴的佛果，這得靠修行。怎麼樣修行呢？那就是靠萬行，布施、持戒、忍辱、禪定，利益衆生的法門你都得具足，令衆生得度，令衆生成佛。

還得要解脫，佛有最勝解力，這叫福智兩嚴，莊嚴佛果。佛的智慧明呢？就是照了一切，普周法界。菩薩還不能做到，二乘人還沒有證得。佛德的智明，達到佛的境界相。這一段是解釋上面那個偈頌，都是總結頌的，沒有隨文解釋。《華嚴經》，隨著文隨著字解釋，只隨著意，叫意解，不是文解。文解，我們有時候依文解義，照著字面、隨著文來顯他的義理。這種顯義理，片段的、破碎的、不圓滿的，很容易犯錯誤，因爲他說的話很多，你給他解釋一兩種義理，把這個義理給含混了，這就叫義解。

爾時大威光菩薩。得如是無量智光明已。承佛威力。而說頌言。

我聞佛妙法　而得智光明　以是見世尊　往昔所行事
一切所生處　名號身差別　及供養於佛　如是我咸見
往昔諸佛所　一切皆承事　無量劫修行　嚴淨諸剎海
捨施於自身　廣大無涯際　修治最勝行　嚴淨諸剎海
耳鼻頭手足　及以諸宮殿　捨之無有量　嚴淨諸剎海

爲了修行嚴淨剎海，或者捨耳朵、或者捨鼻子、或者捨頭、或者捨腳、或者捨手、其餘身外之物，宮殿財富、財寶，那更不算是了。捨就是布施，捨了很多很多，無量無量。不是一次兩次，無量劫這樣的捨，為什麼？「嚴淨諸剎海」，莊嚴佛淨土。

能於一一剎　億劫不思議　修習菩提行　嚴淨諸剎海
普賢大願力　一切佛海中　修行無量行　嚴淨諸剎海
如因日光照　還見於日輪　我以佛智光　見佛所行道
我觀佛剎海　清淨大光明　寂靜證菩提　法界悉周徧
我當如世尊　廣淨諸剎海　以佛威神力　修習菩提行

這個偈頌是讚佛的。讚歎大威光菩薩，得到佛加持，證得無量智光明後，承佛的威力，說這些讚歎佛的偈頌。完了又讚歎佛怎麼轉化衆生的，下面是讚歎佛轉化衆生的。

諸佛子。時大威光菩薩。以見一切功德山須彌勝雲佛。承事供養故。於如來所。心得悟了。為一切世間。顯示如來往昔行海。顯示往昔菩薩行方便。顯示一切佛功德海。顯示普入一切法界清淨智。顯示一切道場中成佛自在力。顯示佛力無畏無差別智。顯示普示現如來身。顯示不可思議佛神變。顯示莊嚴無量清淨佛土。顯示普賢菩薩所有行願。令如須彌山微塵數衆生。發菩提心。佛剎微塵數衆生。成就如來清淨國土。

這一段經文，先說是自悟，自己開悟了。因爲見到功德山須彌勝雲佛，他就承事供養佛，在如來所，就在如來的道場當中，他就開悟了，心得悟了了。悟了之後，對一切世間，把須彌勝雲佛往昔怎麼樣修行的，怎麼樣利益衆生的，顯示佛的功德。佛是普入了一切法智，顯示佛力，清淨的法界智慧。顯示道場中，佛有自在的神力。在一切道場中，說法利益衆生。有時候降天魔外道，顯示佛還有不可思議的神變力，降伏魔的力量。顯示佛國土清淨的，顯示佛在往昔修行普賢的行願。顯示佛令須彌山衆生也發菩提心，令佛剎微塵數的衆生，成就如來的清淨國土。

爾時一切功德山須彌勝雲佛。為大威光菩薩而說頌言。

善哉大威光　福藏廣名稱　為利眾生故　發趣菩提道
汝獲智光明　法界悉充徧　福慧咸廣大　當得深智海
一剎中修行　經於剎塵劫　如汝見於我　當獲如是智
非諸劣行者　能知此方便　獲大精進力　乃能淨剎海
一一微塵中　無量劫修行　彼人乃能得　莊嚴諸佛剎
為一一眾生　輪迴經劫海　其心不疲懈　當成世導師

這個偈頌是佛說的，上頭偈頌是大威光菩薩說的。這句話略解釋一下，把那個劫海，一個微塵就是一個剎塵劫。一一微塵中，就是無量劫，在無量劫修行才能得成佛道，才能把那個佛剎莊嚴清淨。又者爲了一一衆生，一切衆生之中每一個衆生，一一衆生要度他，佛就隨順他，在輪迴當中，經過非常長的時間，凡是一說時間就是時分，這個時分非常長，像海一樣那麼深，海那麼樣廣。那麼你的心，都不疲懈，疲是疲勞了，懈是懈怠了。沒有這種念。說大威光菩薩利益衆生，從來不疲厭，所以給一切世間作導師。

供養一一佛　悉盡未來際　心無暫疲厭　當成無上道
三世一切佛　當共滿汝願　一切佛會中　汝身安住彼

有止境沒有？沒有。「心無暫疲厭，當成無上道」，心裡從來不疲勞，不厭煩，決定能成佛。「三世一切佛，當共滿汝願」，不止我，現在的、過去的、未來的一切佛加持你，都能滿足你所發的大願。

一切諸如來　誓願無有邊　大智通達者　能知此方便
大光供養我　故獲大威力　令塵數眾生　成熟向菩提
諸修普賢行　大名稱菩薩　莊嚴佛剎海　法界普周徧

## 逢波羅蜜善眼莊嚴佛

諸佛子。汝等應知彼大莊嚴劫中。有恆河沙數小劫。人壽命二小劫。諸佛子。彼一切功德須彌勝雲佛。壽命五十億歲。彼佛滅度後。有佛出世。名波羅蜜善眼莊嚴王。亦於彼摩尼華枝輪大林中。而成正覺。爾時大威光童子。見彼如來。成等正覺。現神通力。即得念佛三昧。名無邊海藏門。即得陀羅尼。名大智力法淵。即得大慈。名普隨眾生調伏度脫。即得大悲。名徧覆一切境界雲。即得大喜。名一切佛功德海威力藏。即得大捨。名法性虛空平等清淨。即得般若波羅蜜。名自性離垢法界清淨身。即得神通。名無礙光普隨現。即得辯才。名善入離垢淵。即得智光。名一切佛法清淨藏。如是等十千法門。皆得通達。

這是大威光菩薩所獲得的利益，單講講念佛三昧。念佛三昧，你一生不離念佛。念佛即體用，〈大智度論〉這樣講。般若智慧，用這念佛三昧，以般若波羅蜜爲母，念佛三昧就是我們通常所說的般舟三昧爲父。「般舟」兩個字，翻華言就是「念佛」，「念佛三昧」又叫「佛立三昧」。怎麼叫「佛立」呢？行般舟三昧不能倒下睡覺。把這個眞偏於事，這叫方便，方便就是善巧，所以稱它爲父。念佛成佛，這是最殊勝的，到十地菩薩不離念佛，一切所作都不離開念佛、念法、念僧，三寶是非常重要的。在密宗的教義，任何法會、任何念經，前面一定得先念「皈依佛、皈依法、皈依僧」，三昧加持力。如果你修文殊法，第一個念本尊金剛上師的文殊師利菩薩摩訶薩，完了馬上就得念「皈依佛、皈依法、皈依僧」。除了本尊，本尊也要「皈依佛、皈依法、皈依僧」。

我們經常說打般舟三昧，「般舟三昧」說通俗一點叫「念佛三昧」，以佛爲境界，專念不捨。念佛，憶念佛，必得見佛。其心念念成佛，由念能見，所以叫門。只要你念這個門能夠見佛，不論哪一尊佛，一切佛的功德，一一佛的功德，你念就能通達，通達就能進入，這就叫「門」。由念能見、由念能知，說念佛法門，加個「門」字，就是能夠通達佛的門，一個念，一個知，完了有所行的行願，成就色身上的相好功德。「有名號海，建立念處。」這叫立念處，又叫名號海。但是《華嚴經》沒說你念哪一尊佛，沒說念阿彌陀佛。」念一切佛，念哪尊佛的名號，都如是。每尊佛都具足了無邊的勝德，無邊的功德，由你念佛故，你就生起這些功德，深廣願長。但是《華嚴經》上所講的是念法性身，念的是法性佛。契如來的眞理，契如如理，就是契理。念佛，念佛的報身佛，功德身，功德所成就的。念佛的化身，是佛的神通自在妙用。念一聲佛號，無障不消，無德不生，無罪不滅，《華嚴經》是這樣告訴我們的。所以念佛法門能夠開悟、能夠成就，乃至於能夠成佛，能夠得到大智，能夠得到總持。總一切法持無量義，能夠通達深法；對一切衆生，無緣的也能應，除一切的病，這是煩惱，除一切的煩惱病、智障病。

佛深功德海，蘊集無量的力用，菩薩念佛的時候，緣此身心與佛要相等。悲喜，心就悲哀，悲生悲喜就是感，感受衆生所遭遇的苦難。歡喜就動了，歡喜容易動，這叫業用。契了法性，那就是我們說的性空，契的像虛空一樣的。一切法性理體的時候，悲也沒有，喜也沒有，悲喜兩亡，這叫平等清淨。

又者解釋般若，般若是覺一切諸法的實性理體。一切有法，虛妄法，可離的，但是不是眞離，是自性離，性不具故。不要再另外離了，無離之離，沒有離的離，這叫一眞法界。眞法界本來就是清淨的，法界的清淨，般若的清淨，一切萬法本來清淨。本來清淨，爲什麼有這些染污呢？那叫不是眞淨的，隨緣的淨。也沒有什麼叫淨，也沒有什麼叫不淨，也沒有什麼叫眞淨，這達到什麼呢？達到實相般若。這就叫萬法之體，觀照是智慧，思惟是明闇。思惟了不是明顯的，觀照是智慧。這樣子來覺悟諸法實相，沒有這些分別。

爲什麼要講自性離垢呢？在《大般若經》第七會〈曼殊師利分〉，曼殊師利菩薩就是文殊師利菩薩，又叫曼殊師利菩薩。在這個會上，彌勒菩薩就是慈氏菩薩，在這會上慈氏菩薩是這樣教授的。若諸菩薩聞是甚深般若，心不沈寂。般若心不沈寂，有智慧的光照了，不沈於寂，能夠近於無上菩提。什麼原因呢？是諸菩薩能夠覺悟的法性現了，離一切分別，得大菩提。覺悟，覺法自性就是般若，這叫離。一個是自性的離，一個是離垢的離。離垢的離呢？就是思想分別所有的垢染。這個離不是眞離，可出離者非淨也。說淨啊，說性啊，沒有個離，也沒有個不離，自性本來就沒有，更不復有離，就沒有離開的說，這樣一個涵義。大家懂得了，念佛三昧，打般舟七，這要一心念佛。我們現在都念阿彌陀佛，依據哪一個佛的名號都可以。但是你求生淨土嗎？求生西方極樂世界嗎？最好是念阿彌陀佛，不眠不休，不坐不臥。般若，在《大般若經》的〈信解分〉上有這麼一段經文：「善現！般若波羅蜜多清淨故色清淨。色清淨故，一切智智清淨。」般若波羅蜜多清淨說色清淨，一切有色的，一切境界相清淨。一切境界相清淨，那一切智智清淨，一切智智本來就清淨。何以故？若般若波羅蜜多清淨故，若色清淨，若一切智智清淨，無二無二分，無別無斷故，名無二性。

般若清淨者有兩種意思，以般若照一切法的時候，以般若智照一切法的時候，看一切法本來清淨的，用般若智照，是照本體，照性體，第一種。第二種，性無二，性本來無二，般若清淨一切色清淨，這話怎麼解釋？大家讀過《心經》，「觀自在菩薩行深般若波羅蜜多時」，深般若波羅蜜多時就是這個般若清淨。深般若波羅蜜清淨，照見一切色，色也清淨的，怎麼樣照的呢？行深般若波羅蜜多時，照見五蘊皆空，度一切苦厄。所以一切都清淨，五蘊、十二處、十八界、四諦、十二因緣、六波羅蜜、乃至菩提涅槃，從屬於色法，但有言說，言說本來就是色法所攝，萬法本來是清淨的，顯諸法本無生，諸法已無滅，性寂諸相，性裡清淨了，一切諸相都沒有了，就叫淨，故名爲淨。但是達到這種，那得行深般若，事法界沒有了。理法界也如是，理法本來就清淨。不但事無，眞也沒有。眞是對假說的，假沒有，眞還說什麼，對待法，若一面不存在，這面也不存在，這叫相對。凡是懂得相對法，雙方共存，若缺一面，那面不存在了。因爲性的本身，性本來就是清淨的，清淨還有個清淨相嗎？什麼是清淨相？它是對染污說的，才說淨，對不淨才說淨，沒有不淨，還說個什麼淨呢？淨是什麼相？這就是明白自己的心，達到這樣子，這叫眞正明心了。在《維摩詰經》上說染垢、清淨，是兩個。

什麼是垢的本體？垢的實相是什麼？垢沒有個實體，沒有個實相。垢沒有個垢相，淨也沒有個淨相，都是你的見，見淨見垢的。若把這個明白了，明白就入得眞實的境界相，眞實的境界相叫什麼呢？叫不二法門。這個不二法門解釋很多的，單有一部經，入不二法門。假使有個見，見到正覺，正覺了就解脫了，脫離一切諸漏，不著一切世間。是不是究竟證？若是如來所說的，它的體相本來就沒有的，但是這個沒有，你怎麼知道的？修、習得到的。我們經常說般若空，用這般若空來熏習你。〈起信論〉不是講二種熏習嗎？用般若空，常時熏習你，就從我們頓入空門。頓入空門，這個門是空的，當了和尙，當了比丘尼，到了空門裡頭，這個門通達到什麼地方呢？通達到空，空就是沒有的意思。頓入空門，跟世間就隔絕了，涵義是這樣子。

想想我們現在頓入空門，空嗎？爲什麼不空呢？你還想家。我們每位道友，我們這個佛學院，隨順世間也放寒暑假，我們暑假不放，爲什麼？因爲結夏安居，寒假必須放，放假首先得看看媽媽，合乎情理的。有人跟我講過這個問題，「頓入空門了，怎麼還回家看媽媽呢？」我說：「跟佛學的！」我們一切都跟佛學的。不過佛沒回家，他媽媽早死了，轉個世。佛有神通，他到忉利天找他媽媽去呢！他媽媽已經轉了，變了忉利天的天人。他說：「哪有這回事啊！」我說：「《地藏經》說的，佛看他媽媽才說的《地藏經》，怎麼會沒有！」一切道理面面觀，怎麼面面觀呢？我剛才說這個故事，面面觀。眞正正確的，頓入空門，放下、看破。還要回家，沒放下。釋迦牟尼佛還沒放下嗎？釋迦牟尼佛是放下，他隨順衆生，看這世間哪，有那不孝順父母的，佛給他們做榜樣。佛的一舉一動、一言一行都是讓我們衆生學習的，但是你得會學，得善學。那佛放不下，回到人間他就入涅槃，你說他放下沒放下？不是用凡情揣度聖人的境界。究竟我們這個體相，是有是無？人家說反正跟你們佛教徒辯論，怎麼的你們都有理。說有，你們也有一套，說空，你們也有一套，我們說空，你們說有，我們若說有，你們說空。我說那是找著抬槓的，不是這個涵義。佛說法是對機的，看看《地藏經》說的，那是對不孝、下地獄說的。你再看〈淨行品〉第一、二個偈頌，「菩薩在家，當願衆生，知家性空，免其逼迫。孝事父母，當願衆生，善事於佛，護養一切。」要孝事父母，文殊師利菩薩也是這樣說的。懂得這種涵義，不要拿語言來解釋垢淨。

從事相上看，垢是染污不清淨，這是事，垢從什麼產生的？它的體是什麼？垢無體。依著淨而起的，因爲有淨才說染，有染才說淨，淨不存在了，染也不存在了，染不存在、淨也不存在。解脫是解你的束縛，你根本就沒束縛了，還說解脫幹什麼呢？對一切世間不著。對一切世間不執著，不沾世間了，你又如何度衆生、行菩薩道呢？不度衆生，不行菩薩道，你成不了佛，沒有不度衆生的佛。佛說法啊！你有這種執著，給你說這種法，你有那種執著，給你說那種的法，你全部不執著了，給你說般若，空了，那還說什麼呢？你得到了，這叫實相般若。

實相般若就是法的體，法的實體，實相般若就是諸法的實體。觀照般若，觀照般若嗎？報身一定得依著觀照般若。但是化身很少說，爲什麼呢？他所度的衆生，淺劣度生，就叫聚；化身名聚，因爲聚淺故而不說。不說叫什麼呢？叫眷屬般若，或者叫說身，身體的身，諸法聚合的，我們這個身體有好多法聚合到一起的，若讀《阿含經》，讀〈俱舍論〉，你就知道分析，觀空身體、破除身見。

我們現在學的是什麼智慧呢？無礙智。《大方廣佛華嚴經》所說的是顯法的意。它說淺法的時候，是說四聖諦，回歸到法性，入到法的深處。入到法的深處，離說垢和染。他是用智慧，所說的佛法都是覺悟的，覺悟的都是用智慧照了的，沒有一切障礙，淨除一切障礙。它所含藏的是智德，般若的智德。

**爾時大威光童子。承佛威力。為諸眷屬。而說頌言。**

這個地方沒有稱「菩薩」，而是稱「童子」，顯示他是初發心的。承佛威力，說一些讚歎的偈頌，給誰說的？給他帶去的那些眷屬說的。

**不可思議億劫中　導世明師難一遇**
**此土眾生多善利　而今得見第二佛**

指導世間的智慧的導師，難得遇到了。「此土眾生多善利，而今得見第二佛」，從大威光童子他所經歷的，這是第二尊佛。還要見第三尊佛，這尊佛入涅槃，那尊佛又出世。

**佛身普放大光明　色相無邊極清淨**
**如雲充滿一切土　處處稱揚佛功德**
**光明所照咸歡喜　眾生有苦悉除滅**
**各令恭敬起慈心　此是如來自在用**

出不思議變化雲　放無量色光明網
十方國土皆充滿　此佛神通之所現

現出不可思議的變化雲，雲就是智慧，現出無量色，無量色表智慧的光明無量。「十方國土皆充滿，此佛神通之所現」，這種境界相是佛的神通力顯現的。

一一毛孔現光雲　普徧虛空發大音
所有幽冥靡不照　地獄眾苦咸令滅

佛教化眾生的音聲從哪發出來的？從他每個毛孔發出來的，毛孔現雲，雲裡發聲。這光照，主要是照地獄的。「所有幽冥靡不照，地獄眾苦咸令滅」，地獄之苦，度一切眾生，專度地獄的。

如來妙音徧十方　一切言音咸具演
隨諸眾生宿善力　此是大師神變用

佛演的音聲，眾生有善力，你就聞到，沒有善力，聞不到。爲什麼加個「宿」字？所有修行善根的力量，才能得聞到佛所說的法？「此是大師神變用」。

無量無邊大眾海　佛於其中皆出現
普轉無盡妙法輪　調伏一切諸眾生
佛神通力無有邊　一切剎中皆出現
善逝如是智無礙　為利眾生成正覺

這是有緣則現。佛在於法性空中，緣起就現，有緣就現了，有因緣就出現，沒有因緣，就不現。「善逝如是智無礙，爲利衆生成正覺」，佛的願望、發心、修道、證菩提，目的只有一個，利益衆生才成佛的。每一位世尊、每一尊佛，都是發願，度盡衆生。衆生界是不淨的，衆生界不淨是從衆生的業方面看，從衆生的體性看，都是清淨的。緣盡了，他應該度的度了，他度不了的，無緣，那等別人度，等別的佛再來度。

汝等應生歡喜心　踴躍愛樂極尊重
我當與汝同詣彼　若見如來眾苦滅
發心迴向趣菩提　慈念一切諸眾生
悉住普賢廣大願　當如法王得自在

凡是能見到佛的，一切災難化爲塵，一切苦都滅了。但是見佛，要發心，發心完了迴向眾生，發心迴向趣菩提。

發心迴向，諸佛都如是教授，教授我們發心，發菩提心，要懺悔，懺悔完了發願。「慈念一切諸眾生」，想給一切眾生快樂，拔除一切眾生痛苦。「悉住普賢廣大願」，發願、懺悔、迴向。「當如法王得自在」，像法王那樣的，於法自在。

**諸佛子。大威光童子。說此頌時。以佛神力。其聲無礙。一切世界皆悉得聞。無量眾生。發菩提心。**

讚歎、慶遇、希有，讚佛的勝德，勸大眾同歸於佛，同皈依佛，同向佛學習，同發菩提心。

**時大威光王子。與其父母。並諸眷屬。及無量百千億那由他眾生。前後圍繞。寶蓋如雲。徧覆虛空。共詣波羅蜜善眼莊嚴王如來所。其佛為說法界體性清淨莊嚴修多羅。世界海微塵等修多羅。而為眷屬。**

一法有很多法的眷屬，《華嚴經》的眷屬就太多了，我認爲《地藏經》是《華嚴經》的一部分，《圓覺經》也是《華嚴經》的一部分。從義理上看，經所顯現的道理，說有世界海微塵數修多羅。「修多羅」翻「契經」，契是契合的契，上契諸佛之理，下契眾生之機，就叫「契經」。凡佛所說的法都叫經，經者常也，不變義，這個道理永遠不會變的。

**彼諸大眾。聞此經已。得清淨智。名入一切淨方便。得於地。名離垢光明。得波羅蜜輪。名示現一切世間愛樂莊嚴。得增廣行輪。名普入一切剎土無邊光明清淨見。得趣向行輪。名離垢福德雲光明幢。得隨入證輪。名一切法海廣大光明。得轉深發趣行。名大智莊嚴。得灌頂智慧海。名無功用修極妙見。得顯了大光明。名如來功德海相光影徧照。得出生願力清淨智。名無量願力信解藏。**

願、力、信、解，上來所說的這些功德，有一人得一個的，有一人得二個的，得三個的，得四個的，或者都得了，十個都得了，那這十個都得了，就是大威光，這是威光王子他就先證入了。這一段經文說的是十地菩薩，也說十度，施、戒、忍、進、禪、慧、方、願、力、智十波羅蜜，叫十度，我是在每一度取一個字。達一切法本來清淨的，就叫清淨智。清淨智不是有個清淨相可得，這些菩薩他沒有得的心，這所以叫方便。方便證得入什麼呢？證得初地，生大歡喜，他見一切法本來清淨，生大歡喜。我們前頭的長行都說了，但是每地只點了一個字。下面又重新解釋一下，這是清涼國師解釋的。

二地叫離破戒垢，受菩薩戒的，如果沒登地而能把菩薩戒守清淨，辦不到，甚至初地菩薩還辦不到，必須到二地離垢了，離什麼垢呢？破戒的垢。菩薩戒是心戒，到二地了，再沒有破戒的心。心離垢，所有的障礙全部消除。智慧所照的，全是善法。什麼善法呢？叫戒光明，戒的光明。

第三叫忍度，忍什麼呢？忍這個莊嚴佛國土，忍一切愛樂。沒有愛樂歡喜了，聞法也如是，再不激動了。忍可一切諸法，都如是。眞正入法性，入深了。

第四無剎不入，無法不照，無見不淨，是謂精進度。因爲淨垢了，因爲一切諸道品，燒了無盡惑，成就無邊光，成就無邊的智慧。忍辱嚴淨的佛國土，能夠離一切愛樂，沒有一切愛樂。無剎不入，無法不照，無見不淨，這叫精進了。

第五趣向諸行，能入俗也，禪度增故，性能離垢，涉俗化物成福德雲，不迷實理，爲光明幢。到此第五地菩薩，才能入俗，化度衆生，入而無染，眞俗不二。

第六般若現前，隨入證得。這就照深緣起，這叫深般若。能把一切緣起諸法，照到甚深處，性空！照深緣起，就是這個涵義。這叫什麼呢？叫法海光。

第七功用已遠，將入無功，爲深發趣，此大莊嚴權實無礙，第七地菩薩。從初地到七地，乃至從凡夫發心到了七地位，走了很遠的路才能達到這個境界。

第八見法實性，見諸法的實性，眞正見了。無功而修爲極妙見，這個智慧，八地叫不動，他認為沒有無明可遣，也沒有功用可修。他認為他已經得道，跟諸佛無二無別了，經過十方諸佛勸導，還有善慧地，還有法雲地，第九地、第十地，你還得前進，你並沒有究竟，勸導他。為什麼叫不動地？不度衆生了，也不求成佛果了，他認為已經都達到了。

第九顯了藥病，是功德海相，以他的辯才，徧應一切衆生的希求，月影流光。善慧，就是他的智慧將近頂點了。

第十智圓離障，法雲地，自然離障，智慧圓滿離諸障礙，對佛深信，理解的跟佛相等，所以叫出生佛果。隨他一一的智，來一一的名，不一定完全配十地的位置，大致是相等的。這些是說大威光王子，他現在已經證得了。

時彼佛為大威光菩薩。而說頌言。

善哉功德智慧海　發心趣向大菩提
汝當得佛不思議　普為眾生作依處
汝已出生大智海　悉能徧了一切法
當以難思妙方便　入佛無盡所行境
已見諸佛功德雲　已入無盡智慧地
諸波羅蜜方便海　大名稱者當滿足

已得方便總持門　及以無盡辯才門
種種行願皆修習　當成無等大智慧
汝已出生諸願海　汝已入於三昧海
當具種種大神通　不可思議諸佛法
究竟法界不思議　廣大深心已清淨
普見十方一切佛　離垢莊嚴眾剎海
汝已入我菩提行　昔時本事方便海
如我修行所淨治　如是妙行汝皆悟
我於無量一一剎　種種供養諸佛海
如彼修行所得果　如是莊嚴汝咸見
廣大劫海無有盡　一切剎中修淨行
堅固誓願不可思　當得如來此神力
諸佛供養盡無餘　國土莊嚴悉清淨
一切劫中修妙行　汝當成佛大功德

這時候佛讚歎大威光菩薩，稱他「菩薩」，時而稱「王子」，時而稱「童子」。

讚歎大威光童子已經成佛，當成極果。這個講毗盧遮那佛，怎麼講大威光童子？大威光童子、大威光王子、大威光菩薩，就是毗盧遮那佛因地修行，因地所修行的。

## 逢最勝功德海佛

**諸佛子。波羅蜜善眼莊嚴王如來。入涅槃已。喜見善慧王。尋亦去世。大威光童子。受轉輪王位。彼摩尼華枝輪大林中。第三如來出現於世。名最勝功德海。時大威光轉輪聖王。見彼如來成佛之相。與其眷屬。及四兵眾。城邑聚落。一切人民。並持七寶。俱往佛所。以一切香摩尼莊嚴大樓閣。奉上於佛。時彼如來。於其林中。說菩薩普眼光明行修多羅。世界微塵數修多羅。而為眷屬。**

前面講波羅蜜善眼莊嚴王如來入涅槃之後，喜見善慧王也去世了，這時大威光童子受轉輪王位。在他受轉輪王位的時候，在摩尼華枝輪大林中，這是處所，出現第三位如來出世，叫最勝功德海。這時大威光童子已經不是王子，他父親過世了，就繼承了王位，成為大威光轉輪聖王。他見著第三如來出現於世的時候，就與他的眷屬跟所有的臣民、一切大衆，持著七寶往詣佛所。他供養的是一切香摩尼莊嚴大樓閣，供養佛一個房間，把這個樓閣奉獻於佛。這個時候最勝功德海佛，在這個林中說法，說的什麼法呢？說菩薩普眼光明行修多羅。「修多羅」就翻「契經」，說的這部經叫「菩薩普眼光明行」。這一法，菩薩普眼光明行修多羅，又有無量的法門，這一法門爲主，有世界微塵數修多羅而爲眷屬。這是佛說經，說的什麼法呢？說的是普法，所以才那麼多，有世界微塵數修多羅。除了主法之外，輔助的法門就有世界微塵數這麼多。

普法是顯佛的智慧，本來這個法門說是普眼，什麼叫普眼呢？以智慧爲性，普觀一切法，因爲普法對著普眼而說的，普眼是觀一切普法說的。我們講的緣起法，一切的緣，所說的就是「緣起性空」，緣就是根，根就是眼根，一般在《華嚴經》說是十眼，十眼圓明，以下再一個一個講，所以叫普法。普眼是以慧爲性的，智慧是眼的體性。智慧的體性是光明的，所以說一眼具足十眼，表示融通而無障礙。眼爲能見、能觀，法爲所見所觀，法跟眼是無障礙的。因爲能觀的光明眼外無法，這叫眞普眼了，以一切因緣發現諸法。這個是講因沒講果，因即顯果，果即是因，把所有一切緣都爲眼，故所有一切色界相都叫眼。那麼眼就爲色相，一切外邊境界相，這些色界相被能見見於所見。能見是什麼呢？是慧性，普眼是以智慧爲性的，光明照義，所以所見的稱普，就是普法。但是一法就具足一切法，因爲這些法是稱性的，性是具足一切的，一眼即是十眼。在《金剛經》講五眼圓明，在《華嚴經》則說十眼。因爲能見的是光明，光明照說成普。在一般經教上所說的五眼圓明有佛眼，五眼圓明的最後是佛眼，佛眼就具足了。

前面一般我們的見是肉眼、天眼、慧眼、法眼、佛眼。我們一般說「肉眼礙非通」，「天眼通非礙」，慧眼能普觀一切，智慧照了，法眼但觀空，佛眼照一切。慧眼觀俗，有的經教是這樣說，「慧眼但觀俗」、「法眼了眞空」，觀空諦，「佛眼照一切」。這個意思就是說一說到佛眼，前面這四眼就不說了，爲什麼？因爲我們說的河、海、江、湖，一切的水入歸大海，就是海水，再不提前面的；所以說佛眼，佛就具足一切，前四眼就不說了。佛也是以肉眼，佛的肉眼，如來的肉眼跟我們的肉眼不同，他能圓滿無礙的，因爲是佛的肉眼。

現在我們要開十眼，這個大家不是常聽到的，把這個要略微說一說。一是肉眼，二是天眼，三是慧眼，四是法眼，五是佛眼，六是智眼，七是光明眼，八是出生死眼，九是無障礙眼，十是一切智眼，這是十眼無礙。十眼無礙，就說是能觀的觀，能光明照耀，能見的見，所見的境，能所不二，十眼一切圓通了。單標眼而沒標境，是因爲眼外無法，十眼之外沒有一切法，爲什麼？心和境全收於光明之中，所以稱普。普眼觀普法，普法無礙，普眼也無礙。空跟明能發一種識，這個識也叫眼，就是眼識。緣起之法，有的時候緣起有力，有的緣起無力，這個緣起法無力，就是境無力，那就被能見的所攝，能見攝於所見。它們都互相有力，互相無力於當中，是力量的力，哪個緣勝。其實這個見說是眼，實際是心見。我們往往有這種境界發生，當高度集中在某一件事上，你那個分別的眼識，不住現前境界相，因爲你心的思惟到另一處，高度集中到別處。有人在你眼前過，眼前境界相視而不見，爲什麼？你沒有注意。這說明，見是心，不是眼。我們說的眼，一般說的眼根，有眼睛沒有，就是有眼根沒有？沒有說到眼識。

比如說瞎子，從生下來就盲目，生盲，一生下來眼睛就沒見，一直長大了也沒見，這就是生盲。但是生盲有見沒見呢？眼根壞了，你問他看得見看不見，他說我看得見，看得見什麼？闇，不能見境，他能見闇。境有兩種明闇，闇跟空合；明跟色合。這個見，它雖然沒跟色合了，它跟闇合。另外，他所觀的境是明闇，明見不到了，見闇了。見闇就不是眼根所見，這就是緣起。但是這個地方講，有果有因，因中的緣跟果中的緣，因果的因沒有果，因沒有得果的時候，所緣的境界相，所緣的不同。

緣也有十緣，前九緣是因，後遇緣是果，緣因有果。當我們這個地方所講的十眼，從肉眼到一切的智眼，融通無二。融通，沒有兩個，兩個沒有十個也沒有了，更沒有了，這是一眼。但是隨你的見，肉眼礙非通，你這個緣，不具足，就限制你了。你只能見一境，其他的境你就不見了，等你斷了，智慧眼開了，一切攀緣的心沒有了。因爲緣的意義沒有窮盡，所以見也不窮，攀緣的眼，攀緣的見，見沒有盡的時候，你所見的也就不盡。這個地方，應合一切法現前的境界相。現在我們所見的不普，普法，一法也見不清楚，這是普眼照普法，這主要是注重講普法，見的普法。因爲這個，「時彼如來，於其林中，說菩薩普眼光明行修多羅。」這個法門，那麼又說是，這個最勝功德海如來，他所說的法門，說的什麼法門呢？普眼光明行修多羅。這個法門有世界微塵數的眷屬，都是闡揚這個法門的，所以這個普法，就是「普眼觀普法」。因此而說十眼，舉一眼就具足十眼，因爲這是果上講的。因爲這一眼、十眼，是對著普法而說的，就像我們說一法就是一切法，一切法即是一法。一切法就有一切眼，眼觀的意思，眼就是見的意思，能見一切法的眞性，見一切法的眞性實理就是一理。所以說，諸法是一，就是這個意思。

**爾時大威光菩薩。聞此法已。得三昧名大福德普光明。得此三昧故。悉能了知一切菩薩。一切眾生。過現未來。福非福海。**

只說個「法」的名字，他就得了三昧，這三昧叫什麼三昧？大福德普光明。得了這個三昧就得正受，正定，得了這麼正定。

「海」是一個字，福、非福海，福像海一樣，非福也像海一樣。這個福是指什麼說的？布施、持戒、忍辱、精進、禪定。這叫寂。這個福又叫定，定是最大的，五度的福德當中，定爲最大的，就是禪定，所以叫普光明。定必有用，用就是智慧。五度皆是福，但是五度的時候，以禪定爲最大。寂就能照，照者就是普光明，這就是智慧了。一說到福，福就是善，是善業所集的。非福就是惡，非福就是惡，福即是相。非福呢？是指性說的。所以，性惡也好，性善也好，全是性。善也好、罪也好，沒有兩個，是一。那麼，福即是相，非福就是性，性相雙融，福慧亦如，福罪福一如，所以福德非福德性。了知一切了，就是以海來說，那就是深義。

佛的自力勝，一切皆具足。說佛的十千者，就是萬佛，他所修的道果，成滿了之後，成的什麼呢？就是六波羅蜜。這個說的，五度皆是福，沒說非福。但是寂照名爲普光明，就說得了三昧了叫大福德普光明，而這個大福德就叫普光明。大威光菩薩聞了這個法，得了個三昧，叫大福德普光明，福慧都具足了。得這個三昧故，他知道一切菩薩也知道一切衆生。衆生非福，就是衆生有罪，這個罪是性罪，不是說所作的殺盜淫。一切衆生，他是非福，非福對一切諸佛，佛一切諸佛，如來是福，對一切衆生非福，菩薩他能了知，怎麼樣能成就諸佛？怎麼樣成就衆生？所以福就是善，非福就是罪。罪就是一切衆生，福就是一切諸佛。怎麼分別呢？福是相，非福是指性，性相雙了，福德即非福德性。

這樣講一切者，是深廣的意思。五度，布施、持戒、忍辱、精進、禪定，說五度皆是福。六度，另外有一度叫智慧度，有兩種意，智慧歸智慧，福德歸福德。像我們一般的，修福不修慧，印度有這麼兩句話，「修福不修慧，香象掛瓔珞；修慧不修福，羅漢托空缽」，必須得福慧兩足尊。如果你沒有達到殊勝的時候，單具足福，不具足慧。這個只享受福德，沒有智慧加持，佛稱爲福慧兩足尊。說大威光菩薩得了這個三昧，叫大福德普光明。大福德跟單純的福不同的，他能夠了知一切菩薩，了知一切眾生，眾生怎麼樣消滅他的罪，懺悔業障消失，福德具足，「福慧兩足尊」。能知道過去、現在、未來他的福和非福，善和惡一切業。

六度萬行呢？那就是舉六度萬行，但是我們這裡講的是十度，後面開的那五度，全屬於智慧攝。願、智、方便、力，這四個都成為智慧，由第六度攝。不能單了其相，福即是善，非福即罪，這是了其相。它的體呢？無礙。沒有什麼是罪，沒有什麼是福，性是一也。在世間法，四諦的道理，說福說慧；在第一義諦中，福不存在。《金剛經》上就這樣說的，「如來說福德相，即非福德相。」說福德相是隨著俗諦說的，即非福德相是他的體性，空寂的。這樣子才說明，是名福德相。福即非福，空的，是名眞福，眞實的。若以福爲福，不是眞福，因爲不稱體故，不稱體故非眞，它可以消失的。人家說一念瞋心起，或是一念貪心起，福德全部沒有了，變了。這個道理，在〈菩薩問明品〉、〈淨行品〉等經文，會詳細說的。

時彼佛為大威光菩薩。而說頌言。

善哉福德大威光　汝等今來至我所
愍念一切眾生海　發勝菩提大願心
汝為一切苦眾生　起大悲心令解脫

當作羣迷所依怙　是名菩薩方便行

佛稱讚這位大威光菩薩，這個時候他是國王，「善哉福德大威光」，說你發大願心，要想行菩薩道。爲了一切衆生的苦，要想度這一切衆生。「起大悲心令解脫」，救度衆生，令一切衆生解脫。「當作羣迷所依怙，是名菩薩方便行」，給迷惘的衆生作爲依怙。我們皈依佛、皈依法、皈依僧，那是作大依怙。他想求佛道，佛具足一切，佛也具足法，本身也示現爲僧。這個還是菩薩的方便行，菩薩善巧方便利益衆生。

若有菩薩能堅固　修諸勝行無厭怠
最勝最上無礙解　如是妙智彼當得
福德光者福幢者　福德處者福海者
普賢菩薩所有願　是汝大光能趣入

這四個偈頌是讚歎具足菩提心。菩提心裡有願，有行、有悲、有智，菩提心必須具足這個。

汝能以此廣大願　入不思議諸佛海
諸佛福海無有邊　汝以妙解皆能見

汝於十方國土中　悉見無量無邊佛
彼佛往昔諸行海　如是一切汝咸見
若有住此方便海　必得入於智地中
此是隨順諸佛學　決定當成一切智
汝於一切剎海中　微塵劫海修諸行
一切如來諸行海　汝皆學已當成佛

上面四句頌說大威光菩薩，現在已經進入佛的境界。

如汝所見十方中　一切剎海極嚴淨
汝剎嚴淨亦如是　無邊願者所當得

說你發了無邊的大願，嚴淨的佛剎已經清淨，不久當成佛。等於給他授記，說他成佛時候所有的依報。

今此道場眾會海　聞汝願已生欣樂
皆入普賢廣大乘　發心迴向趣菩提

你看見這個世界沒有？「皆入普賢廣大乘，發心迴向趣菩提」，諸佛都入了普賢的廣大乘，也就是普賢菩薩的十大願王。這個大家就理解了，發心迴向趣菩提。

**無邊國土一一中　悉入修行經劫海**
**以諸願力能圓滿　普賢菩薩一切行**

前面說不久當要能成佛，原因是能夠像普賢菩薩修行普賢的行願，很快就成就了。這就是佛的最勝功德海，你也能進入成就了。

## 逢名稱普聞蓮華眼幢佛

**諸佛子。彼摩尼華枝輪大林中。復有佛出。號名稱普聞蓮華眼幢。**

這是前後相繼的，一個佛一個佛，他沒有詳細敘述也沒有說入滅。這個佛給說的一個法，大概經過很長的過程，他又遇見第四尊佛出示。第四尊佛是名稱普聞蓮華眼幢。佛一出現人間，一定要說法，這些國王、大臣、人民一定供養。

**是時大威光。於此命終。生須彌山上寂靜寶宮天城中。為大天王。名**

**離垢福德幢。共諸天眾。俱詣佛所。雨寶華雲。以為供養。**

第四尊佛出生了，大威光也死了，示現生滅法。大威光童子就是毗盧遮那佛的因地。前面說的是佛的果海，現在說的是佛的因地，這一段經都說的毗盧遮那佛的因地，見這尊佛聞什麼法、見那尊佛說什麼法，他們是敘述往昔的過去。大家不是想聽故事？這就是講毗盧遮那佛的故事。

**時彼如來。為說廣大方便普門徧照修多羅。世界海微塵數修多羅。而為眷屬。**

每一個法門都有輔助的法。像我們說《大方廣佛華嚴經》的眷屬法門，也是無量的。一部大藏經都是給《大方廣佛華嚴經》作眷屬的。因為佛一成佛，一成道之後先說《大方廣佛華嚴經》，以後才說諸經。依著這個我們慢慢地理解到，這個眷屬跟這個主題。「時彼如來，為說廣大方便普門徧照修多羅，世界海微塵數修多羅，而為眷屬。」世界海修多羅，都是給廣大方便普門徧照修多羅作眷屬的。這叫權巧方便。在理上是無言的，在事上就叫方便，但是方便要會歸眞實，方便不是眞實，方便要能會歸眞實。方便就是權，眞實就是理，就是權。眞實跟權巧沒有什麼大差別，所以叫大方便。既說事也說理，《華嚴經》是事理全彰顯的，所以叫普門。

時天王眾。聞此經已。得三昧。名普門歡喜藏。以三昧力。能入一切法實相海。獲是益已。從道場出。還歸本處。

用方便善巧達到實相的眞體。他一得到利益，就從佛所又回自己的本處，從此道場出還歸本處。

以下應該說大威光童子是毗盧遮那佛出身，但沒有結終之處，經文沒有完整翻譯；但是古往今來都照這個說，就這麼樣傳，這就叫〈毗盧遮那品〉。〈毗盧遮那品〉講的全是毗盧遮那因地的事情，因此我們知道大威光童子就是毗盧遮那，他在因地當中，見一佛聞法，見一佛就證得。

**毗盧遮那品竟**

國家圖書館出版品預行編目資料

世界成就品 第四.華藏世界品 第五.毘盧遮那品 第六 / 夢參老和尚主講 ; 方廣編輯部整理. — 初版. — 臺北市 : 方廣文化, 2014.03
面 ; 公分. — (大方廣佛華嚴經 ; 5)
ISBN 978-986-7078-52-0(精裝)
1.華嚴部
221.2 102027145

# 大方廣佛華嚴經《八十華嚴講述》

## 世界成就品 第四・華藏世界品 第五・毘盧遮那品 第六

主　　講：夢參老和尚
編輯整理：方廣編輯部
封面攝影：仁智
設　　計：鎏坊
出　　版：方廣文化事業有限公司
通訊地址：10699台北市大安區青田郵局第120號信箱
電　　話：02-2392-0003
傳　　真：02-2391-9603
劃撥帳號：17623463　方廣文化事業有限公司
網　　址：*http://www.fangoan.com.tw*
電子信箱：*fangoan@ms37.hinet.net*
裝　　訂：精益裝訂股份有限公司
出版日期：2024年4月　初版3刷
定　　價：新台幣500元(軟精裝)
經 銷 商：聯合發行股份有限公司
電　　話：02-2917-8022
傳　　真：02- 2915-6275
行政院新聞局出版登記證：局版臺業字第六〇九〇號
*ISBN： 978-986-7078-52-0*
*No.H211*　　*Printed in Taiwan*

夢參老和尚系列
書 籍

# 方廣文化出版品目錄〈一〉

## ● 八十華嚴講述

HP01 大乘起信論淺述 (八十華嚴 導讀一)
H208 淺說華嚴大意 (八十華嚴 導讀二)
H209 世主妙嚴品 (第1至3冊)
H210 如來現相品・普賢三昧品 (第4冊)
H211 世界成就品・華藏世界品・毘盧遮那品 (第5冊)
H212 如來名號品・四聖諦品・光明覺品 (第6冊)
H213 菩薩問明品 (第7冊)
H214 淨行品 (第8冊)
H215 賢首品 (第9冊)
H301 升須彌山頂品・須彌頂上偈讚品・十住品 (第10冊)
H302 梵行品・初發心功德品・明法品 (第11冊)
H401 升夜摩天宮品・夜摩宮中偈讚品・十行品・十無盡藏品 (第12冊)
(H501~H903 陸續出版中......)

## ● 華 嚴

H203 華嚴經淨行品講述
H324 華嚴經梵行品新講 (增訂版)
H205 華嚴經普賢行願品講述
H206 華嚴經疏論導讀
H255 華嚴經普賢行願品大意

## ● 天 台

T305A 妙法蓮華經導讀

## ● 楞 嚴

LY01 淺說五十種禪定陰魔—《楞嚴經》五十陰魔章
L345 楞嚴經淺釋 (全套三冊)

夢參老和尚系列
書　籍

# 方廣文化出版品目錄〈二〉

## ● 地藏三經

### 地藏經

D506　地藏菩薩本願經講述 (全套三冊)
D516A　淺說地藏經大意

### 占察經

D509　占察善惡業報經講記 (附HIPS材質占察輪及修行手冊)
D512　占察善惡業報經新講

### 大乘大集地藏十輪經 D507 (全套六冊)

D507-1　地藏菩薩的止觀法門 (序品 第一冊)
D507-2　地藏菩薩的觀呼吸法門 (十輪品 第二冊)
D507-3　地藏菩薩的戒律法門 (無依行品 第三冊)
D507-4　地藏菩薩的解脫法門 (有依行品 第四冊)
D507-5　地藏菩薩的懺悔法門 (懺悔品 善業道品 第五冊)
D507-6　地藏菩薩的念佛法門 (福田相品 獲益囑累品 第六冊)

## ● 般 若

B411　般若波羅蜜多心經講述 (合輯本)
B406　金剛經
B409　淺說金剛經大意
B412　應無所住：金剛經十四堂課

## ● 開 示 錄

S902　修行 (第一集)
Q905　向佛陀學習 (第二集)
Q906　禪・簡單啟示 (第三集)
Q907　正念 (第四集)
Q908　觀照 (第五集)